京津冀自贸试验区的实践与探索

武义青　刘海云　李　清　等◎编著

Practice and Exploration of the Beijing-Tianjin-Hebei Pilot Free Trade Zone

Beijing-Tianjin-Hebei FTZ

经济日报出版社

图书在版编目（C I P）数据

京津冀自贸试验区的实践与探索 / 武义青等编著
. -- 北京 : 经济日报出版社 , 2022.9
ISBN 978-7-5196-1043-2

Ⅰ . ①京… Ⅱ . ①武… Ⅲ . ①自由贸易区－经济发展
－研究－华北地区 Ⅳ . ① F752.82

中国版本图书馆 CIP 数据核字 (2021) 第 280012 号

京津冀自贸试验区的实践与探索

编　　著	武义青　刘海云　李　清 等
责任编辑	黄芳芳
责任校对	李晟北
出版发行	经济日报出版社
地　　址	北京市西城区白纸坊东街 2 号 A 座综合楼 710 室（邮政编码 :100054）
电　　话	010-63567684 （总编室）
	010-63584556 （财经编辑部）
	010-63567687（企业与企业家史编辑部）
	010-63567683（经济与管理学术编辑部）
	010-63538621 63567692（发行部）
网　　址	www.edpbook.com.cn
E - mail	edpbook@126.com
经　　销	全国新华书店
印　　刷	北京建宏印刷有限公司
开　　本	710 毫米 ×1000 毫米　1/16
印　　张	19.75
字　　数	264 千字
版　　次	2022 年 9 月第 1 版
印　　次	2022 年 9 月第 1 次印刷
书　　号	ISBN 978-7-5196-1043-2
定　　价	52.00 元

本书出版受京津冀协同发展
河北省协同创新中心资助

序

自2013年我国第一家自贸试验区挂牌成立以来，我国先后部署设立21个自贸试验区，包括10个沿海自贸试验区、8个内陆自贸试验区和3个沿边自贸试验区。经过近十年的实践与探索，我国自贸试验区建设实现了“由点到线、由线及面”的全方位布局，构建起“东中西协调、南北兼顾、江海陆边联动”的对外开放新格局。自贸试验区作为中国改革开放的“试验田”，积累了一系列可复制推广的改革创新成果，在引领我国对外开放和深化改革方面发挥了重要作用：为促进贸易和投资自由化、便利化进行了一系列管理模式创新；在推动金融更好服务实体经济上开展了诸多探索；为推动重大国家战略落地、促进区域协调发展提供了重要支持。自贸试验区内改革创新与区外复制推广，形成了普惠改革红利、共享开放成果的良好局面。

2014年12月12日，中央决定设立天津自贸试验区，2015年4月21日，中国大陆北方第一个自贸试验区——中国(天津)自由贸易试验区正式挂牌。2019年8月2日，《国务院关于印发6个新设自由贸易试验区总体方案的通知》印发实施，中国(河北)自贸试验区正式设立并于同年8月30日正式揭牌。2020年9月4日，习近平总书记在2020年中国国际服务贸易交易会全球服务贸易峰会上指出，为更好发挥北京在中国服务业开放中的引领作用，我们将支持北京打造国家服务业扩大开放综合示范区，加大先行先试力度，探索更多可复制可推广经验；设立以科技创新、服务业开放、数字经济为主要特征的自由贸易试验区，构建京津冀协同发展的高水平开放平台，带动形成更高层次改革开放新格局。2020年9月24日，北京自贸试验区揭牌。至此，自贸试验区在京津冀地实现了全覆盖。

当前，我国经济已由高速增长阶段转向高质量发展阶段。自贸试验区建设的由点到面，与国家战略紧密接轨，有利于创新驱动、开放引领、新旧动能转换等经济目标的实现。京津冀协同发展规划纲要实施以来，三地在交通、生态环保和产业等诸多方面取得了显著成效，但在居民收入等领域差距虽有所缩小，绝对差异依然较大。如何以自贸试验区建设为契机，实现京津冀三地自贸试验区协同联动、高水平开放，推动京津冀协同发展，促进京津冀区域协调发展，是需要深入研究的重大问题。

本著作是继《中国自贸试验区的实践与探索》出版之后，作者的又一部力作。著作在综合总结京津冀三地自贸试验区实践的基础上，以自贸试验区制度创新为出发点，从交通一体化、经贸合作便利化、金融服务、数字经济等多个方面提出促进京津冀协同发展的路径，呈现的实践性和综合性是近年来关于自贸试验区著作中所不多见的。期待涌现更多的有关自贸试验区的研究与制度创新，期待京津冀自贸试验区能够在促进京津冀三地协同发展中发挥更大的作用，也期待自贸试验区的制度创新能够给中国经济带来更多的生机与活力。

2022年6月

前　言

自2014年京津冀协同发展战略实施以来，三地在交通、生态环保和产业等诸多领域都取得了显著成效。与此同时，三地在收入等许多方面差距不但没有缩小，反而持续扩大，这一现象值得我们高度关注。从2013年8月，国务院批准设立中国第一个自贸试验区——中国（上海）自由贸易试验区开始，截至目前，我国已经成立21个国家级自贸试验区，包括10个沿海自贸试验区、8个内陆自贸试验区和3个沿边自贸试验区。在8年自贸试验区的实践与探索中，我国的自贸试验区建设基本完成了“由点到线、由线及面”的全方位布局，构建起“东中西协调、南北兼顾、江海陆边联动”的对外开放新格局。我国自贸试验区承担着“为国家试制度”的责任，在引领我国对外开放和深化改革方面发挥了重要作用：为促进贸易和投资便利化进行了一系列管理模式创新；在金融领域针对投融资汇兑便利化开展了诸多探索；向全国复制推广了一大批改革创新经验；为推动重大国家战略落地、促进区域协调发展提供了重要支持。

2014年12月，国务院继续秉持着“边试点、边总结、边推广”的原则，在中国天津成立自由贸易试验区，并于2015年4月21日正式挂牌运行。中国（天津）自由贸易试验区的成立为我国北方地区的开放拉开了新的帷幕，在推动京津冀地区经济发展的同时也为我国的区域经济发展探索新的道路。2019年8月2日，《国务院关于印发6个新设自由贸易试验区总体方案的通知》印发实施，中国（河北）自由贸易试验区正式设立。2019年8月30日，中国（河北）自贸试验区正式揭牌。2020年9月4日，习近平总书记在2020年中国国际服务贸易交易会全球服务贸易峰会上指出，为更好发挥北京在中国服务业开放中的引领作用，我们将支持北京打造国家服务业扩大开放综合示范区，加大先行先试力度，探索更多可复制可推广经验；设立以科技创新、服务业开放、数字经济为主要特征的自由贸易试验区，构建京津冀协同发展的高水平开放平台，带动形成更高层次改革开放新格局。习近平总书记的重要讲话为推动京津冀协同发展指明了方向。2020年9月24日，北京自由贸易试验区揭牌。至此，京津冀三地实现了自贸试验区全覆盖。如何以自贸试验区建设为契机，实现京津冀三地自贸试验区协同联动、高水平开放，推动京津冀协同发展，加快河北经济高质量发展，促进京津冀区域协调发展，是本书深入研究的重大问题。本书深入剖析京津冀协同发展现状、在综合总结北京自贸试验区、天津自贸试验区、河北自贸试验区实践的基础上，以自贸试验区制度创新为出发点，从交通一体化、经贸合作便利化、金融服务、数字经济、制度创新等方面提出促进京津冀协同发展的路径。全书共分为十一章，分别是第一章京津冀协同发展概述；第二章北京自贸试验区的实践与探索；第三章天津自贸试验区的实践与探索；第四章河北自贸试验区的实践与探索；第五章自贸试验区建设与京津冀交通一体化；第六章自贸试验区建设与京津冀制造业协同发展；第七章自贸试验区建设与京津冀服务业协同发展；第八章自贸试验区建设与京津冀经贸合作；第九章自贸试验区建设与京津冀数字经济协同发展；第十章自贸试验区建设与京津冀制度协同创新；第十一章京津冀自贸试验区高质量发展的政策建议。其中第一章由李建英教授和左浩志共同撰写，第二章由赵红霞教授和邹思源共同撰写，第三章由李建英教授和杨学文共同撰写，第四章由赵红霞教授和丁洁璇共同撰写，第五章由李清教授和张冉共同撰写，第六章由刘海云教授和张彦丽共同撰写，第七章由赵璐曼博士撰写，第八章由李清教授和孙佳欣共同撰写；第九章由刘海云教授和何梦柳共同撰写，第十章由刘海云教授和王倩共同撰写、第十一章由李清教授和郝建欢共同撰写。本书由武义青研究员总体设计和最终审定，刘海云和李清负责全书的统稿和校对工作，孟广文教授对本书进行了总体审阅并提出修改建议。

本书是国内目前首本从自贸试验区角度研究京津冀协同发展的著作，研究视角新，为促进京津冀协同发展提供新的研究视角。因为河北和北京自贸试验区成立较晚，业内关注不够，本书属于较早地全面总结北京、天津和河北自贸试验区实践的著作，具有较强的实践意义。另外，本书在综合分析京津冀自贸试验区现状的基础上，提出的建立健全京津冀自由贸易区联席会议制度、河北自贸区大兴片区综合保税区京冀共建共享共治机制、京津冀自贸试验区联合商事制度，打造京津冀海运、陆运、航空交通运输网都具有一定的制度创新意义。本书可以作为从业者的参考书目，也可以作为相关专业的学习资料，以期能够为自贸试验区的工作人员或者管理人员提供具体的工作指导或者借鉴。另外，本书也可以作为国贸相关专业学生的参考书目，也可以为希望了解自贸试验区相关人员提供一定参考。

本书出版受京津冀协同发展河北省协同创新中心资助，系2022年河北经贸大学“京津冀协同发展”科研专项重点项目“京津冀自贸试验区协同发展”（课题号JXT2022ZD03）阶段性成果。

笔者还特别感谢姜增伟部长在百忙之中为本书作序，感谢孟广文教授审阅本书。因为作者水平所限，撰写过程中难免存在疏漏或者错误，欢迎广大读者不吝指正。

作者

2022年6月

目　录

第一章

京津冀协同发展概述

第一节　京津冀协同发展战略的提出

京津冀协同发展，是以习近平同志为核心的党中央在新的历史条件下作出的重大决策部署，是一个重大国家战略。以疏解非首都核心功能、解决北京“大城市病”为基本出发点，坚持问题导向，坚持重点突破，坚持改革创新，立足各自比较优势、立足现代产业分工要求、立足区域优势互补原则、立足合作共赢理念，以资源承载力为基础、以京津冀城市群建设为载体、以优化区域分工和产业布局为重点、以资源要素空间统筹规划利用为主线、以构建长效体制机制为抓手，着力调整优化城市布局和空间结构，着力构建现代化交通网络系统，着力扩大环境容量生态空间，着力推进产业升级转移，着力推动公共服务共建共享，着力加快市场一体化进程，打造现代化新型首都圈，努力形成京津冀目标同向、措施一体、优势互补、互利共赢的协同发展新格局，打造中国经济发展新的支撑带。

一、京津冀协同发展战略的提出和目标

2014年2月26日，中共中央总书记、国家主席、中央军委主席习近平在北京主持召开座谈会，全面深刻阐述了京津冀协同发展战略的重大意义、推进思路和重点任务。习近平总书记专门听取京津冀协同发展工作汇报，强调实现京津冀协同发展，是面向未来打造新的首都经济圈、推进区域发展体制机制创新的需要，是探索完善城市群布局和形态、为优化开发区域发展提供示范和样板的需要，是探索生态文明建设有效路径、促进人口经济资源环境相协调的需

要，是实现京津冀优势互补、促进环渤海经济区发展、带动北方腹地发展的需要，是一个重大国家战略，要坚持优势互补、互利共赢、扎实推进，加快走出一条科学持续的协同发展路子来。

习近平指出，北京、天津、河北的人口加起来有1亿多，土地面积有21.6万平方公里，京津冀地缘相接、人缘相亲，地域一体、文化一脉，历史渊源深厚、交往半径相宜，完全能够相互融合、协同发展。推进京津冀协同发展，要立足各自比较优势、立足现代产业分工要求、立足区域优势互补原则、立足合作共赢理念，以京津冀城市群建设为载体、以优化区域分工和产业布局为重点、以资源要素空间统筹规划利用为主线、以构建长效体制机制为抓手，从广度和深度上加快发展。推进京津双城联动发展，要加快破解双城联动发展存在的体制机制障碍，按照优势互补、互利共赢、区域一体原则，以区域基础设施一体化和大气污染联防联控作为优先领域，以产业结构优化升级和实现创新驱动发展作为合作重点，把合作发展的功夫主要下在联动上，努力实现优势互补、良性互动、共赢发展。

2015年3月23日，习近平主持召开中央财经领导小组第九次会议审议《京津冀协同发展规划纲要》；4月2日和4月30日，习近平先后主持召开中共中央政治局常委会会议和中央政治局会议，审议《京津冀协同发展规划纲要》。

2015年6月，中共中央、国务院印发实施《京津冀协同发展规划纲要》。2016年3月24日和5月27日，习近平先后主持召开中共中央政治局常委会会议和中央政治局会议，听取北京城市副中心和设立集中承载地有关情况汇报并发表重要讲话。

2017年4月1日，中共中央、国务院决定设立河北雄安新区的消息对社会公布。

京津冀协同发展的目标是：近期到2017年，有序疏解北京非首都功能取得明显进展，在符合协同发展目标且现实急需、具备条件、取得共识的交通一体化、生态环境保护、产业升级、转移等重点领域率先取得突破，深化改革、创新驱动、试点示范有序推进，协同发展取得显著成效。

中期到2020年，北京市常住人口力争控制在2300万人以内，北京“大城市病”等突出问题得到缓解；区域一体化交通网络基本形成，生态环境质量得到有效改善，产业联动发展取得重大进展。公共服务共建共享取得积极成效，协同发展机制有效运转，区域内发展差距趋于缩小，初步形成京津冀协同发展、互利共赢新局面。远期到2030年，首都核心功能更加优化，京津冀区域一体化格局基本形成，区域经济结构更加合理，生态环境质量总体良好，公共服务水平趋于均衡，成为具有较强国际竞争力和影响力的重要区域，在引领和支撑全国经济社会发展中发挥更大作用。

习近平就推进京津冀协同发展提出七点要求。一是要着力加强顶层设计，抓紧编制首都经济圈一体化发展的相关规划，明确三地功能定位、产业分工、城市布局、设施配套、综合交通体系等重大问题，并从财政政策、投资政策、项目安排等方面形成具体措施。二是要着力加大对协同发展的推动，自觉打破自家“一亩三分地”的思维定势，抱成团朝着顶层设计的目标一起做，充分发挥环渤海地区经济合作发展协调机制的作用。三是要着力加快推进产业对接协作，理顺三地产业发展链条，形成区域间产业合理分布和上下游联动机制，对接产业规划，不搞同构性、同质化发展。四是要着力调整优化城市布局和空间结构，促进城市分工协作，提高城市群一体化水平，提高其综合承载能力和内涵发展水平。五是要着力扩大环境容量生态空间，加强生态环境保护合作，在已经启动大气污染防治协作机制的基础上，完善防护林建设、水资源保护、水环境治理、清洁能源使用等领域合作机制。六是要着力构建现代化交通网络系统，把交通一体化作为先行领域，加快构建快速、便捷、高效、安全、大容量、低成本的互联互通综合交通网络。七是要着力加快推进市场一体化进程，下决心破除限制资本、技术、产权、人才、劳动力等生产要素自由流动和优化配置的各种体制机制障碍，推动各种要素按照市场规律在区域内自由流动和优化配置。

二、京津冀协同发展历程

第一次是20世纪80年代中期，国家开始实施国土整治战略，将京津冀地区作为“四大”试点地区之一（其他是沪苏浙、珠江三角洲和“三西”煤炭能源基地），要求环渤海和京津冀地区开展全面的国土整治工作，以实现区域分工协作、发挥资源比较优势、治理生态环境、开展跨区域基础设施建设、优化产业和人口布局，实现区域协调发展。这次区域合作在跨区域交通基础设施建设、水资源节约利用、土壤污染等方面取得了一定成效，为以后的区域合作打下了坚实的基础。

第二次是21世纪初，为配合北京市新的功能定位和天津滨海新区大规模建设，由国家发展改革委牵头在河北廊坊举行的京津冀三方和政府、企业和学者等各界人士参与的京津冀区域合作论坛，并达成了著名的“廊坊共识”，提出了在公共基础设施、资源和生态环境保护、产业和公共服务等方面加速一体化进程的愿望。此后，国家发展改革委有关部门一直在据此起草有关合作规划和文件。但由于种种原因（特别是世界金融危机的爆发），该规划几经调整和修改，至今仍未出台。

2018年11月，中共中央、国务院明确要求以疏解北京非首都功能为“牛鼻子”推动京津冀协同发展，调整区域经济结构和空间结构，推动河北雄安新区和北京城市副中心建设，探索超大城市、特大城市等人口经济密集地区有序疏解功能、有效治理“大城市病”的优化开发模式。

2020年5月28日，河北首次冠名发行“京津冀协同发展专项债券”，重点支持北京大兴国际机场临空经济区开发建设150亿元，为临空经济区高质量建设注入强劲动能。

京津冀协同发展具有重大影响。有序疏解北京非首都功能、推动京津冀协同发展，有利于破解首都发展长期积累的深层次矛盾和问题，优化提升首都核心功能，走出一条中国特色解决“大城市病”的路子；有利于破除隐性壁垒，打破行政分割，实现优势互补一体化发展，为全国区域协调发展体制机制创新提供经验；有利于完善城市群形态，优化生产力布局和空间结构，打造具有较强竞争力的世界级城市群；有利于引领经济发展新常态，全面对接“一带一路”倡议等重大国家战略，为全国转型发展和全方位对外开放做出更大贡献。

第二节　京津冀协同发展现状

京津冀协同发展是重大国家战略。自2014年实施京津冀协同发展战略以来，京津冀三地协同联动，有序推进非首都功能疏解，加快构建河北雄安新区和北京城市副中心“两翼”联动发展格局，在交通一体化、生态环境协同治理、产业对接协作、公共服务共建共享等重点领域取得积极进展，实现了“一张图”规划、“一盘棋”建设，形成了同心、同向、同力发展的工作格局。

一、一体两翼协同发展

（一）疏解非首都功能

北京市从源头上严控非首都功能增量，制定实施全国首个以治理“大城市病”为目标的新增产业禁限目录。截至2020年底，北京市不予办理新设立或变更登记业务累计达2.34万件。禁限目录为构建高精尖经济结构打开更大空间，高精尖产业的新设市场主体持续增加，占比由2013年的40%升至2020年的60%左右。在“疏解整治促提升”专项行动中，自2014年以来，北京市累计退出一般制造和污染企业2800余家，疏解提升区域性批发市场和物流中心980余个。加快补齐便民服务设施，建设提升便民商业网点6600多个。北京市常住人口规模自2017年以来持续下降，2020年常住人口控制目标顺利完成。

（二）“两翼”联动

2019年1月，北京市市级行政中心正式迁入北京市通州区，第一批搬迁涉及35个部门、165个单位，约1.2万人。城市绿心森林公园开园运营。北京学校小学部正式启用。首旅集团等70家重点企业落户运河商务区，国家网络安全产业园（通州园）正式开园。

《河北雄安新区规划纲要》批复后，雄安新区总体规划、起步区控制性规划、启动区控制性详细规划、白洋淀生态环境治理和保护规划等相继出台，交通、防震、能源等20多个专项规划印发实施，规划体系基本建立。《关于支持河北雄安新区全面深化改革和扩大开放的指导意见》实施后，雄安质量标准体系、人力资源、行政体制等15个配套方案相继出台。启动区和起步区市政基础设施、生态工程、公共服务配套等120多个重大项目建设加快推进，京雄城际开通，容东片区900多栋安置住宅完成主体结构封顶。白洋淀淀区水质由劣Ⅴ类转为Ⅳ类，白洋淀淀区水位保持在6.8米以上。

（三）通州区与北三县协同发展

北京市引导适宜产业向北三县转移布局，累计签约85个项目，意向投资额达到552亿元。组织北京8家行业协会、50余家重点企业与北三县合作。北京市教委与廊坊市政府签署《北三县地区教育发展合作协议》。北京市市属医院对口帮扶北三县开展各类专业技术培训680余人次。朝阳医院等4家市属医院对口支持北三县燕达医院；通州区与北三县连通道路10条、21条通达公交线路。

北京市通州区与廊坊市共同强化燃煤锅炉、机动车和重点工业行业大气污染治理。2020年通州区PM2.5平均浓度下降19.6%，降幅居北京各区首位，北三县下降6.9%。推动建设跨界生态绿洲，运河公园一期工程已经启动，潮白河森林生态景观带三期工程完成70%。建成一批污水治理工程，修复河道水生态功能。北运河（通州段）通航加快推进。

（四）重点领域、重点区域协同发展

北京大兴国际机场正式投运，构建“双枢纽”格局，京津冀机场群和港口

群协同联动建设深入推进。

空气质量持续改善。在2020年，北京市$PM_{2.5}$平均浓度38微克/立方米，较2015年下降53%，碳强度预计下降23%以上，超额完成“十三五”规划目标任务；京津冀地区$PM_{2.5}$平均浓度为44微克/立方米，比2014年下降51%。京津冀119个国控断面监测中，水质达到或好于Ⅲ类比例上升到64.5%。京津冀地下水超采、风沙源治理等工程持续实施。

北京市通州区与河北省三河、大厂、香河三县市协同发展累计签约85个产业合作转移项目。张家口首都水源涵养功能区和生态环境支撑区加快建设。张家口赛区76个冬奥项目完成建设。天津滨海新区改革开放深入推进，天津港2020年完成集装箱吞吐量1835万标箱，海铁联运吞吐量80.5万标箱，同比分别增长6.1%和41.8%。

二、交通协同：“轨道上的京津冀”初步形成

（一）轨道交通“轨道上的京津冀”初步形成

京津城际延伸线、京雄城际等先后建成通车，京哈高铁实现全线贯通，京唐、京滨城际不断加快建设，北京城市副中心线、怀密线等市郊铁路投入运营，区域铁路网总里程增长超过15%。京雄高速北京段（市界至六环）加快建设，预计在2021年底建成通车。

（二）道路建设

三地强化道路对接，联手共同打通“断头路”，拓宽“瓶颈路”，目前北京市域内的国家高速公路“断头路”全部清零，高速总里程达到1174公里。京津冀区域高速公路里程增长超过25%，路网结构得到持续优化，“四纵、四横、一环”的京津冀骨干路网格局初步建立。

（三）一卡通

北京已累计发行交通互联互通卡700余万张，实现与全国288个城市互联互通、市民可以“一卡走遍京津冀乃至全国”。38条公交线路省际化，覆盖河北省廊坊、涞水、赤城等17个毗邻县，方便40多万人出行。

（四）城市副中心

中心城区与城市副中心之间的公共交通联系不断加强，地铁和市郊铁路延伸至城市副中心，副中心站、城市绿心等综合交通枢纽加紧建设。新改扩建道路设施共33项、总规模250公里，完成耿庄桥等13处疏堵工程。

三、产业协同：打造特色产业园 推进产业协同发展

（一）产业园

首钢等12家市属重点企业布局曹妃甸，总投资74亿元的沧州现代四工厂、总投资42亿元的河北京车造车基地、总投资18亿元的新乐三元工业园等项目相继竣工投产，北京·沧州生物医药园共吸引95家北京医药企业签约落户，北京大数据产业链部分环节向张北云计算产业基地集聚。

（二）科技、创新协同发展

2014年至今，北京市推进京津冀协同创新共同体建设，共推开展京津冀基础研发、成果转化、应用示范、科技服务等各类科技协同创新项目140余项。截至2020年，北京输出津冀技术合同累计超过2万项，成交额1410亿元，年技术合同成交额由2014年的83.1亿元增长至2020年的347亿元。中关村企业累计在津冀设立分支机构共8816家。其中设立了3969家分公司和4847家子公司。2017年启动京津冀科技成果转化创业投资基金，到2020年底累计完成投资项目23个，完成投资额9.43亿元。建立京津冀创新券制度，推动753家机构服务京

津冀科技型中小企业。

2020年，北京、河北企业在天津投资到位额1438.4亿元，占引进内资的49.1%。宝坻京津中关村科技城累计注册企业313家，注册资本47.6亿元。京津与河北共建的各类产业技术创新联盟达95家，有效提升了企业技术创新能力。

北京自贸区高端产业片区正式挂牌，天津自贸试验区国际贸易单一窗口、国家船舶登记等128项制度创新任务基本完成，河北自贸区推出首批16项制度创新案例，北京市加大科技、数字经济和数字贸易、金融、互联网信息等服务业对外开放，120余项创新政策措施相继实施。

（三）市场建设

截至2020年底，北京市累计疏解提升区域性专业市场和物流中心985个，其中，专业市场842个、物流中心143个。动物园、大红门、天意等市场按时完成疏解任务，官园、万通、永外城、雅宝路等市场基本完成撤并升级和外迁，北京市疏解提升市场和物流中心阶段性任务基本完成，“十三五”期间共建设提升便民商业网点6600多个，已基本形成环首都一小时鲜活农产品流通圈。京津冀三地累计完成农产品电商平台、冷链流通设施等十余个项目。

四、公共服务协同：优质教育医疗资源辐射带动

（一）教育

基础教育资源共建共享。北京30余所中小学“手拉手”对接帮扶河北省23个教育贫困县。河北省千名中小学骨干校长教师赴京挂职学习。北京市通州区与天津武清、河北廊坊，北京市大兴区与天津北辰、河北廊坊先后成立教育联盟。

高等教育协同创新方面，三地组建“京津冀协同创新联盟”“京津冀经济学学科协同创新联盟”“京津冀建筑类高校本科人才培养联盟”等16个创新发展联盟。以北京农学院与天津农学院，北京印刷学院与天津科技大学、天津师

范大学等高校为试点，成立14个跨区域特色职教集团（联盟）。

（二）医疗

北京市持续推进“交钥匙”新建医院项目建设，组织宣武医院、妇产医院、中医医院、市疾控中心和市卫生健康监督所等优质医疗卫生资源支持帮扶雄安新区容城县对口机构。

北京市建成运行友谊医院通州院区，基本建成北大人民医院通州院区，加快建设安贞医院通州院区、友谊医院通州院区二期工程。通过技术帮扶、远程诊疗、紧密型医联体、合作托管、人员培训等多种形式支持河北省北三县现有医疗机构提升能力水平。

截至2021年底，京津冀60家定点医疗机构实现跨省异地就医门诊费用直接结算，43项临床检验结果在京津冀485家医疗机构实现互认，21项医学影像检查资料在三省市176家医疗机构试行共享。同时，持续推进京廊中医药协同发展“8·10”工程，累计推进实施27个中医对口合作项目。13个传承工作基地均已在廊坊落地，10个重点专科协同病房建设已全部签约并开展常态化合作。

五、京津冀协同发展取得的成效

（一）京津冀区域经济发展水平逐步提升

到2021年，京津冀地区生产总值合计已达9.6万亿元，是2013年的1.7倍，经济总量不断扩大。2021年，京津冀三地全体居民人均可支配收入分别为75002元、47449元和29383元，与2013年相比，年均名义增长7.9%、7.6%和8.6%。三地城乡居民收入差距自2018年以来持续缩小。北京不断加强“四个中心”功能建设，2020年全市规模以上文化产业法人单位实现收入达到1.4万亿元，每万人发明专利拥有量是全国平均水平的近10倍。天津围绕建设全国先进制造研发基地，制造业增加值全年增长1.5%，占全市规模以上工业的比重为72.9%。河北产业转型升级实现新进展，第三产业增加值比重比上年提高0.4个百分点，同时积极构建全国现代商贸物流重要基地，物流业增加值占GDP比重达到7.8%。

在生产领域，京津冀三地规模以上工业增加值比上年分别增长2.3%、1.6%和4.7%；服务业增加值分别增长1.0%、1.4%和3.3%。从需求领域看，三地固定资产投资（不含农户）分别增长2.2%、3.0%和3.2%；社会消费品零售总额分别下降8.9%、15.1%和2.2%。截至2021年底，京津冀地区共有国家级“专精特新”小巨人企业589家，占全国的12.4%。其中，北京有257家，居全国各省区市第6名；天津、河北的国家级“专精特新”小巨人企业数量则实现翻倍增长，分别有130家和202家。

（二）产业协同发展效应日趋显现

功能定位不断强化。京津冀立足各自比较优势，牢牢抓住北京非首都功能疏解这个“牛鼻子”，围绕北京的“四个中心”定位、天津的全国先进制造研发基地等定位、河北的全国产业转型升级示范区等定位，着力调整优化城市布局和空间布局，有序开展产业承接转移和对接协作，产业链分工成片发展的“乘数”效应日趋显现。

结构布局持续优化。京津冀基于各自功能定位，初步形成了良好的区域分工格局。三地积极推动产业转型升级，不断完善生产力布局，以形成优势互补、高质量发展的区域经济布局为导向，加快形成了分工合理、相互融合的产业格局。同时，在新旧动能转换过程中，京津冀三地产业结构持续优化，北京对津冀地区溢出效应明显，区域创新驱动能力持续增强。

基础保障不断增强。实现基本公共服务均等化、基础设施通达程度比较均衡，是京津冀协同发展的重要内容。近年来，京津冀地区持续推进京津冀交通一体化和公共服务等重大基础配套设施建设，夯实产业协同发展的配套支撑体系。同时，始终坚持以人民为中心，加快推动教育、医疗等基本公共服务共建共享，为产业协同发展不断夯实民生基础。

（三）重点领域实现新突破

交通一体化取得成效。铁路方面，京张高铁、京雄城际北京段开通运营，加上前期开行的市郊列车，轨道上的京津冀初步形成。公路方面，京礼高速北京段完工，京津冀三地区域间高速公路断头路全部打通，环首都“半小时通勤圈”逐步扩大，京津保一小时交通圈顺利实现。机场方面，大兴国际机场建成通航，北京进入航空“双枢纽”时代。

生态环境质量显著改善。在生态环境联防联治措施下，京津冀地区空气质量有效改善。$PM_{2.5}$平均浓度持续下降，2021年为36.9微克/立方米，比2013年下降62.3%，三地全年优良天数均超过260天。2021年，北京、天津、河北规模以上工业单位增加值能耗比2013年分别累计下降50.0%、40.6%和40.0%。

公共服务共享取得进展。在教育方面，跨区域组建16个京津冀高校创新发展联盟，成立14个跨区域特色职教集团，北京对口支持雄安新区4所学校全部挂牌；在医疗方面，不断推进三地双向转诊和检查检验结果互认，截至2021年11月，临床检验结果互认医疗机构总数达到485家，医学影像检查资料共享结果机构达到239家，提升了三地医疗服务均衡化水平。

京津冀区域共享发展指数呈较快上升趋势，2020年为133.78，与2014年相比，年均提高5.63点。区域一般公共预算支出中，教育、社会保障、就业和医疗卫生支出快速增加，2020年为2014年的1.8倍；京津冀三地人均教育、社会保障、就业和医疗卫生支出之比从2014年的2.84：2.40：1缩小至2020年的2.49：1.60：1；区域每千常住人口卫生技术人员数由2014年的5.9人增加至2020年的8.5人。

六、京津冀协同发展中存在的问题

（一）北京非首都功能疏解没有根本解决

北京非首都功能疏解并不是短期内就能完成的，而是需要经历一个比较长的过程。目前，北京中心城区交通拥堵、人口过度集中等问题有所缓解，但尚未得到根本解决；北京城市副中心、河北雄安新区有效吸引和承接北京中心城区的高端产业转移，还面临许多现实困难；公共服务难以向津冀疏解，鉴于一些在京高校、医院等属国家部委直接管辖，且利益关系复杂，北京协调难度大。加之这类机构多为事业单位，职工多具有北京户口，他们通常不愿意迁出北京，即便是疏解也多是从核心区迁入郊区，或在津冀办分校、分院，整建制迁入津冀的情况并不多见。公共服务落差仍然较大，北京以外地区的教育医疗等公共服务配套不足，难以吸引和留住人才。北京疏解非首都功能的难点是如何推进产业转移协作，培育形成世界级产业集群。目前，京津冀三地产业发展各具优势，但总体上看，产业链供应链水平依然不高，还缺少具有较强国际竞争力的世界级产业集群。特别是要培育形成世界级产业集群，需要拥有一批具有世界影响力的公司、相对完整的产业链和创新链、良好的要素条件和创新生态。

（二）产业协同中转移升级不畅

京津冀内部的产业分工协作不足、关联性不高，还存在断链缺链问题，尚未形成区域间分工互补，上下游联动配套的产业协同发展格局。

一是承接平台布局分散，部分承接能力偏低，有同质化竞争倾向。目前，京津冀共同确定了“2+4+46”的产业承接平台，天津提出了构建“1+16”承接格局，河北明确了5个协同协作平台、4个特色专业平台、33个个性化平台的承接平台体系，尽管津冀两地承接平台数量众多，但是一些承接平台承接能力不够，接不住转移的产业。一方面，京津冀地区发展不平衡问题依然存在。北京科技创新资源密集、人才与资金充裕、服务业发展繁荣，产业多处于区域产业链中附加值较高的研发设计、品牌营销等环节，津冀地区产业则大都处于附加值相对较低的制造配套环节。同时，北京对周边地区的虹吸效应明显，辐射带动效应不足，三地产业发展梯度较大，产业良性互动有待加强。另一方面，区域产业链与创新链融合不足。由于区域内与高科技成果对接的产业化体系支撑不足，部分科技创新成果的价值实现受阻，存在科技创新成果落地转化难、产业竞争力不足、产业协同发展进程相对滞后等问题。

二是京冀创新链和产业链对接不畅。北京在基础研究和原始创新方面具有优势，但推动河北传统产业转型升级的创新供给还很不够。北京科研主体更多是高校和科研院所，研发经费更多来自政府，而政府资金支持的创新多是研究导向，对成果转化不够重视，容易产生创新链和产业链的对接不紧密，这使北京的创新供给与河北的技术需求出现错位，阻碍了北京对周边贫困落后地区辐射带动作用的发挥。

（三）京津冀区域创新资源共享不足

京津冀三地创新主体间联系还不够紧密。北京是全国科技创新中心，拥有众多国家级科技创新平台。河北地区平台偏少，仅有国家重点实验室12家、国家企业技术中心51家，在全国只处于中游。虽然三地通过创新券合作实现了部分平台共享和设备共用，但其支持范围和便捷性等仍有改进空间。虽然三地为解决京津创新资源闲置与河北技术需求难以满足并存的情况，设立了京津冀基础研究合作专项，但经费数量无法有效满足区域产业关键共性技术需求。此外，河北在人才支撑、营商环境等方面难以符合京津技术转移方要求，使得部分创新资源跳过河北向长三角和珠三角转移。

（四）区域治理协同效率不高

京津冀区域治理主体主要是各级政府，企业、居民和非政府组织还不是完全意义上的治理主体。尽管近几年企业和非政府组织参与意愿增强，相关活动增多，但多元主体共同治理的格局尚未形成，仍缺少参与治理的途径，难以对政府治理活动、结果形成压力，这与国外成功的大都市圈治理形成鲜明对照。

一是京津冀区域还未实现治理上的协同高效。现有文件在权责关系、约束体系、监督机制等方面还不健全，总体上是引导作用大于统筹作用。由于缺少相关规则规范政府行为、调节政府关系，导致地方政府在政策执行时具有主观性，进而酿成一定程度的区域冲突。此外，京津冀三地还未就一些领域的政策协同达成一致意见。如在环境治理方面缺少统一的规划，政策执行上也存在差异，执行标准和力度不一致，影响最终治理效果。

二是生态环境协同治理有待增强。京津冀大气污染治理、白洋淀环境综合治理和生态修复已经取得了较大的进展。但是，京津冀生态环境治理目前依然较多依靠行政手段，治理方式也比较单一，治理效果的可持续性。对此，需重视建立和完善长效机制，探索能够激发微观主体积极性、主动性的治理机制、治理模式以及生态补偿机制。

第三节　中国自贸试验区的发展

我国设立自由贸易试验区（以下简称自贸试验区）是党中央、国务院从国内外大局出发，统筹国际、国内两个市场，顺应全球经贸发展趋势，在新形势下推进改革开放的重大举措，体现了国家改革开放的大政方针。它既是根植自身深化改革的固本之策，服务于国家发展战略，也是面向世界扩大开放的重大举措。自 2013 年上海自贸试验区设立以来，我国自贸试验区发展多点开花，逐渐形成覆盖整个东南沿海，由沿海向内地延伸，由南到北、由东至西的“1+3+7+1+6+3”自贸试验区发展格局。

一、自贸试验区设立的背景

上海自贸试验区的设立无疑是中国改革开放历史上的一个里程碑。上海自贸区的设立有着深刻的国际国内背景，是改革倒逼的结果，是为了深化改革消除制约经济发展的体制机制障碍，向改革要红利，进一步解放生产力，发展生产力的必要举措。上海自贸试验区的设立，既是顺应世界形势发展的必然之举，更是全面深化改革和扩大开放的应有之义。

（一）国际背景：适应国际新规则的需要

以世界贸易组织为代表的全球多边贸易体系由于涉及成员众多且差异巨大，各经济体的利益无法得到全方位的协调，在推动全球贸易自由化多边体系的发展中存在很大的局限性，这促使各方纷纷在双边和多边范围内签署自由贸易协议（FTA），并在“境内关外”划出一定地域作为自由贸易区，开展“单边形式”的对外开放。区域经济一体化表现为越来越多的国家加入区域自由贸易协定或设定自由贸易区，通过区域经济合作提高增长潜力。

这种区域主义的发展，主要由美国推动，当时主要表现为美国与欧盟进行的TTIP（跨大西洋贸易和投资伙伴协议）谈判，该协定让欧美市场融为一体，包括相互开放银行业、政府采购、统一双方的食品安全标准、药品监管认证、专利申请与认证、制造业的技术与安全标准，并实现投资便利化等。与日本等11个国家的TPP（泛太平洋伙伴关系协定）谈判，TPP在谈判中增加了“战略合作”的内容，涵括了知识产权保护、劳工标准、环境标准和促进中小企业发展等内容。此外，TPP还涉及金融监管、竞争政策、经济立法、市场透明、反腐败等多个领域。而这些区域谈判都将中国排除在外。

与此同时，全球投资规则谈判成为主流，如当时正在进行的中美BIT谈判，谈判目标也从关境外向关境内转移，从关税等问题转移到国内投资准入等规则的改革。该谈判于2008年正式启动，截至2013年10月，双方共进行了9轮谈判，已完成核心议题和双方各自关注的初步讨论与技术性磋商。2013年7月，《第五轮中美战略与经济对话框架下经济对话联合成果情况说明》中表示：“中国同意与美国进行投资协定实质性谈判。该投资协定将对包括准入环节的投资的各个阶段提供国民待遇，并以‘负面清单’模式为谈判基础。”

作为三项协定的主要参加者的美国极力推行全面和高标准的贸易投资规则。除了传统贸易投资谈判中的关税、非关税壁垒和贸易便利化主题外，这三项谈判均在增进服务贸易市场准入、加强兼容性、透明度与合作，大量减少监管标准方面的差异，同时维持卫生、安全与环保方面的高标准，以及制定全球关注的规则、原则与新型合作方式，包括知识产权和市场机制等议题。国际经贸规范的进一步提升，使我国必须面临更严峻的局面。

对于新一轮的游戏规则，如果整个国家要参与进去可能有困难，可以先让自贸试验区“先行”“先试”，做一个对接的窗口，并可以适当地将其中的某些高商业标准映射到整个中国制造和服务业。由于限定范围，如果试验失败了，影响也有限，而一旦成功，就可以进一步扩大推广并全面对接整个国际经济轨道。自由贸易试验区正是中国应对三大协议谈判的首个对外开放窗口，是将贸易大国转换为贸易强国的重要基石。

（二）国内背景：适应高水平扩大开放的需要

试验区是中国探索经济改革的前沿阵地，从20世纪80年代的经济特区，90年代的浦东新区，再到后来的自贸试验区。40多年来我国创造了世界第二大贸易国的世界奇迹：GDP总量位居世界第二、国家外汇储备世界第一等。这是由于我们享受了中国劳动力丰富的人口红利。现在中国陷入了经济增长放缓、人口红利消失、外贸发展亟待转型的困境。面对改革开放的新要求，要在更高起点、更高目标和更深层次上形成更高水平的改革开放新格局，推动经济高质量发展，实现人民美好生活愿望，推动全体人民共同富裕，需要有更高的承接平台。在国际需求疲弱以及劳动力成本升高的背景下，中国不可能长期依赖外贸出口支撑经济增长，因此继续深化改革、扩大开放是未来中国经济可持续发展的关键。目前中国不同区域之间发展水平还存在较大差异，体制改革又涉及行政体制、财税金融、要素价格、民生等多方面，因此在条件较为成熟的地区先行试点，推进自贸试验区建设，对于探索经验、深化改革具有重大意义。

从国内看，自贸试验区的设立是促进我国由贸易大国转向经贸强国的迫切需要。长期以来，中国的贸易及投资法律侧重于货物贸易，对于整体结构，尤其是服务贸易和投资领域的重视不足。然而，世界经济的引擎已渐渐由货物贸易转向服务贸易和投资。面对这一形势，我国积极设立自贸试验区，在推进制造业全面开放的同时，积极扩大服务业对外开放，构建更有利于货物贸易与服务贸易、利用外资与对外投资并重的开放型经济新体制，对我国经贸强国建设意义重大。只有加快构建自贸试验区网络，高标准建设自贸试验区制度框架，引领更高水平的开放格局，才能在经济全球化进程中占据主动权。

（三）国内背景：促进全面深化改革的发展

随着我国改革已进入深水区和攻坚期，深层次利益关系和矛盾集中凸显，劳动力价格升高，部分产业产能过剩，能源资源紧张，生态与环境污染，区域与社会阶层经济差异增大，原有依靠出口拉动的增长模式难以为继，经济转型压力剧增。面对内部经济困难，阻力越来越大，如何打破积存多年的顽瘴痼疾，如何推动中国经济实现更高质量发展，成为迫切需要解决的重要课题。借鉴前期以开放促进改革的做法，以再次面向世界的开放，借助外力来倒逼国内改革，设立推行以制度创新、制度供给为核心使命、核心任务的自贸试验区成为解决这一问题的有效手段，成为新时期中国对外扩大开放、对内全面深化改革，开放与改革双轮驱动的试验田。自贸试验区以制度创新为核心，改变过去各类试验区单纯依靠财政税收、政策优惠、引进技术和资本的传统模式，在关税贸易政策、投资管理体制、金融市场开放、政府职能转变等领域探索重大改革，以我国为主构建符合国际惯例的游戏规则和制度体系，比如探索政府职能转变新机制、创新现代社会治理新模式、探索经贸发展新规律和开放金融市场新举措等。然后再把这些成功经验复制推广到全国，构建起与我国开放型经济发展相适应的新体制、新模式、新业态，持续释放改革开放的新红利。建立中国（上海）自由贸易试验区，就是要形成全国开放新格局中的先行试点，在接轨国际的制度规则、法律规范、政府服务、运作模式等方面率先实践，为我国深化改革开放提供可供借鉴的“制度试验池”和适合推广的新模式。上海自贸区获批意味着中国改革开放进入了全新的历史阶段。

二、我国设立自贸试验区的重大意义

我国设立自贸试验区的核心是推动制度创新，即通过深化政府与市场关系的改革，构建开放型经济新体制，打造国际化、市场化、法治化和便利化的营商环境，率先成为全国新一轮改革开放“先行区”和制度创新“试验田”。与此同时，通过进一步扩大开放，积极融入全球贸易投资新格局新体系，加快推动我国开放型经济的转型升级，努力打造一批“引进来”和“走出去”的战略新平台，为国家“一带一路”建设和重大区域发展战略实施提供支撑。所以，自贸试验区的设立具有重大意义。

（一）主动开放打造参与国际竞争新优势

我国加快推动自贸试验区建设，是为了打造开放的新平台，其战略目标是在国际经贸投资中争取主动，赢得国际竞争新优势。各自贸试验区地理位置不同，区位优势不同，因此也具有差异化的改革试点任务。沿海省份的自贸试验区，站在对外开放的前沿地带，全方位发挥沿海地区对腹地的辐射带动作用；沿边省份的自贸试验区，直接对接周边国家的经贸合作，探索沿边地区对外开放的新机制新途径。

与此同时，通过“先行先试”制度创新，探索经贸合作新模式，打造国际竞争新优势，创新金融开放新机制，主动打造面向全球的自贸试验区平台，可以更好地服务国家“一带一路”建设和国家重大区域发展战略的实施。因此，主动开放，打造参与国际竞争的新优势，就成为设立自贸试验区的重要任务。而构建对外开放新格局，探索与沿线国家和地区优势互补、区域多边合作新机制就成为建设自贸试验区的重要任务。

（二）培育区域协调发展的战略新引擎

我国幅员辽阔、人口众多，各地区发展条件差异显著，区域发展不平衡是基本国情。新中国成立以来，党中央高度重视区域协调发展问题，不断丰富和完善区域发展的理念、战略和政策体系，促进区域协调发展也发生了深刻变化，取得了历史性成就。自贸试验区作为特殊的经济区，一旦设立将会对所在区域带来举足轻重的拉动作用。

制度创新是自贸试验区深化改革开放的核心任务。正如习近平总书记指出的：自贸试验区建设，是改革开放的国家战略，要大胆闯、大胆试、大胆推，尽快形成可复制、可推广和行之有效的制度创新成果。为此，每个自贸试验区的战略定位都各有特色，这主要是根据自贸试验区所在区域的经济发展水平、区位交通优势和自身资源禀赋等条件确定的。不仅如此，自贸试验区也必然要担负起拉动本区域经济发展的“火车头”使命，努力成为国家重大区域发展战略新的经济增长点。

自由贸易试验区不是传统意义开发区和经济特区的升级版，也不是海关特殊监管区或保税区的升级版，而是集金融、投资、贸易、科创等领域的开放与创新于一体的综合改革区，是全面对标国际通行规则、全面检验综合监管能力的压力测试区，是全面提升治理能力、彻底改变行政理念、大幅提高行政效率的政府再造区。因此，其对于所在区域的影响也是显而易见的，能够促进相关区域的改革发展和产业提升。

首先，自贸试验区的制度创新，对所在区域各部门的改革起到了倒逼作用。自贸试验区的制度创新，利用高度开放的贸易、投资和金融政策集聚高端要素资源，形成优良的营商环境，吸引各类高端服务业、高新技术产业和现代制造业落地，成为现代产业发展的新高地。这种变化使项目、资金、人才等各种要素大量流入自贸试验区，从而其他地区要留住企业、项目等必然要简化办公程序，优化营商环境。此外，随着“负面清单”越来越短，外来金融、高端医疗企业、高端制造业等大量涌入，将对本地产业带来冲击，竞争的激烈会迫使其进行改革，加快本地产业的转型升级。

其次，自贸试验区可以推动区域功能和产业分布实现新格局。自贸试验区的特点应该是开放、先进、与国际接轨，并且通过先行先试，打破传统的条条框框，以建成政策的高地，而不是税收等优惠的“洼地”，真正实现以市场需求为导向的公平竞争。这些特点决定了自贸试验区和其他经济开发区是一种互补关系，而不应是竞争关系。自贸试验区能够发挥制度创新优势，发挥产业协同功能，引领产业向集群化发展，成为区域经济发展的新引擎，并不断提升自身对周边的辐射带动作用。以上海市为例，其区内、区外双向布局已经成为企业发展的常态，即在自贸试验区内布局企业总部、科技、营销和创意环节，而把生产、物流基地设置在区外，形成“总部+产业园”“科技研发+转化基地”“高端制造+外围配套”的产业合作模式，形成“研发在自贸、转化在开发区”“总部在自贸区、生产基地在园区”的空间发展格局，发挥新时代改革开放示范引领带动作用。

最后，自贸试验区建设将进一步提升所在区域的国际化水平。从当前，自贸试验区的实践来看，每个自贸试验区对投资实施“负面清单”，不仅制造业对外开放，服务业也有较大的开放，这些均吸引了境外医疗、文化教育机构等服务业企业进入，从而促进相关区域国际化的提升。

（三）“先行先试”积累防范风险经验的试验场

党的十九大报告明确提出，赋予自由贸易试验区更大改革自主权。全面贯彻落实十九大精神，已有自贸试验区均提出了前瞻性、系统性又兼具当地特色的改革任务，彰显了大胆试、大胆闯、自主改的勇于开拓精神。虽然各自贸试验区的改革任务因地制宜，有所差别，但都体现了以制度创新为核心的共性。扩大开放意味着会带来风险，如何在开放中防范和化解风险，也是我国设立自贸试验区面临的重大考验。如上节所述，上海自贸试验区成立之时，正值中美贸易开展谈判，对于美方在准入前国民待遇、负面清单、竞争中立、环境条款、劳工权益、征收补偿、金融服务、外汇转移、税收税制、投资授权等方面提出的高要价，如果盲目地接受，势必会带来我国经济命脉被外方掌控的风险。如果全部否定，谈判会限于停滞，我国也会被排除在世界贸易规则之外。若把这些在国际贸易中可能遇到的不确定性风险，在自贸试验区内“先行先试”，一方面可以对标国际经贸规则进行调整创新，对可能带来的不确定性风险未雨绸缪，为我国进一步扩大开放提供可推广可复制的经验，另一方面又可以将风险控制在一定的范围，待积累起防控和化解风险的经验后，再从局部试验推广到全国。

（四）对接国家重大发展战略

目前，21个自贸试验区已覆盖我国各主要区域，构建起东中西协调联动、陆海统筹发展的全方位和高水平区域开放新格局。从国家战略层面上看，既能服务于“一带一路”建设、京津冀协同发展、长江经济带发展、粤港澳大湾区建设等国家重大战略，又能服务于西部大开发、振兴东北老工业基地、中部崛起、东部地区率先发展等国家区域发展战略，形成环环相扣，与国家新一轮改革开放总体布局高度吻合的格局。

2014年12月12日，国务院常务会议公布第二批自贸试验区名单，广东、福建、天津获批。这三家自贸试验区，其主要任务除了制度创新之外，与国家相关开始战略接轨，被赋予不同的任务，各具特色。天津自贸试验区作为当时北方唯一的自贸试验区，国家赋予其重点任务，也是特色之一推动实施京津冀协同发展战略，是国家赋予的重点任务，同时亦是其特色之一。广东自贸区则主打“港澳牌”，以深化粤港澳合作为重点，进一步推动粤港澳服务贸易自由化，同时加快经贸规则与国际对接。作为大陆与台湾距离最近的省份，福建自贸区也有自己的发展特色，主要突出对接台湾自由经济区，以及建设海上丝绸之路。

2017年4月1日，浙江、辽宁、河南、湖北、重庆、四川、陕西七家自贸区挂牌。这批自贸试验区的设立与国家经济发展战略联系更加紧密，“一带一路”、长江经济带、中部崛起、西部大开发、振兴东北老工业基地等，成为这些省份入选的关键词。

2018年4月13日，中共中央总书记、国家主席习近平在庆祝海南建省办经济特区30周年大会上郑重宣布，党中央决定支持海南全岛建设自由贸易试验区，支持海南逐步探索、稳步推进中国特色自由贸易港建设，分步骤、分阶段建立自由贸易港政策和制度体系。从而使我国的自贸试验区增加到11个。海南全岛设立自贸试验区，这是党中央着眼于国际国内发展大局，深入研究、统筹考虑、科学谋划做出的重大决策，是彰显我国扩大对外开放、积极推动经济全球化决心的重大举措。2020年6月1日，中共中央、国务院正式公布《海南自由贸易港建设总体方案》，其成为我国第一个具有中国特色的自由贸易港。

2019年8月26日，国务院正式印发《中国（山东）、（江苏）、（广西）、（河北）、（云南）、（黑龙江）自由贸易试验区总体方案》（以下简称《总体方案》），明确在山东、江苏、广西、河北、云南、黑龙江等6省区设立自贸试验区。山东自贸试验区，加快推进新旧发展动能接续转换、发展海洋经济，形成对外开放新高地。青岛片区打造东北亚国际航运枢纽、海洋经济发展示范区，烟台片区打造中韩贸易和投资合作先行区；江苏自贸试验区，推动全方位高水平对外开放，加快“一带一路”交汇点建设，着力打造开放型经济发展先行区，实体经济创新发展和产业转型升级示范区；广西自贸试验区，全面落实中央关于打造西南、中南地区开放发展新的战略支点的要求，发挥广西与东盟国家陆海相邻的独特优势，着力建设西南、中南、西北出海口，面向东盟的国际陆海贸易新通道，形成21 世纪海上丝绸之路和丝绸之路经济带有机衔接的重要门户；河北自贸试验区，全面落实中央关于京津冀协同发展战略和高标准高质量建设雄安新区要求，积极承接北京非首都功能疏解和京津科技成果转化，着力建设国际商贸物流重要枢纽、新型工业化基地、全球创新高地和开放发展先行区；云南自贸试验区，全面落实中央关于加快沿边开放的要求，着力打造“一带一路”和长江经济带互联互通的重要通道，建设连接南亚、东南亚大通道的重要节点，推动形成我国面向南亚东南亚辐射中心、开放前沿；黑龙江自贸试验区，全面落实中央关于推动东北全面振兴全方位振兴，建成向北开放重要窗口的要求，着力深化产业结构调整，打造对俄罗斯及东北亚区域合作的中心枢纽。

2020年9月21日，国务院印发北京市、湖南省、安徽省三省成立自由贸易试验区总体方案。北京设立自贸试验区后，京津冀三地均有自贸试验区，而三地自贸试验区均被赋予了服务京津冀协同发展国家战略这一任务，通过自贸试验区这一制度创新高地，可以实现三地共商、共建、共享模式，打破行政地域划分，促进京津冀三地一体化发展；安徽省的加入使长三角地区所涵盖省市均有了自己的自贸试验区，体现了利用自贸试验区服务长三角区域一体化发展这一国家战略；湖南自贸试验区各片区更是各具特色，分别对接不同的战略。长沙片区以中非经贸深度合作先行区重点对接“一带一路”建设，岳阳片区以打造长江中游综合性航运物流中心、内陆临港经济示范区重点对接长江经济带发展战略，郴州片区以湘港澳直通重点对接粤港澳大湾区建设。至此，我国自贸试验区就像下围棋一样，从最初零散的几个子，现在分别连成一片，带动中国经济发展的这盘大棋初见规模。

（五）自贸试验区有利于实现经济“双循环”

2020年5月14日，在中央政治局常务委员会议上，习近平总书记指出，要深化供给侧结构性改革，充分发挥我国超大规模市场优势和内需潜力，构建国内国际双循环相互促进的新发展格局。5月23日，习近平在看望政协委员时再次指出：逐步形成以国内大循环为主体、国内国际双循环相互促进的新发展格局。对“双循环”要正确地理解，以国内大循环为主体，以扩大内需为战略基点，不是要闭关锁国、主动脱钩，而是要进一步扩大高水平对外开放，特别是要从商品和要素流动型开放走向制度型开放。要继续推进贸易投资自由化便利化，不断优化营商环境，打造中国“世界工厂+世界市场”的国际分工合作新定位，稳住外贸外资基本盘，提高中国产业链供应链的稳定性和竞争力，吸收创新人才和创新技术流入中国。此外，通过国内国际“双循环”，推动改革与开放相互促进，以“内循环”支撑“外循环”，以“外循环”带动“内循环”。因此，其循环模式应该是通过实施“一带一路”建设等国际战略，继续鼓励中国企业“走出去”“引进来”，布局国内国际两种资源、两个市场。

很显然作为连接国外、国内两个市场的重要载体和平台的自贸试验区，在双循环格局之下，必然会扮演重要的角色。自贸试验区作为高水平的开放平台，可以充分整合国内国际的市场要素，通过制度创新，优化营商环境，金融创新可以吸引海外资金流入；通过特殊人才制度，可以整合国内外人才。同时，通过自贸试验区便利的通关政策，“单一窗口”制度，扩大短缺资源进口形成资源的内外循环。如河北自贸试验区曹妃甸片区实施了“智慧交通”大力提升航运水平，对到港货物实现云系统指挥运输，电子调度、配货、监督这些措施有利的扩大短缺资源的进口。通过人民币资金池，推动中国企业对外投资，通过保税维修等措施从而提高中国生产性服务业的全球服务能力和全球服务半径，实现生产性服务业双循环。

三、我国自贸试验区建设发展历程

从2013年9月上海自贸试验区挂牌成立以来，到2020年9月自贸试验区第六次扩容，我国共设立了21个自贸试验区，基本形成了“1+3+7+1+6+3”的自贸试验区矩阵，形成了协调东中西、统筹南北方，覆盖沿海、内陆、沿边统筹兼顾的全方位开放格局。作为中国改革开放的“试验田”，自贸试验区积累了一系列可复制推广的改革创新成果，自贸试验区内改革创新区外复制推广，形成了普惠改革红利、共享开放成果的局面。率先建立了以准入前国民待遇和“负面清单”为核心的外商投资管理制度、以贸易便利化为出发点的贸易监管制度、以资本账户开放和金融业对外开放为目标的金融创新制度、以转变政府职能为核心的事中事后监管制度。这些制度创新性强、集成特点明显、市场主体反映好，极大地改善了自贸试验区的营商环境。同时，自贸试验区建设成效明显。自挂牌成立以来，吸引了大量的企业注册，截至2018年底，18个自贸试验区累计新设立企业61万家，外资企业3.4万家，以全国万分之二的土地面积，创造了12%的进出口，吸收了12%的外资。自贸试验区经济增长强劲，各项经济指标良好，特别是挂牌成立较早的上海、天津、广州、福建四个自贸试验区。我国自贸试验区取得的成绩主要有以下几点。

（一）选点布局不断完善

2013年设立中国（上海）自贸试验区以来，除2014年和2016年未增设外，我国先后分6批设立了21个自贸试验区。我国自贸试验区经历了由点到线再扩展到面的发展，逐步形成由南到北、由东至西的“1+3+7+1+6+3”自贸试验区发展格局，整体布局上不断完善。从空间分布看，自贸试验区主要分布在东部地区，东部沿海所有省份均建立自贸试验区；兼顾西部地区和东北地区，中部地区数量较少，呈现中部塌陷特征；从地域模式看，以沿海型自贸试验区为主，内陆型次之，沿边型最少。

（二）试验内容不断拓展

随着自贸试验区选点布局的不断完善，试点内容也在不断拓展，覆盖面更广，差异化试点特色更加突出。伴随着自贸试验区《总体方案》《深化方案》和《全面深化方案》的不断推出，改革开放覆盖面不断拓宽。在开放领域，充分体现坚持开放为先的理念，通过放宽市场准入、取消差别化待遇等多种方式，推动开放向更广领域、更深层次拓展。例如，第二批 3 个自贸试验区《深化方案》均提出大幅度放宽市场准入，扩大服务业对外开放，提高自贸试验区外商投资负面清单开放度和透明度；除特殊领域外，取消对外商投资企业经营期限特别管理要求；清理和取消资质资格获取、招投标、权益保护等方面的差别化待遇，实现各类市场主体依法平等准入相关行业、领域和业务。在改革领域，注重加强系统集成，补足碎片化的改革短板，推动改革向更大范围拓展。例如，广东《深化方案》在前期试验任务基础上，进一步向知识产权、法治环境、人才管理、劳工权益、环境保护等新议题、新领域拓展；福建《深化方案》积极推动改革向纵深拓展，努力形成制度创新链条，如将国际贸易“单一窗口”向外贸企业资质备案、贸易许可和原产地证办理、货物进出口和船舶出入境申报、出口退税等国际贸易主要环节拓展。

与此同时，自贸试验区差异化试点特色更加突出。与上海自贸试验区相比，第二批自贸试验区除了当好改革开放排头兵、创新发展先行者外，在服务国家战略、辐射带动周边区域发展上，又体现出了不同的特点。广东自贸试验区突出推动内地与港澳经济深度合作，天津自贸试验区服务于京津冀协同发展，福建自贸试验区立足于深化两岸经济合作，并均服务于“一带一路”建设。从辐射周边区域发展方面看，广东自贸试验区通过加工贸易转型，带动珠三角区域和内地的产业升级，天津自贸试验区旨在通过促进京津冀协同发展来辐射内陆的发展，福建自贸试验区着力加强闽台产业对接、创新两岸服务业合作模式，以此来带动两岸经济发展。第三批自贸试验区则更加突出试点任务的差异化，分别对接“一带一路”建设、长江经济带、中部崛起、西部大开发、振兴东北老工业基地等重大区域发展战略，探索推进国资国企改革、以油品为核心的大宗商品投资便利化和贸易自由化、构建多式联运国际物流体系、创新现代农业交流合作机制、创建人文交流新模式等特色试点任务，与上海、天津等前两批4个自贸试验区形成对比试验、互补试验，在更广领域、更大范围形成各具特色、各有侧重的试点格局。

（三）试点经验不断形成

在国家层面，自2013年上海自贸试验区设立以来，自贸试验区通过独立制度创新和相互学习借鉴，形成了一大批创新成果。截至2020年6月，已经有239项制度创新成果在全国复制推广，切实发挥了深化改革和扩大开放的试验田、减压舱与先行区的作用。

2015年 1月 29日，《国务院关于推广中国（上海）自由贸易试验区可复制改革试点经验的通知》发布，包含34项可复制推广的改革事项。2016 年11月国务院印发了《关于做好自由贸易试验区新一批改革试点经验复制推广工作的通知》，一共形成19项可复制推广的改革事项。2017年7月，商务部等五部门发布《关于做好自由贸易试验区第三批改革试点经验复制推广工作的函》，形成会展检验检疫监管新模式、进口研发样品便利化监管制度等5项改革试点经验在全国复制推广。2018年5月，国务院印发了《关于做好自由贸易试验区第四批改革试点经验复制推广工作的通知》，在服务业开放、投资管理、贸易便利化、事中事后监管等领域向全国推广共计30项改革试点经验。同时，各自贸试验区先后共形成国际贸易“单一窗口”、跨境电商监管新模式等12个“最佳实践案例”。2020年6月28日，国务院关于做好自由贸易试验区第六批改革试点经验复制推广工作的通知，复制推广的主要内容里有37项改革试点经验出炉，其中，在全国范围内复制推广的改革事项31项，主要涉及投资管理领域、贸易便利化领域、金融开放创新领域、事中事后监管措施、人力资源领域等5大类；在特定区域复制推广的改革事项6项。

（四）制度创新成就显著

制度创新是自贸试验区建设的核心内容，自贸试验区已经成为制度创新的主要载体。自贸试验区成立以来，在投资管理、贸易监管、金融改革、政府管理、营商环境等制度建设方面进行了大量的创新，推动政府治理由事前审批到事中事后监管转变，服务业进一步扩大对外开放范围，外商投资门槛不断降低。自贸试验区在制度方面的系列创新措施开启了从被动接受国际规则到主动对接国际规则的新局面，对推动形成更高层次的对外开放格局起到了示范引领作用。

1. 投资贸易管理体制进一步优化，负面清单持续缩短

所谓负面清单，实际是一张外资准入限制类和禁止类措施的表格（或称不符措施列表，或称特别管理措施列表），“非列入即开放”，对于没有被列入负面清单的行业或模式，外资准入享受国民待遇。从上海自贸试验区实施的第一张负面清单（2013年版）特别措施有190项，2014年版减少至139项；2015年版减少至122项；2017年版再减少至95项特别管理措施；2018年6月30日，由国家

发展改革委、商务部发布的《自由贸易试验区外商投资准入特别管理措施（负面清单）（2018年版）》又将特别管制措施缩减至45项，在更多领域取消或者放宽了外资准入限制；2020年版外商投资准入负面清单遵照只减不增原则，将全国外商投资准入负面清单由40条减至33条，自贸试验区外商投资准入负面清单由37条减至30条。其主要变化表现在以下几个方面。

（1）加快服务业重点领域开放进程

在金融领域，取消证券公司、证券投资基金管理公司、期货公司、寿险公司外资股比限制。在基础设施领域，取消50万人口以上城市供排水管网的建设、经营须由中方控股的规定。

（2）放宽制造业、农业准入

在制造业领域，放开商用车制造外资股比例限制，取消禁止外商投资放射性矿产冶炼、加工和核燃料生产的规定。农业领域，将小麦新品种选育和种子生产须由中方控股放宽为中方股比不低于34%。

（3）继续在自贸试验区进行开放试点

在全国开放措施的基础上，自贸试验区继续先行先试。医药领域，取消禁止外商投资中药饮片的规定。教育领域，允许外商独资设立学制类职业教育机构。

截至目前，90%以上的国民经济行业对外资实现了准入前国民待遇，负面清单管理模式已经覆盖全部自贸试验区，并向全国近400个国家级经济技术开发区复制推广。

2. 在贸易便利化方面，自贸试验区进行了大量的改革实践

天津、广州的通关时间缩小50%以上，福建自贸试验区申报出口时间降低至半个小时，大幅提升了通关效率。四川自贸试验区推出国际会展检验检疫监管新模式，成都进出口平均通关时间大幅降低。在投资便利化方面，广东自贸试验区深入贯彻落实负面清单和准入前国民待遇制度，对负面清单以外的外商投资企业设立改为备案制，外商企业注册时间由10个工作日减少至2个工作日。浙江自贸试验区在全省率先实现外资备案无差异跨区域就近办理，办理时限由原来的20个工作日减少至即时即办。在营商环境方面，上海自贸试验区深化商事登记制度改革，率先推出企业可选用名称库，推进企业名称登记全程电子化，企业名称核准时间提速40%。浙江优化国际贸易“单一窗口”，并引领“最多跑一次”的改革，实行“前台综合受理、后台分类审批、统一窗口出件”的审批模式，审批环节减少90%以上，极大地优化了营商环境。随着各领域改革试点任务的落地实施，在企业减少时间成本、人员成本、材料成本等方面直接释放的改革红利效果明显。

（五）以投资、贸易合作主动融入“一带一路”建设

自贸试验区依托区位、地缘、产业、人文优势，积极推动与“一带一路”沿线国家的经贸合作，在投资贸易自由化便利化方面开展了大量的探索。上海自贸试验区通过建立亚太示范电子口岸网络运营中心，有效推动了与“一带一路”沿线国家的通关合作机制建设。陕西自贸试验区依托汽车、装备制造业与欧俄韩建设“中欧”“中俄”“中韩”等国际产业合作园区。同时，西安利用丰富的历史文化优势资源，与“一带一路”沿线国家共建国际高等教育合作交流平台，联合31个国家128所大学成立“丝绸之路大学联盟”。河南自贸试验区充分发挥交通枢纽优势，开通中欧班列（郑州），覆盖境内3/4的区域，境外遍布欧洲和中亚地区，形成境内外双枢纽、沿途多点集散的格局，极大地促进了我国与“一带一路”国家的互联互通。

四、中国四大自贸试验区实践与探索

为了更好地适应国内外经济贸易发展形势，充分利用国内外的资源和市场来发展中国经济，自2013年9月以来，中央先后分6批，批准了21个自贸试验区。其中，上海、天津、广东和福建自贸试验区作为最早的两批自贸试验区，在完成自贸试验区的任务、在制度创新等方面取得了很大的成绩，下面主要对

这四大自贸试验区的发展过程、发展定位、区位优势、制度创新等进行综合分析与介绍。

（一）上海自贸试验区实践与探索

1. 上海自贸试验区发展历程

2013年上半年，中国商务部、中国上海市人民政府会同中国国务院有关部门拟定《中国（上海）自由贸易试验区总体方案（草案）》，上报中国国务院审批。同年7月3日，中国国务院常务会议讨论并原则通过了该方案草案。2013年8月22日，国务院正式批准设立中国（上海）自由贸易试验区。试验区范围涵盖上海市外高桥保税区、外高桥保税物流园区、洋山保税港区和上海浦东机场综合保税区等4个海关特殊监管区域，总面积为28.78平方公里。同年9月29日，中国（上海）自由贸易试验区正式挂牌。

2014年12月28日，第十二届全国人民代表大会常务委员会第十二次会议通过《全国人大常委会关于授权国务院在中国（广东）、中国（天津）、中国（福建）自由贸易试验区以及中国（上海）自由贸易试验区扩展区域暂时调整有关法律规定的行政审批的决定》。中国（上海）自由贸易试验区扩展陆家嘴金融区、金桥开发区、张江高科技区三地91.94平方公里，中国（上海）自由贸易试验区区域总面积扩展到120.72平方公里。

2015年4月20日，国务院再次印发《进一步深化中国（上海）自由贸易试验区改革开放方案》，新方案对上海自贸试验区建设提出了全新的改革任务。比如，探索建立采信第三方信用产品和服务的制度安排；配合国家有关部门试点建立与开放市场环境相匹配的产业预警体系，及时发布产业预警信息；探索实行工商营业执照、组织机构代码证和税务登记证多证联办或三证合一登记制度等。

2017年3月，国务院批准的《全面深化中国（上海）自由贸易区改革开放方案》明确了上海自贸试验区到2020年的建设任务。方案要求上海自贸试验区对标最高国际标准，提出了以建设开放和创新金融为一体的综合改革试验区、建立开放型经济体系的风险压力测试区，打造提升政府治理能力的先行区，成为服务国家“一带一路”建设和推动市场主体走出去的桥头堡“三区一堡”为核心的主要任务和措施。“三区一堡”翻开了上海自贸试验区建设的新篇章，强劲带动中国企业“走出去”并推动“一带一路”的发展。至2018年底，被称为“上海自贸试验区3.0版”的《全面深化中国（上海）自由贸易试验区改革开放方案》出台，3.0版方案明确的98项重点改革任务中，96项重点改革任务已全部完成，上海自贸试验区实现了三年任务、两年基本完成的预期目标。

2019年7月27日，国务院印发《关于印发中国（上海）自由贸易试验区临港新片区总体方案的通知》。随着增设自贸试验区新片区，自贸试验区需要做更多的探索，比如如何与新一代的国际贸易规则更好接轨、企业产业升级创新需要金融的支持。上海自贸试验区未来将大力支持实体经济和科创板，成为帮助实体经济融资的中心。未来上海自贸试验区将聚集新能源、大飞机等新的产业集群，形成上游是技术和研发，下游是资金支持，两种力量相联结的局面。

2. 上海自贸试验区发展定位

自由贸易区所要面对的是“新常态”下进行的新一轮体制创新的先行先试。“新常态”之下，是高水平的开放、高质量的发展和高标准的改革。上海自贸试验区的设立，将为实现政府主导向市场主导的转型提供试验田，当前体制中最难改革的行政审批制度或将破题，这将进一步推动政企关系深化改革，加快服务型政府建设。

我国的经济特区、高新技术开发区、国家经济技术开发区和海关特殊监管区的发展定位和发展模式，主要偏向于和适应于制造业的发展，对我国的服务业水平提升作用不太明显。国家依托上海自贸试验区这个试点，全面推进服务业的开放，着力推进金融服务业的发展，加快人民币国际化进程，构建符合国际规则的现代服务业体系，打造中国服务业的特区。上海自贸试验区的设立，将通过进一步向外资开放金融、商贸物流、信息服务、科技服务等生产性服务业领域，引导外资投向，提高中国产业在全球价值链中的地位，尽快形成可复制、可推广的经验，发挥示范带动、服务全国的积极作用，促进各地区共同发展。通过金融业等服务业的发展，为人民币国家化和资本“走出去”奠定重要基础。

上海自贸试验区的核心任务则是制度创新，对标世界标准，营造公平、统一、高效的营商环境。坚持解放思想、先行先试，以制度创新为核心，在投资、贸易、金融和事中事后监管领域已形成一批基础性和核心制度创新，并在实践中不断成熟、定型，为全国自贸试验区建设提供基础性制度框架。既要积极探索政府经贸和投资管理模式创新，促进贸易和投资便利化，扩大服务业开放；又要防范各类风险，推动建设具有国际水准的投资贸易便利、监管高效便捷、法制环境规范的自由贸易试验区，使之成为推进改革和提高开放型经济水平的“试验田”，形成可复制、可推广的经验，发挥示范带动、服务全国的积极作用，促进各地区共同发展。通过构建与各国合作发展的新平台，推进我国从单纯的与国际惯例接轨转向主动应对全球化竞争，在全球化经济竞争中主动积累试验，让中国从被动逐渐走向主动。拓展经济增长的新空间，打造中国经济升级版。

3. 上海自贸试验区优势

上海一直是中国改革开放的前沿，肩负着推动长三角地区一体化和长江经济带发展的重任，在中国经济建设和社会发展中具有十分重要的地位和作用。通过近几年上海金融改革与创新，目前上海陆家嘴的金融资源配置核心功能越来越强大。此外，一批面向国际的金融交易平台已正式运行，境外机构通过黄金国际板进行国际黄金交易的规模也不断扩大，上海金融的国际定价话语权不断增强。金融市场运行整体平稳，市场参与者稳步增加。上海有良好的金融生态环境，而自贸试验区有这样的有利条件，有助于下一步的开放，在国家大的战略框架下推进，比如资本账户可以逐渐稳步地开放，上海自贸试验区在这方面可以继续进一步加深试点、创新。同时自贸试验区贸易自由度的提高也会对金融自由度提出更高要求，而金融自由度的提高又会促进贸易发展。由此可见，贸易要上到高层级，就必须要与金融挂钩，必须与资本流通挂钩，才能更好地促进自贸试验区的探索和发展。

上海自贸试验区的另一大优势就是先行先试，打造具有国际高水准的制度创新高地，形成可复制、可推广经验。如今的上海自贸试验区制度创新正向纵深推进，不仅是制度创新的“试验田”，也是衔接国际通行规则的制度创新高地，进一步夯实了上海开放前沿的地位。

4. 上海自贸试验区创新政策

随着我国改革任务的推进，反映在实体经济中的一个显著特征，就是外资以更快的速度涌入，特别是在上海自贸试验区内，外资企业在所有新设企业中的占比明显提升，这些均离不开上海自贸试验区一系列首创性的制度创新，进一步激发了市场创新活力和经济发展动力。上海市紧紧抓住自贸试验区建设的基本定位和关键环节，在全国率先开展实施了外商投资负面清单、“先照后证”、国际贸易“单一窗口”、自由贸易账户、宏观审慎的金融综合监管制度、分类综合执法等一系列重大基础性改革，为全国深化改革和扩大开放提供了可借鉴的制度和改革经验。上海自贸试验区运行过程中，其所彰显出的法制化、国际化、便利化的营商环境，就是实实在在的生产力。其创新性地从“政策倾斜”向“消除政策壁垒”转变，从“制造业特区”向“服务业特区”转变，从“引进来”向“走出去”的开放型经济转变，上海自贸试验区正在形成一个放得更活、管得更好、服务更优的营商环境。

（1）外商投资管理

在成果中最具制度创新代表性的是上海自贸试验区制定出了中国第一份外商投资准入特别管理措施，也是我国第一个外商投资负面清单。确立了以负面清单管理为核心的投资管理制度，形成了与国际通行规则一致的市场准入方式。这张负面清单厘清了政府权限和市场范围。明确了到底什么情况需要政府监管，什么情况需要向政府报备，让外商投资变得简单、公平。随后逐步探索实施跨境服务贸易负面清单管理模式，旨在推进跨境服务贸易负面清单管理的法治化、制度化、规范化和程序化，是全国第一部确定以负面清单模式对服务贸易进行管理的地方政府文件。同时以建设开放度最高的自由贸易试验区为目标，是全国第一张服务贸易领域的负面清单。不断地缩短外商投资负面清单并持续地扩大的开放空间。一边是扩大，一边是缩短，这之间就是更大的外商投资空间。

自贸试验区的优势就是消除政策壁垒，就是要探索出一套做法，负面清单越来越短，不列入负面清单的手段包括两个：一个是准入放开，一个是国民待遇，对所有的国资、外资、民资，所有的企业都一视同仁，负面清单外政府都不审批，完全由市场主体决定，负面清单以内的是高度透明的管理模式。这表明自贸试验区不再依靠政策来作为企业投资、生产的动力，而是通过营造公平、公开、诚信、有序的市场环境，提供良好的市场服务，这成为企业发展核心发展环境，这是颠覆性的改革和颠覆性的创新。

（2）贸易监管

在贸易监管领域，上海自贸试验区借鉴国际经验，海关、检验检疫、海事等口岸监管部门率先推出建立并不断升级了“先进区、后报关报检、批次进出集中申报”“十检十放”以及实施国际贸易“单一窗口”等一系列创新型口岸监管创新措施，探索建立了符合高标准贸易便利化规则的贸易监管制度，同时运用货物状态分类监管促进了区内货物、服务等各类要素的管理和自由流动，促进了贸易便利化发展。为提高企业效率、节省成本，上海自贸试验区还推出了“先照后证”“一区注册、四地经营”等举措来促进企业入驻和发展。上海自贸试验区贸易管理制度逐步实现一线放开、二线管住、区内不干预的国际公认标准规范。缩小了我国现行制度与国际通行规则的差距，为我国加入更高标准的投资、贸易协定打下基础。货物进出口海关通关时间压缩近1/3，企业物流成本平均降低约10%。通过实施国际贸易“单一窗口”管理制度，口岸货物申报和船舶申报100%通过“单一窗口”办理，服务企业数超过27万家。企业申报数据项在船舶申报环节缩减65%，在货物申报环节缩减24%，累计为企业节省成本超过20亿元，贸易环节各个方面均能体现出自贸试验区新措施的意义。各种创新性改革办法已在全国范围、长江流域范围、海关特殊监管区域等分阶段有序推广实施，更好地推动贸易发展。

（3）金融管理制度

作为上海国际金融中心建设核心承载区，上海自贸试验区最有条件将国家金融服务业开放重大举措率先落地。2018年，上海自贸试验区推出了《中国（上海）自由贸易试验区关于扩大金融服务业对外开放进一步形成开发开放新优势的意见》，其中跨国公司外汇资金集中运营管理是上海自贸试验区金融改革的一项重要政策，受益于上海自贸试验区入境货物“先进后报”、无纸化通关等一系列新政策。持续的金融开放创新和更好的融资环境得益于创新性的政策措施。一是建立双向资金池，允许跨国的企业能够自由调拨资金。二是放松了对外投资的审批权，在自贸试验区注册的企业对外投资在1亿美元以下的情况可以实行备案制，推动金融对外开放，给个人和企业通过自贸试验区进行资金往来，实现投资便利化。与此同时，还有金融利率市场化改革，把金融与贸易结合建立大宗商品交易所等举措。上海自贸试验区持续深化金融开放创新步伐，出台扩大银行业、证券业、金融市场等金融服务业对外开放的25条意见，覆盖吸引外资金融机构集聚、便利外资金融机构落户等六个方面，凸显了上海自贸试验区在扩大金融业对外开放中的“试验田”作用。

（4）自由贸易账户实施

作为一个本外币一体化账户，自由贸易（FT）账户资金的跨境流动管理，采取一线审慎监管、二线有限渗透的原则。也就是说，FT账户一线连通境外账户、自贸试验区内的FT账户，可以实现与两类账户之间的资金划转，以及经常项下和直接投资的自由汇兑；二线连通境内账户，可以与境内其他账户实现有限渗透，资金划转视同跨境业务管理。不占用外债规模、不办理现金业务。相比境内普通账户体系的金融服务，FT账户实现了跨境金融领域的国民待遇原则，使区内和境外机构享受同等服务，也有利于提高跨境资金流动的便利性。目前，FT账户可以提供包括跨境融资、跨境并购、跨境理财、跨境发债等经常项目和资本项下的本外币一体化金融服务。根据要求共将四大类企业将被纳入自由贸易账户拓展名单，分别是："上海科技创新职业清单"内的机构；有跨境筹资、增资扩股、收购兼并、上市、资金集中管理等实际跨境需求的科创类企业，以及在其发展周期中起推动作用的市场主体，如科技创新初期引入的境外种子基金、天使基金、境外风投资本、融资提供主体等；第二类是服务"一带一路"建设和"走出去"的有国际贸易结算和融资需求的实体企业；第三类是总部经济相关的实体企业；有设立全功能型跨境双向人民币资金池需求，在岸集中管理全球人民币资金的跨国企业等；第四类则是遵循绿色投资、科创投资等理念，且重点投向上海科创中心建设、绿色环保、"一带一路"建设相关领域，支持实体经济增强资本实力的跨境股权投资企业。

（5）综合监管执法

上海自由贸易试验区在原有的监管执法制度下，通过创新和改革建立了新的综合监管执法制度框架，从原来的事前审批和主体监管转向事中事后监管和功能监管，以提高自贸试验区监管的高效便捷。在上海全市率先实施"一网通办"的背景下，浦东新区327项涉企事项已全部进入网上政务大厅，53%的事项实现不见面审批，47%的事项实现"只跑一次"，实际办理时间比法定时限压缩85%。高效的业务办理为企业降低了成本，加快了企业办理业务的速度。同时在一网通办也为自贸试验区监管和执法部门提供了较为便捷精准的监督和检查方式，通过数据互联网可追溯性、数据备份监控等措施提高自贸试验区营商环境。在营商环境中还有非常重要的一环是法制环境。事实上，在2019年2月公开征求意见的《外商投资法》，其立法工作一直在加速，这是中国对外商投资促进、保护、管理的基本制度。与此同时，我国还在全面清理对外资单独设置的准入限制，确保市场准入的内外资标准一致。准入后的阶段，也在政府采购、产业政策、上市融资等方面保障外企的公平待遇。促进上海自贸试验区更快更好地形成一个放得更活、管得更好、服务更优的营商环境。

（二）天津自贸试验区实践与探索

1. 天津自贸试验区发展历史

2014年12月12日中央决定设立天津自贸试验区，试验区总面积为119.9平方公里，主要涵盖3个功能区，天津港片区、天津机场片区，以及滨海新区中心商务片区。2015年4月20日，国务院关于印发《中国（天津）自由贸易试验区总体方案》的通知（国发〔2015〕19号）。2015年4月21日，中国（天津）自由贸易试验区正式挂牌。

自成立起，天津自贸试验区积极推进制度创新。试点以来，天津自贸试验区实施集中统一的行政审批机构，贯彻“一颗印章管审批”，审批时限缩短了50%以上；企业设立登记制度改革方面，在全国率先推行“一照一码”登记制度，将涉税事项纳入联合审批，将负面清单以外的外商投资企业备案与企业设立合并受理，实现了企业设立“一照一码一章一票一备案”一天办结，极大地提升了服务效率。

2015年12月9日，为促进天津自贸试验区实体经济发展，加大对跨境贸易和投融资的金融支持，中国人民银行发布了《关于金融支持中国（天津）自由贸易试验区建设的指导意见》（以下简称“金改30条”）。

2016年5月，天津自贸试验区推出民办非企业单位设立登记相关行政审批“多项合一”，实现一次受理，一次办结。同年，注资规模100亿元的京津冀产业结构调整引导基金在天津自贸试验区正式设立。

2017年初，天津自贸试验区中心商务区片区正式推行“税务综合一窗”。同年，实行企业名称自主申报和简易注销登记制度，降低了企业设立和退出成本。此外，“就业即落户”政策落地实施，引进了大批人才，初步形成了创新金融、科技互联网、国际贸易和跨境电商三大特色产业集群。

截止到2018年底，“金改30条”中准予实施政策已全部落地。3年来，区内企业开展全口径跨境融资宏观审慎管理业务，有效拓宽了跨境融资渠道；租赁创新政策效果逐步显现。融资租赁可收取外币租金、售后回租项下外币支付货款，企业因此减少汇兑损失最高达2%；人行天津分行与北京营管部、石家庄中心支行共同制定了协调机制，较好地实现了金融支持京津冀协同发展与推动天津自贸试验区金融改革创新的有机结合。

2018年5月24日，国务院关于印发《进一步深化中国（天津）自由贸易试验区改革开放方案》（以下简称《深改方案》）的通知发布，表明天津自贸试验区正式进入“2.0时代”。《深改方案》主要体现在行政审批、市场准入、金融创新、国际贸易、海关检验检疫综合监管、口岸服务、要素市场配置和事中事后监管等八个方面。

同年，天津自贸试验区建立任务台账、信息报送和工作联系函制度，《深改方案》128项任务全部启动实施，且一年时间，128项任务已完成超8成。天津市场监督委开辟绿色通道，自贸试验区管委会建立了督查统计制度。天津自贸试验区还积极搭建创新创业平台，设立10亿元“双创”发展资金，出台十项政策措施。2019年5月，在天津自贸试验区东疆片区注册成立的嘉和国际融资租赁（天津）有限公司通过融资租赁方式出口的第一批35辆牵引车，这是我国企业以融资租赁方式出口汽车的第一单业务，为今后我国企业向“一带一路”等新兴市场国家出口汽车探索了可复制可推广的新模式。

天津自贸试验区自成立5年来，大力培育新兴产业，推动国家租赁创新示范区建设，发起设立租赁创新产业基金，探索SPV租赁、离岸租赁等40多种租赁交易模式，在融资租赁、保税维修、平行进口汽车等领域形成了一批可复制可推广的宝贵经验。

2. 天津自贸试验区发展定位

第一，自天津自贸试验区试点以来，汽车平行进口就作为重点发展方向，成立了平行进口汽车试点工作协调小组，建立了联席会议机制，出台了《中国（天津）自由贸易试验区汽车平行进口试点管理暂行办法》《天津市商务委等10部门关于促进天津口岸整车进口若干措施》等多项政策措施，报检出证不超过5日、港口7天免堆存等50余项创新举措和服务承诺集中“亮相”，极大地激发了市场活力，促进了行业发展，产业主体规模和集聚辐射效应有新的飞跃。

第二，支持租赁业发展，是天津自贸试验区一大特色。中飞租融资租赁有限公司是“账户通起来”的直接受益者。该公司为旗下46架飞机各自成立的单机SPV公司，之前需要境外融资时，每一笔都必须申请外汇额度，过程漫长复杂。在中国人民银行天津分行协助下，中飞租公司搭建了跨国公司外汇资金集中运营管理平台。

第三，促进京津冀协同发展是天津自贸试验区的一大使命。天津同北京、河北积极申报“京津冀自由贸易港”，为京津冀服务，并打造成京津冀地区对外开放的平台。天津已有20多家金融机构与京冀金融机构建立了长期战略合作关系，同城化服务取得了实质性进展。

3. 天津自贸试验区优势

天津自由贸易试验区，是中国大陆北方第一个自由贸易试验区，地处天津的滨海新区，背靠京冀，辐射东北、背靠西北、华北是“一带一路”倡议中重要的环节，发展突飞猛进。

首先，政策租金优势。在自由贸易试验区的发展过程中，通过负面清单管理和放松管制，真正使市场在资源配置中起决定作用，通过制度创新使自由贸易试验区的发展拥有充足的政策红利。

其次，交通区位和市场邻近优势。天津自由贸易试验区位于渤海湾的中心，邻近京津两大高端市场，腹地广阔。

最后，产业基础优势。与其他自由贸易区相比，天津自由贸易试验区依托国家的政治中心、科技创新中心、文化中心和国际交往中心，科技创新资源富集，产业基础雄厚。其中，自由贸易试验区和两大自主创新示范区的有机结合，将催生出新的科技产业革命浪潮和全球生产组织新形态。

4. 天津自贸试验区创新政策

首先，“放管服”改革深入推进。在全国率先建立了集中统一的行政审批机构，“一颗印章审批”，审批时限压缩50%以上。加快推进“证照分离”改革试点，涉及取消审批、审批改备案、简化审批实行告知承诺制等5类92项行政许可事项改革全部启动。实现企业设立“一照一码一章一票一备案”一天办结。试行了企业名称自主申报制度和企业简易注销登记办法。首创国地税“综合一窗”办税模式，一窗统办、一次性办理企业6大类192项涉税事项。

其次，形成更加透明开放的投资管理制度。全面实行外商投资负面清单管理，对负面清单之外领域，实行外商投资备案管理，办理时间由8个工作日缩减到1个工作日。推进境外投资管理方式改革，办结时间从3个月缩短至1天。设立对外投资合作“一站式”服务平台，累计备案境外机构181家，投资额416亿美元，中方投资额210亿美元。

再次，贸易便利化水平不断提升。设立国际贸易“单一窗口”，具备130多项服务功能。出台了29项通关便利化措施，平均通关时间由原来的1至2天缩短到2个小时，节约报关成本70%；货物流转时间缩短50%，降低物流成本30%。出台48项检验检疫便利化措施，2017年口岸审单放行比例达57%，平均通关放行时间缩短55.6%。

此外，海关便利化探索已向全国推行。天津自贸试验区深化贸易监管制度创新，区域口岸通关效率优于国际一流水平。设立国际贸易“单一窗口”，具备130多项服务功能，申报效率提高了25%。海关出台三批29项海关通关便利化措施，企业货物流转时间节约50%，成本节约近30%，平均通关时间由原来的1至2天缩短到2个小时，节约报关成本70%。

最后，形成一批改革试点经验。建立与全市各区联动发展机制，推出73项制度创新举措，企业名称自主申报、市场主体简易注销等创新经验在全市推广实施。向国家上报127项试点经验和31个创新案例，其中15项经验和3个案例向全国推广。

（三）福建自贸试验区实践与探索

1. 福建自贸试验区发展历史

2014年12月12日，国务院决定设立中国（福建）自由贸易试验区；同年12月26日，十二届全国人大常委会第十二次会议决定设立中国（福建）自由贸易试验区。2015 年4月，福建自贸试验区挂牌成立，实施范围118.04平方公里，包括福州、厦门、平潭三个片区。国家赋予福建自贸试验区的战略定位是建设改革创新试验田、深化两岸经济合作示范区、面向21世纪海上丝绸之路沿线国家和地区开放合作新高地。

2016年12月，中欧（厦门）班列成为全国首条加入中欧“安智贸”项目（全称“中欧安全智能贸易航线试点计划”）的铁路航线，企业输欧货物更快捷、安全。

2018年5月，国务院印发《进一步深化中国（福建）自由贸易试验区改革开放方案》。方案提出，对标国际先进规则，深入推进各领域改革创新；持续推进简政放权，进一步提升政府治理水平；加强改革系统集成，形成更多可复制可推广的制度创新成果；进一步发挥沿海近台优势，深化两岸经济合作；加强交流合作，加快建设21世纪海上丝绸之路核心区。根据方案，到2020年，率先建立同国际投资和贸易通行规则相衔接的制度体系，形成法治化、国际化、便利化营商环境，打造开放和创新融为一体的综合改革试验区、深化两岸经济合作示范区和面向21世纪海上丝绸之路沿线国家和地区开放合作新高地。强化自贸试验区改革同福建省改革的联动，各项改革试点任务具备条件的在福州市、厦门市和平潭综合实验区范围内全面实施，或在福建省推广试验。

2018年5月24日，《进一步深化中国（福建）自由贸易试验区改革开放方案》（以下简称《深化方案》）正式对外发布实施。

2020年1月出台了《厦门自贸片区重点平台三年行动方案》，全面推进航空维修、融资租赁、跨境电商等14个重点平台建设，进一步发挥“金融+”“供应链+”“自贸+”等功能特色，探索推进“平台+产业”的建设模式。目前已梳理推出了集成电路、生物医药与健康等“平台+产业”，通过平台服务从产业基地发展、借助产业基地推动平台建设促进政策叠加、优势互补，促进产业联动协同发展。

2. 福建自贸试验区发展定位

福建自贸试验区围绕立足两岸、服务全国、面向世界的战略要求，充分发挥改革先行优势，营造国际化、市场化、法治化营商环境，把自贸试验区建设成为改革创新试验田；充分发挥对台优势，率先推进与台湾地区投资贸易自由化进程，把自贸试验区建设成为深化两岸经济合作的示范区；充分发挥对外开放前沿优势，建设21世纪海上丝绸之路核心区，打造面向21世纪海上丝绸之路沿线国家和地区开放合作新高地。坚持扩大开放与深化改革相结合、功能培育与制度创新相结合，加快政府职能转变，建立与国际投资贸易规则相适应的新体制。创新两岸合作机制，推动货物、服务、资金、人员等各类要素自由流动，增强闽台经济关联度。加快形成更高水平的对外开放新格局，拓展与21世纪海上丝绸之路沿线国家和地区交流合作的深度和广度。经过三至五年改革探索，力争建成投资贸易便利、金融创新功能突出、服务体系健全、监管高效便捷、法制环境规范的自由贸易园区。

3. 福建自贸试验区发展优势

（1）区位优势明显

福建省地处东南沿海，北接长江三角洲，南接珠江三角洲，独特的地理位置使其成为我国沿海经济带的重要组成部分。2015年，福建地区生产总值2.6万亿元，居全国第11位，实际GDP增速达9%，在沿海省份中位居第二。同时，福建省与台湾地区地理位置毗邻，历史源远流长，文化同根同源，使得福建自贸试验区担负着促进两岸经贸文化交流与合作的特殊使命。2015年，福建对台湾地区进出口总额693.59亿元，其中，出口额232.16亿元，进口额461.43亿元，贸易逆差229.27亿元。因此，福建自贸试验区的发展对深化闽台产业合作，推动两地贸易自由化具有重要意义，尤其是与“台湾自由经济示范区”对接是福建自贸试验区区别于其他自贸试验区的最明显的区位优势。

（2）发展基础良好

福建省大陆海岸线长3752公里，分布着125个港湾，拥有丰富的港口海洋资源。全省沿海港口深水泊位数达143个，深水泊位比率接近30%，专业化泊位通过能力比例接近80%，已初步形成海西港口群，逐步成为两岸海上往来的主枢纽。2015年，福建沿海港实现货物吞吐量5.03亿吨，其中，外贸货物吞吐量2.02亿吨，集装箱吞吐量1363.69万标箱。同时，福建省水产品、林产品、农产品、石材等自然资源十分丰富，特别是以金属和非金属矿品居多。例如，福建龙岩的紫金矿和厦门钨业年产量大、产值高，都属于国内外知名的产业。借助这些丰富的空间资源和自然资源，福建省的优势产业特点非常明显，为福建自贸试验区的发展奠定了良好基础。

（3）片区优势产业突出

福建自贸试验区中的三片区域有着各自的优势产业。平潭片区的优势产业主要集中在旅游休闲、港口航运、文化创造等产业，而福州片区优势产业则以电子信息、生物科技、精密机械、现代金融等为主，力争打造“海上丝绸之路”战略枢纽城市。厦门片区是福建自贸试验区面积最大的组成部分，面积达43.78平方公里。厦门作为重点建设对象，一是作为两岸贸易中心，可以重点发展国际金融、高新技术研发、会展业和高端服务业等新型产业；二是作为东南国际航运中心，可以发展现代物流等现代临港产业。

（4）创新政策

5年来，福建自贸试验区大胆试、大胆闯，各项工作取得了很大的进展，形成了一批独具福建特色、对台先行先试的制度创新成果。经济发展动能显著增强。福建自贸试验区充分利用自贸试验区制度创新优势和“保税+”“金融+”等政策，培育了物联网、航空维修、融资租赁、跨境电商、进口酒等重点平台，发展了集成电路研发设计、海运快件、中转集拼等一批新业态新模式，形成了一批新兴产业集聚区。充分发挥自贸试验区“磁吸效应”，吸引人流、物流、资金流、信息流、技术流源源不断地流入。

其次，政府治理水平大幅提升。自贸试验区着力深化“放管服”改革，建立了与市场规则相适应的服务型政府。简政放权领域，用政府权力的“减法”来换取市场活力的“加法”甚至是“乘法”。政务服务领域，利用“互联网+政务”，实施“一窗办”“网上办”“马上办”等举措，不断提升政务服务质量和监管领域，加快构建新型监管机制，利用信息化手段提升监管水平。

（四）广东自贸试验区实践与探索

1. 广东自贸试验区发展历史

1980年，经全国人大批准，深圳、珠海、汕头三个经济特区正式设立，广东成为改革开放的最前沿。但改革开放30余年后，社会主义市场经济体制在我国普遍建立，经济特区“窗口”作用日益淡化，在国内外激烈的市场竞争中经济特区亟须寻找新的突破口，继续发挥“特区”作用。

正是在此背景下，2008—2012 年期间，国务院先后批复印发了《珠江三角洲地区改革发展规划纲要（2008—2020 年）》《前海深港现代服务业合作区总体发展规划》《关于广州南沙新区发展规划的批复》等规划纲要，珠海横琴新区、广州南沙新区陆续挂牌成立，广东由此实现了由三个经济特区到三个国家级新区的跨越。

2013年7月23日，广东省政府在《实施珠三角规划纲要2013年重点工作任务》中明确提出，南沙新区在当年内启动申报自由贸易园区。2013年广东省政府工作报告中提出“落实粤港、粤澳合作框架协议，深化CEPA 先行先试，积极推进粤港澳率先基本实现服务贸易自由化”；2014年广东省政府工作报告中明确提出“继续发挥经济特区带动作用，申报设立自由贸易园区”。

2014年12月12日，国务院常务会议上提出在广东、天津、福建特区区域再设三个自由贸易园区。2014年12月29日，广东自贸试验区范围公布，其中广州南沙片区60平方公里、深圳前海蛇口片区 28.2平方公里、珠海横琴片区28平方公里，共 116.2平方公里。2015年4月21日，中国（广东）自由贸易试验区在广州南沙区举行挂牌仪式。广东自贸试验区立足面向港澳台深度融合，从此，广东由经济特区时代跨入自贸试验区时代。

2. 广东自贸试验区发展定位

广东自贸试验区包括三个片区，分别是广州南沙片区、深圳前海蛇口片区和珠海横琴片区。三个片区的定位各有侧重，互补发展，以点带面，促进广东产业结构的转型升级，推动粤港澳经济战略合作的高度融合。

（1）广州南沙片区

广州南沙片区面积共有60平方公里，分为七个区块。南沙位于珠三角的中心位置，具有综合性优势，着力发展特色金融、国际物流、国际商贸、高端制造等产业，致力于建设现代型服务产业，打造国际性高端生产型服务业集聚高地，创建世界先进水平的国际性枢纽港。

2018年，南沙片区生产总值达1458.41亿元，同比增长6.5%；商品销售总额 1861 亿元，增长17.3%；当年进出口总值共 2063.9 亿元，同比增长 5.8%，其中进口额为 972.1 亿元，同比增长 20.9%。具有规模以上工业的企业产值共2421亿元，同比增长7.8%；现代服务产业占第三产业比例高达63.1%。区内2018年新设企业约 3.8万家，新增注册资本达8323.8亿元；新设外资企业量剧增，约为上年的 3.3 倍。聚集金融和类金融机构共 3061 家，同比增长76%。区内当年实现货物吞吐量约3.56亿吨，同比增长6.5%；其中，集装箱吞吐量约1566.1万标箱，增长了11.4%。

（2）深圳前海蛇口片区

深圳前海蛇口片区规划面积共28.2平方公里，分为前海、蛇口两个区块，前海区块面积15平方公里，蛇口区块面积13.2平方公里。香港是世界第三大金融中心，国际贸易中心和国际科技创新中心。深圳地理位置上毗邻香港，着力整合深港两地资源，集聚全球高端要素，重点发展国际金融、现代物流、科技服务、信息服务、港口服务、专业服务等战略性新兴产业，不断推进深港经济深度融合合作发展，加快培育国际竞争新优势，打造亚太地区重要生产性服务业中心、世界性服务贸易中心以及国际性枢纽港。

自2015年挂牌以来，前海蛇口片区的经济总量、产业能级迈上新台阶，注册企业增加值从1019亿元增加至2018年的 2510亿元。在外商投资方面，新批准外商投资企业达4103家，增长了43.0%，实际利用外资约45.08亿美元，同比增长1.3%。进出口总额共6087亿元，进出口贸易增速高达30%。已注册港资企业共10800家，企业注册资本约10749.04亿元。截至2018年底，前海企业在境外直接投资 479 家企业或机构，中方协议投资额约 78.32亿美元。区内贸易规模还实现了两个“千亿”，一个是区内进出口总值达1152亿美元；第二是保税港区的进出口总值共157亿美元，合计人民币约1065亿元，单位面积产出值首次超千亿元。

（3）珠海横琴片区

珠海横琴新区片区在广东省珠海市的南部地区，与澳门相隔一河，最近处两地距离仅有187米。总面积有28平方公里，分为五大区块。其天然的区位、环境和政策优势，吸引了港澳地区和国际高端人才和服务资源，重点发展健康休闲、旅游、商务金融、文化科教研发和高新技术等产业，建设区域性商务服务基地、国际性旅游度假基地、区域性科教研发平台以及国家级高新技术产业基地，打造经济多元化发展的新载体。

2018年，横琴片区实现地区生产总值约244.15亿元（不含保税区），增长了12.9%；其重点项目累计完成投资约412.41亿元，项目完成率达 102.7%；固定资产投资达 572.20 亿元（不含保税区），增长了40.9%，投资总量排名在珠海市各区中稳居第一。

3. 广东自贸试验区发展优势

（1）抓紧政策福利，进行改革创新

广东自贸试验区的成立不同于其他改革开放，它是以对外开放来迫使自贸试验区改革创新。在国家政策上，相对于其他地区，国家对广东自贸试验区没有太多的政策约束，相比其他自贸试验区，广东自贸试验区有更大的开放和自主权。从以前只有一个上海自贸区负面清单到现在的4个自贸试验区统一新版负面清单，从中我们也可知中国将更多的区域发展为以审批为主的投资管理制度。单从数字层面上看，与上海自贸试验区2014年版的特别管理措施相比，新版的负面清单减少了17项，其比例缩减了12%，缩减得最厉害的是制造业。广东自贸试验区抓住政策福利，进行改革创新，与国家的“一带一路”政策进行对接。广东自贸试验区通过制度创新，将高端装备制造业发展起来，以使自贸试验区赶紧跨入工业4.0时代，提供产业技术核心竞争力，研究可以复制推广的成功发展形势和市场机制。

（2）发挥地区优势

广东自贸试验区依托港澳资源良好的地理位置占了绝对优势。深圳前海蛇口与香港接壤，而珠海横琴新区则是以澳门接壤，广东自贸试验区对外开放一直以来都是依托的香港澳门，依托香港澳门促进了广东自贸试验区的经济发展。在广东全省进出口总额中，广东对香港澳门的进出口额就占了差不多60%。不仅如此，在全省外商对广东的投资中，香港澳门投资占的份额也是将近60%。广东自贸试验区最大的发展特点就是进行粤港澳合作。澳门取得成功时的经济发展经验和经济发展模式，有很多方面珠海横琴自贸试验区都可以参考借鉴澳门的经历来进行改革创新。这个举动相当于按照澳门模式再把珠海打造成一个相似的现代化大都市。深圳前海蛇口相对于其他两个片区，深圳聚集了更多有创新思维的创业者，比如华为、腾讯等高新技术产业龙头企业都在深圳驻扎。在深圳前海蛇口自贸试验区，最具有国际范的地区便是前海，深圳进行改革开放时，蛇口首当其冲，成了经济特区里的特区，两个地区新老结合，必定能为自贸试验区的再次改革开放带来新变化。

4. 创新政策

（1）金融制度创新

根据《中国人民银行关于金融支持中国（广东）自由贸易试验区建设的指导意见》，旨在支持广东自由贸易试验区的建设，构建与自贸试验区跨境和投资便利化相适应的金融服务体系。文件对构建金融服务体系的总体原则、扩大人民币跨境使用、深化外汇管理改革、开展区域金融合作、提升金融服务水平以及进行风险监测与管理等进行了详细规定。通过拓展人民币业务方便货币标准化，发展外债、资本项目及外汇衍生品服务促进贸易投资便利化。通过发展与港澳地区的跨境人民币业务、金融同业业务以及金融市场对接，深入与港澳地区的金融合作，同时支持粤港澳在自贸试验区设立人民币海外投贷基金，并扩大支付服务领域、征信服务业对港澳地区开放。 通过建立与自贸试验区相适应的账户管理体系、完善创新驱动的金融服务以及创建金融集成电路卡示范区、推动试验区社会信用体系建设，提升其金融服务水平。

（2）文化产业创新

根据《文化部关于实施中国（广东）自由贸易试验区、中国（天津）自由贸易试验区、中国（福建）自由贸易试验区文化市场管理政策的通知》，允许在试验区内设立外资经营的演出经纪机构、演出场所经营单位为本省（市）提供服务，允许在试验区内设立外资经营的娱乐场所。只要符合相关法律法规，同时向有关提出申请即可，放宽自贸试验区内文化产业限制，促进自贸试验区进一步开放。

（3）海关制度创新

根据《海关总署关于印发支持和促进中国（广东）自由贸易试验区建设发展的若干措施的通知》，广东自由贸易试验区应全面复制推广上海自贸试验区海关监管创新制度，深化自贸试验区通关一体化改革，落实“三互”提高自贸试验区通关效率，创新监管查验机制、加工贸易监管制度及企业管理制度，推进海关税收征管方式改革，试行企业“主动披露”制度，促进自贸试验区贸易便利化。拓展海关特殊监管区域功能，实施内销选择性征收关税政策，加快海关特殊监管区域整合优化，推动区内外联动发展，从而实现自贸试验区内部稳定增长和结构调整。支持新兴贸易业态发展，包括跨境电子商务、研发设计及检测维修业务、期货保税交割业务、保税展示业务、融资租赁业务等，促进自贸试验区改革创新。同时发挥区域产业优势，支持加工贸易转型升级，发展航运物流、现代服务业等，创新粤港澳快速通关模式，探索创新分线管理模式，促进粤港澳深度合作开展。通过实施知识产权保护、打击走私以及开展风险防控培育法治化营商环境，维护自由贸易试验区秩序公平公正。

（4）商事制度改革

根据《工商总局关于支持中国（广东）自由贸易试验区建设的若干意见》，支持广东自贸试验区深化商事制度改革，进一步扩大开放，营造国际化、市场化、法制化营商环境。文件围绕工商事务展开，包括推进自贸试验区“三证合一”登记制度改革，推行电子营业执照和全程电子化登记管理，授权三个片区工商登记机关的登记管辖权，支持开展集团登记制度改革，深化商事制度改革监管工作以及共享企业信用信息公示系统等。

（5）加快营商环境改进

根据《国务院关于印发中国（广东）自由贸易试验区总体方案的通知》通过优化法制环境、创新行政管理体制以及宽进严管的市场准入和监管制度来塑造国际化、市场化、法制化的营商环境。文件强调进一步扩大对港澳服务业开放、促进服务要素便捷流动来推进粤港澳服务贸易自由化，同时推进贸易发展方式转变、增强国际航运服务强化国际贸易功能集成，通过推动跨境人民币业务创新发展、金融创新来深化金融领域开放，通过引领珠三角地区加工贸易转型升级、打造泛珠三角区域发展综合服务区以及建设内地企业和个人对外投资平台来增强自贸试验区的辐射带动功能。上海自贸试验区的监管模服务模式和税收政策可推广复制到广东自贸试验区。

第四节　自贸试验区对京津冀协同发展的意义

自贸试验区是我国自主在境内设立的特殊经济区域，主要目的是以制度创新为核心，以可复制可推广为基本要求，在加快政府职能转变、探索体制机制创新、促进投资贸易便利化等方面进行先行先试，为全面深化改革和扩大开放探索新途径、积累新经验。

一、设立自贸试验区的背景

建设自由贸易试验区，是党中央、国务院从国内外大势出发，统筹国内国际两个大局、顺应全球经贸发展趋势，在新形势下推进改革开放的重大举措。从国内看，主要是为了更好地贯彻落实党的十八届三中全会提出的全面深化改革和扩大开放任务，加快构建开放型经济新体制。从国际上看，主要是为了更好地应对中美、中欧投资协定谈判和新一轮多边贸易谈判、先行试验国际投资贸易新规则新标准，积累新形势下参与双边、多边、区域合作的经验，为我国参与国际经贸规则制定提供有力支撑。

自贸试验区的功能在于：一是开放高地，这是自贸试验区建设的明确目标，自贸试验区承担着以开放促改革、促发展，通过局部开放为全面扩大开放和对外谈判做好压力测试的重要使命和任务；二是制度创新，这是自贸试验区建设的核心任务，作为改革的试验田，在投资、贸易、金融、事中事后监管等领域进行制度创新和自主改革；三是风险防控，这是自贸试验区建设的重要底线，在改革开放过程中防控风险，维护国家安全；四是服务国家战略，这是自贸试验区建设的根本原则，服务的战略包括“一带一路”建设、京津冀协同发展、长江经济带建设、“一国两制”方针等，目前又扩展到西部开发、东北振兴、中部崛起等；五是复制推广，这是自贸试验区建设的基本要求，最终目的是把自贸试验区探索实施的成功改革开放措施复制推广到全国，实现改革红利共享、开放成效普惠。

自贸试验区的主要任务是把制度创新作为核心任务，把防控风险作为主要底线，以开放促改革、促发展。加快政府职能转变，扩大投资领域开放及投资管理体制创新，推进贸易监管制度创新和贸易发展方式转变、金融领域及金融制度开放创新，完善法治领域的制度和政策保障。

设立自由贸易试验区是我国主动融入全球经济治理新格局、对接国际贸易投资新规则的重大战略举措。2013年9月29日，中国（上海）自由贸易试验区挂牌成立，标志着我国自贸试验区建设正式拉开帷幕。八年来，我国已陆续批准设立了21个自由贸易试验区，形成了覆盖东部沿海、中部内陆和西部沿边的全方位、多层次的自贸试验区发展格局。目前，自贸试验区已成为我国对接区域协调发展、扩大对外开放和推动经济高质量发展的战略新平台。

自贸试验区作为当前我国最高水平的开放平台，承担着推动“双循环”和经济高质量发展的重要使命。八年来，我国自贸试验区建设从无到有、从小到大，已覆盖全国21个省（市）、自治区，形成了67个自贸试验区片区，在国家扩大对外开放、探索制度创新、对接区域发展、推动产业集聚和践行新发展格局等重大战略领域发挥了“先行试验”作用，并取得了丰硕成果，形成了系列可复制可推广经验，为我国构建开放型经济新体制积累了宝贵的经验。

二、设立自贸试验区的意义

建设自由贸易试验区是党中央国务院在新时代推进改革开放的一项战略举措，在我国改革开放进程中具有里程碑意义。自贸试验区肩负着我国在新时期加快政府职能转变、积极探索管理模式创新、促进贸易和投资便利化，为全面深化改革和扩大开放探索新途径、积累新经验的重要使命，是国家战略的需要。

（一）扩大开放形成“试验引领”战略新高地

根据国家顶层设计，自贸试验区在贸易、投资、金融、运输、数据、人员流动等领域进行“先行先试”和大胆探索，取得了举世瞩目的成绩，成为我国扩大对外开放的战略新高地。截至2020年底，虽受到新冠肺炎疫情的严重影响，但18个自贸试验区（不包括3个新设立的自贸试验区）仍批准设立新企业39.3万家，实际引进外资1763.8亿元，实现进出口总额达4.7万亿元，以不到全国4‰的国土面积，完成了占全国17.6%的外商投资和14.7%的进出口总额，为我国稳外贸、稳外资发挥了举足轻重的压舱石作用。2020年6月，《海南自由贸易港建设总体方案》获批实施，总体要求是，对标国际高水平经贸规则，聚焦贸易投资自由化便利化，建立与高水平自由贸易港相适应的政策制度体系，建设具有国际竞争力和影响力的海关监管特殊区域，将海南自由贸易港打造成为引领我国新时代对外开放的鲜明旗帜和重要开放门户。2020年9月，我国第六批自贸试验区获批设立。其中，北京自贸试验区的功能定位是发展服务贸易，围绕助力建设具有全球影响力的科技创新中心，打造服务业扩大开放先行区、数字经济试验区，着力构建京津冀协同发展的高水平对外开放平台。这些重大战略举措的落地，使我国自贸试验区功能体系更加完善，开放层级进一步提升。

（二）制度创新形成系列“复制推广”经验

按照国家统一部署，自贸试验区以制度创新为核心，以形成可复制、可推广经验为引领，重点在提高贸易投资自由化便利化水平、推进“放管服”改革、探索金融开放创新、加强法治环境建设等制度层面进行了积极而富有成效的改革探索。截至2020年7月，以国务院印发的《关于做好自由贸易试验区第六批改革试点经验复制推广工作的通知》为标志，18个自贸试验区（港）已经累计向全国或特定区域复制推广260项制度创新成果。截至2021年4月，《中国（上海）自由贸易试验区临港新片区总体方案》分解的78项任务中已落地和正在“先行先试”的有71项，形成典型创新案例的有67项。特别是第三批7个自贸试验区总体方案确定的1055项试点任务已基本完成。海南自贸港离岛免税购物新政、企业和个人所得税优惠、原辅料和交通工具及游艇“零关税”清单等政策制度正在加速创造新利好。

（三）对接国家区域战略形成辐射带动“新引擎”

自贸试验区在对接京津冀协同发展、粤港澳大湾区建设、长三角区域一体化和成渝双城经济圈建设等国家重大区域发展战略中发挥了辐射带动作用，成为推动区域协调发展的“新引擎”。在对接京津冀协调发展战略中，三地自贸试验区共同构建高标准协同发展新蓝本，编制了《京津冀自由贸易试验区内“同事同标”政务服务事项目录》，政务服务事项实现“同事同标”办理模式。在对接粤港澳大湾区建设战略中，广东自贸区积极协调港澳特别行政区，统筹推进大湾区一体化协同改革创新，共同构建粤港澳大湾区合作示范区。在对接长三角区域一体化战略中，沪苏浙皖自贸试验区签署联盟协议，推动四省市自贸试验区实现联动发展，扎实推进长三角区域一体化战略的有效实施。重庆和四川自贸试验区主动融入国家成渝地区双城经济圈建设，合力打造川渝自贸试验区协同开放创新示范区。陕西、河南等内陆自贸试验区通过打造中欧班列与“一带一路”沿线国家深化交流合作，积极促进贸易畅通、资金融通、文化沟通、民心相通。

（四）产业集聚形成高质量发展“示范区”

自贸试验区通过政策制度集成创新，加速集聚各类高端要素资源，重点支持优势特色产业发展，正在成为引领全国高质量发展的“示范区”。据不完全统计，截至2020年末，上海自贸试验区总部经济能级进一步提升，高技术产业产值达2905.78亿元，比2019年增长6.7%，其中汽车制造、电子信息、生物医药等行业分别增长37.6%、9.5%和2.1%。天津自贸试验区已成为我国重要的融资租赁业务集聚地，其中，飞机租赁、船舶租赁业务在全国占有重要地位，东疆片区租赁资产规模超过万亿元，成为全球第二大飞机租赁产业集群发展区。广东自贸试验区现代产业体系初具规模，广州期货交易所挂牌成立，前海片区金融、科技、物流等总部经济异军突起，截至2020年，累计引进各类服务机构7218家，其中，持牌金融机构251家，认定的总部企业达到114家。浙江自贸试验区聚焦油气全产业链开放发展，已集聚油气企业7500多家，2020年船用燃料油供应同比增长15.1%，油气吞吐量达1.27亿吨。海南印发《海南自由贸易港投资新政三年行动方案（2021～2023年）》，提出高质量投资建设一批重大产业平台项目，建成2～3个千亿级和5～7个百亿级重大产业平台，带动形成若干创新要素集聚、配套体系完备的产业集群。北京自贸试验区重点打造服务贸易新优势，以“服务业扩大开放示范区和自由贸易试验区”双区建设为平台，加快推动科技创新、国际商务服务和高端产业聚集发展，数字贸易和数字金融成为新亮点。

（五）内外联通形成“双循环”新发展格局重要载体

构建国内国际双循环新发展格局，是党中央做出的重大战略部署。自贸试验区作为高水平对外开放平台，就是要促进国内制度规则对接国际市场规则体系，更好地联通国内国际“两个市场”“两种资源”，成为促进“双循环”新发展格局的重要载体。回顾我国自贸试验区建设发展历程，特别是受新冠肺炎疫情冲击以来，自贸试验区很好地发挥了“双循环”的载体作用。当前在经济全球化出现逆流的背景下，中国成为新一轮经济全球化的引领者，而自贸试验区责无旁贷发挥了新一轮经济全球化的“桥头堡”作用；新冠肺炎疫情使得全球产业链、供应链和价值链受到严重冲击，面对严峻的挑战，自贸试验区发挥了对全球产业链、供应链和价值链的重构作用；国家“一带一路”建设为自贸试验区开拓国际市场提供了机遇，同时自贸试验区也为“一带一路”实现互联互通发挥了“枢纽”作用；自贸试验区通过“请进来”引进境外技术、资金和人才，提升了全球配置资源的能力，也为企业实施“走出去”战略发挥了桥梁作用。

三、自贸试验区对京津冀协同发展的意义

以中国（北京）自由贸易试验区建设为契机，围绕产业链部署创新链、围绕创新链布局产业链，通过制度创新、协同攻关，共同打造具有全国和全球竞争力的产业链特别是制造业产业链，引导京津冀区域内产业合理有序转移，推动京津冀产业高质量发展。

以自贸试验区制度创新为抓手，打破京津冀区域间协同障碍。河北自贸试验区大兴机场片区是我国首个跨省市设立的自贸区，它是落实京津冀协同发展的产物，也是区域协同发展的试验田。因此，在利用自贸试验区推动京冀协同发展时，要充分发挥大兴机场片区的作用，将其建成河北与北京共商共建共享的创新试验田。通过北京与河北对该片区的共商、共建、共管、共享机制，出台一批有利于促进跨行政区域协同发展的创新制度，并满足可复制可推广的基本要求。同时还应加强北京、天津、河北三地自贸试验区的协同发展，在金融、运输、会展等方面加强自贸试验区的合作。在自贸试验区之间的协同上，通过共建信息化管理平台，利用大数据的理念、制度和方法，实现人才、资源、信息共享，使其成为各自贸区间协作的重要平台，通过三地自贸区之间的协同治理和发展，不断推广到京津冀三地的协同发展。

充分利用各自贸试验区产业优势，共同打造制造业产业链。一是补齐短板，协同发展。河北自贸试验区作为产业集聚的重要平台和区域增长极，是承

接京津技术成果转化和产业转移的重要载体。因此，在疏解北京非首都功能上，要在自贸试验区内补齐科技和产业协作配套服务短板，以提升科技成果转化，增强产业疏解过程中的创新驱动效果。二是充分发挥产业优势，共同打造制造业产业链。应基于北京的研发优势、天津的制造业基础、河北的空间和劳动力优势，共同打造以钢铁为基础的材料、金属制品等高端材料世界级产业链，以汽车、轨道交通装备及零部件加工再制造为基础的机械装备产业链，以北京中关村数据电子等为代表的新一代信息技术产业链以及生物制药、食品、健康等创新性产业链。三是根据龙头企业带动型、异构互补型、品牌驱动型、共性技术协同型不同产业特点，探索京津冀三地产业协同的新模式。如在新能源产业集群发展中，京津冀均形成典型的龙头企业带动型产业集群，针对这种类型的产业特点，三地政府应以扶持和促进主导企业间的协同发展为政策着力点，统筹规划安排龙头企业间合作创新；另外，在京津冀区域范围内，京津地区对风电等新能源的巨大需求，与张家口和承德地区风电产业供给优势形成鲜明的异构互补型产业集群，这种异构互补型产业集群正好可以借助京张合办冬奥会的有利契机，形成相互间的协同合作；对于品牌驱动型产业集群合作模式，可以通过寻求品牌企业或集群的跨省市分工合作来实现区域品牌的创建与维护，以达到产业协同的目的。对于发展比较成熟的区域品牌协同，应通过注册集体商标，改变区域内集群品牌“所有者缺位”的局面。在共性技术型协同模式下，把北京科技创新优势转化为京津冀区域共同的创新优势，从机制体制上进行制度设计，为京津冀区域协同创新提供支撑。应将北京创新优势和天津先进制造研发基地优势相结合，实现京津在共性技术开发合作方面率先突破，共同发挥对京津冀区域高端引领和辐射带动作用，依托共建培训服务平台等方式，实现与河北相关新能源产业集群协同合作，实现京津冀区域内共同产业转型升级和可持续发展。

充分发挥各自贸试验区区位优势，引导产业合理转移。充分利用国家服务业扩大开放综合示范区成立这一契机，促进京津冀三地自贸试验区联动发展，推进传统企业数字化转型，打造一条进出口贸易数字通道。充分利用京津冀三地的区位优势，夯实数字经济基础，打造数字经济产业链。河北自贸试验区要充分利用北京数字经济优势，坚持数字经济产业化发展方向，大力实施数字产业化和产业数字化双轮驱动，重点发展大数据、移动互联网、云计算、人工智能、区块链、5G等核心数字化产业；重点推动“互联网+”“人工智能+”等，加快传统产业的转型升级。充分发挥跨境电商综合试验区优势，打造京津冀经济增长极。目前，河北自贸试验区中曹妃甸、正定以及雄安新区均已成为跨境电子商务综合试验区，集保税区、出口加工区、保税物流区、口岸的功能于一身，应积极在区内推进跨境电商物流体系建设，构建现代化物流网络，实现跨境电商批量运输，提高运输效率。加强津冀之间的港口协同，在明确津冀港口功能定位的基础上，从顶层设计入手，使津冀港口既能优势互补还能错位发展，引导资源要素在符合市场配置的基础上在京津冀间合理流动。

四、京津冀三地自贸试验区搭建合作新平台

2021年9月27日，首届京津冀自贸试验区联席会议举行。会上，三地共同签署了《京津冀自贸试验区三方战略合作框架协议》，正式建立了京津冀自贸试验区联席会议机制，并启动了京津冀自贸试验区智库联盟揭授牌仪式。

三地自贸试验区合作框架协议在坚持优势互补、共建共享、协同协作原则的基础上，将着力建立以自贸试验区制度创新合作对接、产业转移合作和投资合作保障、人才跨区域资质互认和双向聘任等为代表的多项机制，打造京津冀产业合作、统一数据开放两大合作平台，成立京津冀自贸试验区智库联盟，促进三地金融服务、政务服务等一体化，不断提高三地跨境贸易便利度和对外开放深度。

京津冀自贸试验区联席会议机制的落地实施将推动三地自贸试验区进一步突破体制机制阻碍，为实现产业链、创新链的深度融合以及更加均衡的协同发

展，奠定坚实的平台基础、提供充分的政策保障和搭建完善的制度框架，成为京津冀协同发展历程中的又一标志性成果。三地自贸试验区联席会议机制还将在促进金融、数据、人才等关键核心要素跨区域自由流通，提高跨区域通关协作水平，打造具有国际影响力的产业链和产业集群，以及开展碳排放权交易市场合作等方面发挥重要作用，充分释放三地高质量一体化发展内生动力，将京津冀打造成为立足区域、服务全国、辐射全球的协同创新高地，为国家扩大开放提供更多区域协同开放经验。

为高效推动各项改革措施跨区域落实，三地主动打破政务服务事项办理属地机制，已经实现三地自贸试验区内 57 项政务服务事项“同事同标”，即“同一事项无差别受理、同标准办理和结果互认”，大幅度提高了三地政务服务效率，显著提升了三地政务互通水平，为人们办理跨区域业务提供极大便利。

第二章

北京自贸试验区的实践与探索

第一节　北京自贸试验区的成立

一、成立历程及简介

2020年9月4日，习近平总书记在中国国际服务贸易交易会全球服务贸易峰会上发表重要致辞，将支持北京打造国家服务业扩大开放综合示范区，设立以科技创新、服务业开放、数字经济为主要特征的自由贸易试验区，构建京津冀协同发展的高水平开放平台，带动形成更高层次改革开放新格局。

2020年9月21日，国务院印发《中国（北京）自由贸易试验区总体方案》的通知。9月24日上午，中国（北京）自由贸易试验区正式揭牌。9月28日，中国（北京）自由贸易试验区高端产业片区正式挂牌。北京自贸区的实施范围119.68平方公里，涵盖3个片区，其中，科技创新片区31.85平方公里，国际商务服务片区48.34平方公里（含北京天竺综合保税区5.466平方公里），高端产业片区39.49平方公里。

科技创新片区重点发展新一代信息技术、生物与健康、科技服务等产业，打造数字经济实验区、全球创业投资中心、科技体制改革先行示范区。国际商务片区重点发展数字贸易、文化贸易、商务会展、医疗健康、国际寄递物流、跨境金融等产业，打造临空经济创新引领示范区。高端产业片区重点发展商务服务、国际金融、文化创意、生物技术和大健康等产业，建设科技成果转换承载地、战略性新兴产业集聚地和国际高端功能机构集聚区。

北京自贸试验区总体方案明确指出，要以制度创新为核心，以可复制、可推广为基本要求，全面落实中央关于深入实施创新驱动发展、推动京津冀协同发展战略等要求，助力建设具有全球影响力的科技创新中心，加快打造服务业扩大开放先行区、数字经济实验区，着力构建京津冀协调发展的高水平对外开放平台。

二、主要任务和措施

（一）推动投资贸易自由化便利化

深化投资领域改革，全面落实外商投资准入前国民待遇加负面清单管理制度。提升贸易便利化水平，推动北京首都国际机场、北京大兴国际机场扩大包括第五航权在内的航权安排，开展跨境电子商务零售进口药品试点工作，适度放宽医药研发用小剂量特殊化学制剂的管理，支持在区内建立备货仓库，支持北京天竺综合保税区打造具有服务贸易特色的综合保税区。创新服务贸易管理，试行跨境服务贸易负面清单管理模式。

（二）深化金融领域开放创新

扩大金融领域开放，开展本外币一体化试点，允许更多外资银行获得证券投资基金托管资格，支持设立重点支持文创产业发展的民营银行，鼓励符合条件的中资银行开展跨境金融服务，探索赋予中关村科创企业更多跨境金融选择权。促进金融科技创新，支持金融科技重大项目落地，支持借助科技手段提升金融基础设施服务水平，充分发挥金融科技创新监管试点机制作用，支持人民银行数字货币研究所设立金融科技中心。强化金融服务实体经济，允许通过北京产权交易所等依法合规开展实物资产、股权转让、增资扩股的跨境交易。

（三）推动创新驱动发展

优化人才全流程服务体系，优化外国人来华工作许可、居留许可审批流程。强化知识产权运用保护，探索研究鼓励技术转移的税收政策，设立知识产权交易中心，审慎规范探索开展知识产权证券化，充分发挥中国（中关村）知识产权保护中心的作用。营造国际一流创新创业生态，推动中国检测标准转化为国际通用标准。

（四）创新数字经济发展环境

增强数字贸易国际竞争力，加强跨境数据保护规制合作，促进数字证书和电子签名的国际互认。鼓励发展数字经济新业态新模式，加快新一代信息基础设施建设，探索构建安全便利的国际互联网数据专用通道。探索建设国际信息产业和数字贸易港，建设数字版权交易平台，带动知识产权保护、知识产权融资业务发展，对软件和互联网服务贸易进行高效、便利的数字进出口检验，积极探索针对企业的数据保护能力的第三方认证机制，探索建立适应海外客户需求的网站备案制度。

（五）高质量发展优势产业

助力国际交往中心建设，鼓励适度竞争，完善免税店相关政策，提升中国国际服务贸易交易会规格和能级，将其打造成为国际服务贸易主平台。满足高品质文化消费需求，鼓励海外文物回流，积极研究调整现行进口税收政策，进一步给予支持。创新发展全球领先的医疗健康产业，简化国内生物医药研发主体开展国际合作研发的审批流程。优化发展航空服务，推动北京首都国际机场和北京大兴国际机场联动发展，建设世界级航空枢纽。

（六）探索京津冀协同发展新路径

助力高标准建设城市副中心，鼓励金融机构开展全球资产配置，建设全球财富管理中心，支持设立北京城市副中心金融风险监测预警与监管创新联合实验室。深化产业链协同发展，鼓励北京、天津、河北自贸试验区抱团参与“一带一路”建设。推动形成统一开放市场，逐步实现北京、天津、河北自贸试验区内政务服务“同事同标”，健全完善京津冀一体化征信体系。

（七）加快转变政府职能

持续打造国际一流营商环境，下放国际快递业务（代理）经营许可审批权。强化多元化法治保障，允许境外知名仲裁及争议解决机构在区内设立业务机构。健全开放型经济风险防范体系，进一步落实好外商投资安全审查制度，完善反垄断审查、行业管理、用户认证、行为审计等管理措施，健全金融风险监测和预警机制，强化反洗钱、反恐怖融资和反逃税工作，坚持底线思维，依托信息技术创新风险研判和风险防控手段，建立联防联控机制。

三、成立意义

首先，有利于进一步服务国家发展战略。实现京津冀的全覆盖，有利于推动京津冀协调发展。

其次，有利于进一步保障产业链供应链安全稳定。北京科技创新动能强劲，将通过科技创新从源头上补链强链，依靠产业链集成创新进一步稳链固链，提升产业链供应链先进性、稳定性和竞争力，引领产业高质量发展，这将会为加快形成以国内大循环为主体、国内国际双循环相互促进的新发展格局做一些有益的探索。

再次，有利于进一步深入开展差别化探索。围绕着服务贸易、先进制造业、科技创新和数字经济等新领域新业态，提出了特色鲜明的差别化试点任务，打造各具特色的改革开放新高地。北京在中国服务业开放中具有引领作用，我们将支持北京自贸试验区在有条件的区域最大限度放宽服务贸易准入限制。

最后，有利于进一步建设更高水平开放型经济新体制。2019年北京市服务业占北京市GDP的83%，这显示了北京自贸试验区有比较好的外向型经济基础和条件。可利用这个外向型经济发展势头比较良好的特点，进一步释放巨大的潜力和发展动能，有助于探索在新形势下建设更高水平开放型经济体制，推动经济高质量发展。

四、特色亮点

首先，助力打造全球影响力的科技创新中心。北京集聚了4000多家地区总部和研发中心，风险投资累计金额在全球仅次于硅谷，拥有全国超四成的独角兽企业，具备打造全球影响力的科技创新中心的良好基础。《总体方案》将通过优化人才全流程服务体系、强化知识产权运用保护、营造国际一流创新创业生态等3方面20余项措施，更大力度强化原始创新、技术创新和开放创新，为建设创新型国家和世界科技强国作出北京贡献。

其次，助力建设国家服务业扩大开放综合示范区。北京自2015年开展服务业扩大开放综合试点以来，形成了120余项全国首创的突破性政策或创新制度安排，推广了六批25项创新经验和案例。2019年服务业占全市GDP比重83.5%，这一比重比全国高近30个百分点，北京服务贸易规模占全国20%左右。以2025年和2030年为节点，明确两个五年发展目标，发挥好自由贸易试验区试点任务作用，深化金融领域开放创新、满足高品质文化消费需求、优化发展航空服务等措施，推动服务业进一步开放。

第三，着力打造数字经济试验区。北京是全球信息服务业最发达的城市之一，拥有完善的数字经济产业生态和庞大的市场应用基础。2019年数字经济增加值占全市GDP比重超过50%，居全国首位。云计算、大数据、人工智能、区块链等产业发展水平领先，入选“软件百强”“互联网百强”等国内重要榜单企业数量最多《总体方案》将通过增强数字贸易国际竞争力、鼓励发展数字经济新业态新模式、探索建设国际信息产业和数字贸易港等3方面近20项措施，开展高水平数字经济和数字贸易先行先试改革。

第四，着力服务京津冀协同发展国家战略。北京自由贸易试验区将主动融入和服务京津冀协同发展战略，不断深化京津冀产业链协同发展。《总体方案》中明确提出要“将自由贸易试验区打造为京津冀产业合作新平台”，探索建立总部–生产基地、园区共建、整体搬迁等多元化产业对接合作模式。发挥大兴国际机场的辐射带动作用，高标准建设北京城市副中心。鼓励京津冀三地自由贸易试验区抱团参与“一带一路”建设，坚持稳妥有序原则，共建、共享境内外合作园区。以京津冀三地自贸试验区的联动创新助力京津冀协同发展。

第二节　北京自贸试验区的发展

一、北京自贸试验区的发展现状

在商务部的指导下，北京市全面贯彻落实习近平总书记在服贸会上的致辞精神，举全市之力加快推进建设以科技创新、服务业开放、数字经济为主要特征的自贸试验区。北京自贸试验区深入贯彻落实党中央、国务院部署，扎实推进总体方案及扩区方案的试点任务，立足区位特色优势，不断加大制度创新力度，建设取得了显著的成效。截至2021年9月28日，总体方案中的112项试点任务已实施94项。一年来，北京自贸试验区累计新设外商投资企业474家，实际利用外资金额17.8亿美元，以千分之七的面积贡献了全市近三成的外资企业增量，自贸试验区建设成效初步显现。北京在科技创新、服务业开放及数字经济等方面进行的制度创新主要包括以下几个方面。

一是围绕科技创新全链条开放，不断优化创新创业生态。制定发布知识产权、科技金融、管理举措等一系列政策、方案、措施共计20余项。激发研发创新活力，对跨国公司设立研发中心实施告知承诺制，鼓励开展“反向创新”。打破科技创新成果转化瓶颈，深入推进实施科研人员职务科技成果所有权或长期使用权试点。加速聚集高端人才要素，率先实施82项境外职业资格过往资历认可，向境外开放首批35项职业资格考试，搭建人才一站式服务载体，实施工作许可、工作居留许可“两证联办”。构建知识产权大保护格局，拓展知识产权金融服务，成立知识产权交易中心，北京自贸试验区深入开展知识产权保险试点工作。自2021年以来，北京自贸试验区内50余家企业近600件专利参保。成立知识产权保护分中心、服务中心，提供高效便捷的知识产权综合服务。

二是聚力服务业深层次开放，持续提升产业竞争力。依托科技、金融、教育、健康医疗等九大服务业优势领域，形成一批产业准入拓宽成果。新设68家国内外金融机构，开展跨国公司本外币一体化资金池试点、本外币账户合一试点，落地外商独资货币经纪公司、外资全资控股持牌支付公司、外商独资保险资管公司等一批标志性项目。首家国际研究型医院主体结构封顶、已先期开展临床研究；加快“互联网+医疗”创新发展，建立覆盖诊前、诊中、诊后的线上线下一体化医疗服务模式。23所新布局国际学校开工，支持北京高校与世界知名高校在急需紧缺专业举办中外合作办学机构和项目。加快推进专利代理开放试点、允许跨国公司设立外商独资财务公司等。

三是推进数字经济多维度开放，对标国际打造标杆。建设新型数字基础设施，发布首个自主可控的区块链软硬件技术体系“长安链”，并推出京津冀国际贸易“单一窗口”数据协同、供应链金融、碳交易等一批应用场景。加快与国际接轨，成立北京国际大数据交易所，建立数据交易服务体系，着力打造数据跨境交易枢纽。丰富应用场景，加快“金科新区”核心区建设，数字人民币试点覆盖领域渐次扩大，设立全球首个网联云控式高级别自动驾驶示范区，适度超前构建支持智能网联汽车道路测试、示范应用、商业运营服务的政策体系。

四是服务国家发展战略，推动京津冀协同发展。继2020年大兴国际机场北京区域9.97平方公里纳入河北自贸试验区批复后，新设中国（北京）自由贸易试验区，使北京成为全国唯一能够享受两个自贸试验区政策功能的区域，开启了在自贸试验区推进区域协同开放机制的探索。北京自贸试验区围绕京津冀协同发展需要，建设京津冀国家技术创新中心，打造京津冀联动的全球化协同创新服务模式。与天津自贸试验区、河北自贸试验区签署《京津冀自贸试验区三方战略合作框架协议》，为京津冀协同发展新路径提供机制保障。

二、北京自贸试验区的发展目标

在上述成就的基础上，推动自贸试验区在数字经济、服务业开放等方面形成更多的北京方案、北京经验。与此同时，在2021年服贸会上，习近平总书记再次通过视频发表致辞，进一步为北京自贸试验区建设指引了方向、明确了路径、赋予了新内涵。下一步将深入落实习近平总书记两次服贸会致辞精神，着力打造三个示范。

一是打造国际高水平自由贸易协定规则对接先行合作示范区。立足北京“四个中心”建设和优势产业定位，在商务部指导下，以我国签署RCEP、申请加入CPTPP为契机，充分发挥自贸试验区的先行先试优势，从边境上到边境内，从要素供给到规则制度等层面，努力探索与国际接轨的开放发展环境。

二是打造数字贸易示范区。立足打造全球数字经济标杆城市，与数字贸易港建设统筹联动，进一步用好国际大数据交易所，深化海淀、朝阳、大兴等数字贸易试验区功能定位，培育产业集群、加大国际合作、探索规则对标，力争在贸易数字化和数字贸易化方面形成示范。

三是打造体制机制创新示范区。持续深入谋划体制机制改革创新，进一步提升自贸试验区各组团功能，赋予各组团更大改革自主权，推动有条件组团探索优化管理模式，实施市场化运作机制和激励考核机制，充分激发各组团的创新活力和动力。

北京自贸试验区未来还可以围绕数字经济发展、制造业转型发展、大宗商品交易等方面进一步加强创新，为我国构建新发展格局探索可复制、可推广经验。同时，要注意结合区域特色、加强差异化制度创新，推动区域产业的发展，让企业更有获得感。下一步自贸试验区改革探索仍需以制度创新为核心，注意统筹创新与监管、开放试验与风险测试、局部特殊性与普适性的关系，切实营造广阔的增量空间。

到2025年，北京市数字贸易进出口规模达1500亿美元，占进出口总额的25%；数字服务贸易占全市服务贸易的75%；培育一批数字贸易龙头企业；基本建成与国际高标准经贸规则相衔接的数字贸易发展体系；打造具有国内示范作用和全球辐射效应的数字贸易示范区。

第三节　北京自贸试验区的成功实践

一、实施医疗器械注册人制度 助推京津冀“注册+生产跨区域产业链”发展

（一）主要做法

北京自2018年开始策划启动医疗器械注册人制度试点，按照国家药品监督管理局2019年召开的全国医疗器械注册人制度试点工作推进会部署要求，成立了试点工作推进领导小组，多次开会研究部署，制定了详细的工作安排，确保医疗器械注册人制度试点工作取得实效。试点工作开展前期，收集了上海、天津、广东等省市有关医疗器械注册人制度相关政策、文件，进行认真研究，多次与天津市、河北省药监部门进行充分交流，在现场走访调研，听取企业意见，组织编写起草《北京市医疗器械注册人制度试点实施方案》，组织相关处、直属单位、行业组织、企业进行多次专题讨论并不断修改完善，开展企业问卷调研，分别向国家药品管理局有关司室和社会公众征求意见，邀请国家药品监督管理局有关司室和天津市、河北省局来京专题调研，2019年12月正式发布实施，上报国家药品监督管理局和市司法局备案，并在官网发布政策解读。方案允许在北京、天津、河北等21个省（自治区、直辖市）试点实施医疗器械注册人制度，北京市注册人可委托21个省（自治区、直辖市）受托人生产医疗器械，北京市受托人可受托生产医疗器械。

为进一步做好医疗器械注册人制度试点工作，成立注册人制度试点工作

组，下设办公室，由医疗器械注册管理处、医疗器械生产监督管理处分别组织实施，建立注册人制度试点工作例会制度，加强试点各方的信息互通和工作协调，组织法律专家研究制定注册人制度配套文件，妥善处置试点工作推进过程中可能发生的突发状况。经国家药品监督管理局同意，2020年6月制定发布了《关于做好医疗器械注册人制度试点工作的通知（暂行）》，明确注册人和受托人在开展试点工作前应当共同向市局提交试点申请材料，对涉及跨区域试点的，本着与相应省级局协调一致的原则，要求企业提供其同意参加本市试点工作的证明性文件，经同意后方可按照法规要求正式申请产品注册和生产许可。对注册人和受托人提出监管要求，明确相关药监部门监管责任。协商相应省级局，确定各方职责划分，强化企业主体责任，落实监管责任主体。同时坚持内部会商，多次召开内部会议，明确内部职责分工和工作流程，设置咨询问答专栏，制定并公示医疗器械注册人试点工作申请资料审查要点和现场检查要点，刻制专用章，组织开展CDMO受托生产平台现场调研，宣讲试点工作政策，积极研究预警机制，策划工作简报。2019年，北京市与天津市、河北省局签订《京津冀医疗器械科学协同监管区域合作协议》基础上制定《关于促进京津冀医疗器械注册人协同创新高质量发展的意见（试行）》，对成立组织机构、加强区域协调共治、落实事中事后监管、加快监管信息化建设等方面，达成了区域协同监管共识，形成了一系列的工作机制，现已完成征求意见，即将以三地药监部门名义联合印发。此外，京津冀三地药监部门正在会签《关于协调开展京津冀地区检查员联查联训合作备忘录》。

（二）取得成效

在医疗器械注册人制度试点工作开展过程中，持续加强与国家药监局、相关兄弟省局的外部沟通，加强内部处室间的横向联系会商，定期统计分析试点申请进展，共谋推动试点工作措施，研究解决发现的主要问题。北京医疗器械注册人制度试点工作刚刚起步，截至2020年12月，已收到46家企业试点申请资料，正在组织审查，已批复11家企业开展试点工作，其中注册人制度下首家京内受托生产和首家跨省委托生产的企业已分别获批医疗器械注册证和医疗器械生产许可证，标志着医疗器械注册人制度试点工作下的“注册+生产”模式在北京市正式落地。46家申请企业中京内委托的19家，委托天津市的4家，委托河北省的12家，委托江苏省的4家，委托广东省的2家，委托浙江省和上海市的各1家，接受天津市、河北省和四川省委托的各1家；办理首次注册的21家，已有医疗器械注册证进行委托生产的25家。产品主要以体外诊断试剂、小型设备和无菌耗材为主。11家已批复企业中京内委托6家，委托河北省的4家，委托天津市的1家；首次注册的3家，变更注册的8家。

二、京津携手成立绿色物流“双中心”打造海铁联运新模式

（一）主要做法

在京津冀协同发展的大战略下，平谷区政府和天津港集团将紧抓北京市服务业扩大开放综合示范区和自由贸易试验区建设发展机遇，平谷区和天津港集团多次进行实地考察、会议研讨，组建工作专班。经过4个月的深度磨合，确定合作方向，设立“天津港・北京平谷服务中心”和“天津港・平谷多式联运中心”；用好天津港口资源，充分发挥马坊物流基地口岸、保税和城市保障功能，开通“天津港—平谷试运行班列”，探索“自动化集装箱码头+铁路运输+新能源车”的绿色运输新模式；围绕建设平谷国家骨干冷链物流基地、发展绿色数字物流产业、推动通关贸易便利化等方面探索港口服务内陆、内陆与港口融合发展的新途径。

（二）取得成效

实现港口功能前置，促进跨境贸易便利化。绿色物流“双中心”的成立，将天津港及区域总部的各项功能及服务前移到平谷区当地，功能包括：出口订

舱、放单，进口换单，港口业务及价格咨询等，全面提升两地口岸的服务水平和服务效率。

发展绿色数字物流产业，强化服务保障功能。以绿色化、数字化、集享化为核心，在推广应用节能新技术、信息化建设及资源、政策共享等方面加强与天津港合作交流，吸引龙头企业及相关产业集聚，形成集储运、保障、服务、创新为一体的新型物流业态，打造服务首都的物资供应基地、辐射京津冀的商贸流通枢纽。

缓解东部通道交通拥堵，助力大气污染治理。目前，天津港运至北京的货物主要以公路重柴货车运输为主，导致公路交通拥堵和氮氧化物排放增加，造成环境污染。此次班列的试运行是平谷区和天津港集团落实中央运输结构调整三年行动计划、探索运输结构调整的新举措，将有效减少重柴货车进京数量，减少氮氧化物排放。

下一步，将对适运货物品类进行深入调研，制定综合运输方案，争取正式开通天津港至平谷马坊的海铁联运班列，与天津港集团深化通关、贸易等方面的合作，进一步探索跨区域产业合作新模式。

三、“京津冀通关便利化”区块链场景应用平台

（一）主要做法

依托国际贸易“单一窗口”，利用区块链技术特点，创新“单一窗口+区块链”模式，促进京津冀海关通关、口岸物流数据链上共享，通过各单位数据上链存证，实时流通、清晰确权、痕迹可查，实现通关、物流时效查询，提高企业运作效率，促进外贸业务协同办理，提升政务智能化服务水平。一是使用Fabric区块链技术，完成底层的建设；二是制定了京津冀海运通关物流数据共享的数据标准，开发完成数据上链接口；三是协调三地商务、海关、物流运营主体数据上链。截至目前，此项建设完成了京津两地跨境贸易数据上链工作。

（二）取得成效

本次区块链应用服务平台主要建设了综合服务和运营管理两大系统，分别满足政府和企业需求，均可根据自身需求分别上链应用。实现了单一票货物全流程追溯；单一企业通关物流时效统计；某一时段口岸通关物流时效分析。在应用效果上，区块链场景实现了海港、空海关数据实时上链，改变了企业通关物流数据需要通过多个平台分别获取的现状，为企业提供即时动态物流、通关数据服务，进而优化作业流程、提升贸易效率；主管部门可以通过“单一窗口”一站式获取企业、港口和海关共享的可信数据，为实时掌握海港物流状态，并通过数据关联分析、通关全链条时效分析，有针对性地优化服务。在世行营商环境评价中，发挥了案例准备、时效举证作用，成为压缩通关物流时间的重要佐证。

四、北京自贸试验区首条第五航权航线开通

（一）主要做法

首都机场自2021年7月16日正式开通“大阪—北京首都—大阪—安格雷奇”航线。该航线为往返货运国际航线，是中国连通全球的重要航线之一，并最终到达美国孟菲斯联邦快递超级转运中心。这是自中国（北京）自由贸易试验区成立以来，开通的首条第五航权应用航线。

所谓第五航权，即允许国外航空公司开通经停航线，获得在第三国中途经停、上下旅客和装卸货物的许可。开通第五航权后，可以带来大量国际中转客货流，加速提升“空中丝绸之路”的辐射力和影响力。

该航线的开通使得首都机场每周新增12个国际往返货运航班，显著加强亚洲与北美市场之间的货运连接，有效提升首都机场洲际货运航班运输能力，助推首都机场世界级航空枢纽建设。该航线的开通预示着北京扩大第五航权开放取得新成果，首都对外开放新高地增添了新力量，并为中外航司开通第五航权

行使航线提供了新借鉴，为首都机场开辟国际网络探索了新路径。第五航权措施的落地，意味着首都机场临空经济示范区的政策优势得到充分释放，首都机场国际航空枢纽地位更为稳固，距离首都国际航空中心核心区和国际一流的世界级航空枢纽的目标更进一步。

（二）取得成效

截至目前，我国已在北京、上海、广州、海口等14个城市开放第五航权。作为首都对外交往的门户区，顺义区全力构建“内外双循环”链接点，国际航空枢纽集散能力不断提高。首都机场旅客吞吐量居全国首位，货邮吞吐量居全国第二，国内外105家航空公司在此运营，定期航班航线数量700余条，通航65个国家和地区的131个航点，中转旅客量突破1010万人次，国际旅客量2329万人，国际航空枢纽地位已经形成，是北京建设国际交往中心的重要支撑。同时，首都机场临空经济示范区已成为国内17家临空经济示范区中产业结构最优、产业规模最大的示范区，形成了以航空服务为主导、以跨境贸易、商务会展为支撑、以科技服务和产业金融为补充的阶梯型产业结构，是临空特色鲜明的重点高端产业功能区。至“十三五”时期末，示范区实现年总收入5500亿元，年工业总产值365亿元，年出口交货值60亿元，属地税收达160亿元，临空经济规模居全国前列，率先进入港产城融合发展阶段。

第五航权政策的落地，不仅为北京自贸试验区建设带来发展新动力，也为北京“双枢纽”和临空经济示范区建设再添助力。新增的国际货运航班为北京国际寄递物流企业提供了更多的货源选择和更灵活的操作空间，将推动首都机场货物中转量的提升。目前，首都机场口岸快件中心内已入驻联邦快递、DHL等14家快件企业，进口分拨库内入驻有46家货运代理企业，出口拼装库内入驻有8家货代企业，一级货站入驻了近百家航空公司和货代物流企业。国际寄递物流产业集聚效应初现。

第三章

天津自贸试验区的实践与探索

第一节 天津自贸试验区的成立

一、天津自贸试验区成立的背景

2001年中国顺利加入WTO，新的平台使得中国进入了个新的发展阶段，中国在世界贸易格局中的地位不断得到重视。当时美国极力倡导并推进的“跨太平洋伙伴关系协议”（TPP）和跨大西洋贸易与投资伙伴协议（TIPP），是以美国等发达国家的利益为核心的，发展中国家加入TPP的要求很高，所要付出的努力是非常巨大的。然而，为了替代准入门槛较高的TPP和TIPP，以印度尼西亚为首的东盟国家提出了“区域全面经济伙伴关系”（RCEP）协议。但无论是前面三种区域性贸易区，或是拟议中的“中日韩自由贸易区”，都对我国市场有更严格的要求。在一些领域和地方，改革上升到宏观层面困难重重，纵深发展受到限制；甚至在有的地方和领域，单兵突进，缺乏系统整体布局，改革协同性、整体性没有受到重视。

为了推进改革开放更深入的发展，积极探索对外开放的新路径和新方式，加强体制机制的创新，促进自身发展，增强自身的竞争力，国家审时度势地确定建立上海自由贸易试验区。面对我国经济转型升级难，国内需求不足，改革进入深水区，经济发展受阻，企业发展空间不足，“走出去”的程度不够等一系列问题，上海自贸区用开放倒逼改革，寻求新一轮的改革和制度红利，为我国企业积累宝贵的政策管理经验，让新的发展红利造福上海乃至整个中国的企业，使我国企业在国际竞争中把握主动权，力争使企业在全球化进程中处于更有利的地位。上海自贸区对改革的深化、开放型经济水平的提高和综合国力的增强有示范和带动作用，对“中国梦”的实现有深远的意义，是当时中国面临的世情党情国情的必然选择。

事实上，就大趋势而言，中国以要素红利为主导特征的第一轮“全球化红利”将趋于结束，迫切需要开启第二轮“全球化红利”；三十多年改革开放释放的改革红利消耗殆尽，经济发展进入瓶颈期，中国经济需要注入新的血液和营养；当前的改革进入攻坚期和深水区，必须突破束缚，以经济体制改革为牵引，全面深化改革。中国必须通过构建新的全球价值链和庞大的内需市场等推动中国经济升级，而上海自贸区战略就肩负着这样的使命。上海自贸区的成功实践为自贸区在全国的推行铺平了道路。2014年12月12日，党中央、国务院决定设立中国（广东）自由贸易试验区、中国（天津）自由贸易试验区、中国（福建）自由贸易试验区3个自贸区，顺应全球经济治理新秩序，加快实现中国经济的转型升级和提升国家竞争力，拓展经济增长的新空间，打造中国经济“升级版”，进一步推进改革向更深层次发展。

早在2007年12月，天津东疆保税港区一期封关后，天津就将自由贸易港区作为自己未来的发展方向。天津市人大代表、天津保税区管委会主任冯志江曾在天津市“两会”期间表示：“在整个沿海大城市当中，在城市定位中，目前还写进现代制造业的，据我了解的可能只有天津。作为在实体经济方面占有巨大优势的天津，将从上海自贸区借鉴经验进行获批后的组建与发展。”

建立中国（天津）自由贸易试验区，是党中央、国务院作出的重大决策，是在新形势下推进改革开放和加快实施京津冀协同发展战略的重要举措，对加快政府职能转变、积极探索管理模式创新、促进贸易和投资便利化，为全面深化改革和扩大开放探索新途径、积累新经验，具有重要意义。

二、天津自贸实验区成立的基本情况

天津自贸试验区占地面积为119.9平方公里（包括16.96平方公里的海关特殊监管区），约占天津区域面积的1%。该试验区背靠京冀，辐射东北、西北、华北，是“一带一路”重要节点，拥有目前北方最大的港口和华北第二大航空货运基地，开通中欧班列，实现了亚欧运输通道高效连接，海、铁、空、陆多式联运高效便捷，国际贸易和投融资业务聚集，是中国重要的对外开放平台。

天津自贸试验区共分设3个片区，分别为天津机场片区、天津港东疆片区和天津滨海新区中心商务片区。天津机场片区是中国华北地区重要的航空货运中心，未来将重点发展航空航天、装备制造、新一代信息技术等高端制造业和研发设计、航空物流等生产性服务业，打造亚洲飞机制造维修中心和中国北方航空物流中心。天津港东疆片区是中国北方国际航运中心和国际物流中心的核心功能区。未来，这一区域将依托港口优势，重点发展航运物流、国际贸易、融资租赁等现代服务业，打造国家进口贸易促进创新示范区和国家租赁创新示范区。天津滨海新区中心商务片区是天津市金融改革创新集聚区、滨海新区城市核心区。未来，这一区域将依托完善的城市功能、优越的商务环境，重点发展金融创新、总部经济、跨境电子商务、科技信息服务、文化传媒创意等现代服务业，努力打造中国北方金融创新中心。

根据国家批复的总体方案和深化改革方案，中国（天津）自由贸易试验区重新确立战略定位：努力成为京津冀协同发展高水平对外开放平台、全国改革开放先行区和制度创新试验田、面向世界的高水平自由贸易园区。

天津是环渤海地区的经济中心，也是整个京津冀地区的海上门户。天津港对于京津冀地区乃至整个北方地区的国际贸易有着极大的作用，其中重要性不言而喻。而天津自贸试验区的设立不仅大大强化了天津港在对外贸易中的关键作用，而且对京津冀地区的经济发展有着非常重大的影响。

天津自贸试验区的建立，不仅有利于天津经济的发展和转型，而且有利于促进北京、天津和河北的经济发展，促进了投资的集中化和贸易的便利化。北京、天津和河北地区长期以来一直由特别行政区和区域间合作机制建立。政府主导型区域经济的发展，产生了城市经济发展水平滞后、基础设施配置不合理不达标、区域之间政府合作困难甚至存在博弈、地方保护主义阻碍区域经济的整体发展等一系列普遍化难题。这不仅是京津冀地区经济发展的问题，而且是我国其他地区经济整体发展所面临的共同问题。天津自贸试验区的建设将会使京津冀地区经济整体的协调发展具有新的优势。首先，自贸试验区能够促进北京、天津和河北省政府制度要求的转变，使政府尊重市场规律，充分放权，落实放管服政策，使市场“这只看不见的手”的作用得到充分发挥。其次，北京、天津和河北的负面清单的管理模式有利于生产要素在北京、天津和河北的自由流动，从而促进产业空间结构的优化，加快京津冀市场一体化的进程。最后，随着北京、天津和河北的区域合作，促使三个地区生产要素自由流动，优化北京、天津和河北产业结构，促进京津冀整体经济实力的发展和提高。

天津自贸试验区建立了“1办1局3片区”的管理架构，成立中国天津自由贸易试验区推进工作领导小组，负责领导自贸试验区整体改革工作，研究决定自贸试验区改革的重大事项。设立中国天津自由贸易试验区管理委员会，负责研究、协调、推动落实各项改革创新措施。管委会下设办公室，作为管委会的日常办事机构。设立全国首个专司制度创新的法定机构——中国（天津）自由贸易试验区政策与产业创新发展局，围绕创新发展需求，强化顶层设计，专司制度创新，策划产业导引，培育改革点，推广经验复制。

天津自贸试验区三个片区所在的天津经济技术开发区管委会、天津港保税区管委会和东疆保税港区管委会，行使对自贸试验区相应片区的管理职能，承担相应管理责任，分别加挂自贸试验区中心商务片区、天津机场片区、天津港东疆片区管理局牌子。两个联动创新区所在的滨海高新区管委会、中新生态城管委会设立专门的自贸工作机构，负责推动本区域内联动创新工作。

第二节　天津自贸试验区的发展

建设中国（天津）自由贸易试验区是党中央、国务院在新形势下全面深化改革和扩大开放的战略举措。2018年5月4日，国务院印发《进一步深化中国（天津）自由贸易试验区改革开放方案》，再次为天津自贸试验区建设发展赋能。天津自贸试验区重点从行政管理、投资、贸易、金融和引领推动京津冀协同发展五个方面实施了试点内容。

首先，天津自贸试验区对行政管理体制进行了深化改革，通过实行审、管职能分离进一步提高行政管理效能，建立综合统一的行政审批机构。通过推进政府管理由注重事前审批向注重事中、事后监管转变的方式来加快政府职能转变，进而建设适应国际化、市场化、法制化要求和贸易投资便利化需求的服务体系。其次，天津自贸试验区进一步扩大投资领域开放程度，加快形成与国际接轨的高标准投资和贸易规则体系。在服务业和先进制造业等领域，减少对境外投资者资质要求、股权比例、数量配额等准入限制，改革外商投资管理模式，实行准入前国民待遇和负面清单管理模式。再次，天津自贸试验区开始大力发展服务贸易，通过深化国际大宗商品交易、期货保税交割、跨境电子商务等改革试点推动贸易转型升级。此外，天津自贸试验区在利率市场化、人民币跨境使用、外汇管理等方面先行先试，建立具有自身特色的自由贸易账户，促进跨境投融资便利化和资本项目可兑换，进一步深化金融领域开放创新。最后，天津自贸试验区增强了口岸服务辐射功能，促进区域产业转型升级，推动区域金融市场一体化，构筑服务区域发展的科技创新和人才高地。天津自贸试验区发挥了中蒙俄经济走廊重要节点作用和海上合作战略支点作用，推动了

“一带一路”建设，更好地服务京津冀协同发展。

为进一步扩大自贸试验区试点的深度和广度，为国家贡献更多改革试点经验，2021年4月，天津市出台了《中国（天津）自由贸易试验区滨海高新区联动创新区总体方案》《中国（天津）自由贸易试验区中新生态城联动创新区总体方案》，决定在天津滨海高新区技术产业开发区、中新天津生态城建设自贸试验区的两个联动创新区。一是滨海高新区联动创新区着力于发展信息技术应用创新产业、生物医药产业和新经济服务业。这一区域的战略定位是：加快建设“中国信创谷”、京津冀“细胞谷”和滨海科技城，打造世界一流产业创新中心核心引领区，成为现代产业集聚、要素高效流动、营商环境优良、示范带动作用突出的高质量联动创新区。二是中新生态城联动创新区重点发展文化健康旅游产业和绿色产业。这一区域的战略定位是：加快打造面向东盟地区的自贸服务平台、面向全国的生态文明建设标杆、面向京津冀的现代康养和亲海旅游目的地，成为现代产业集聚、要素高效流动、营商环境优良、示范带动作用突出的高质量联动创新区。

自2015年以来，天津坚持以制度创新为核心，以可复制可推广为基本要求，加强改革统筹谋划和推动，着力在“放管服”、投资、贸易、金融、京津冀协同发展等重点领域开展系统集成式创新，大胆闯、大胆试、自主改，加快打造京津冀协同发展高水平对外开放平台、全国改革开放先行区和制度创新实验田、面向世界高水平自由贸易园区，积极营造法治化、国际化、便利化营商环境，着力培育新经济、新模式、新动能，努力为全国全面深化改革和扩大开放探索新途径、积累新经验，取得了显著的成效。

一、天津自贸试验区建设取得的成效

天津自贸试验区的建立，促进了天津进一步深化改革开放，促进了天津全市广大干部群众运用国际视野和思维抓改革抓发展的意识逐步增强，推动了天津经济转型升级和高质量发展。自2015年4月天津自贸试验区挂牌以来至2020年6月底，天津自贸试验区累计新登记市场主体6.9万户，注册资本2.33万亿元，是设立前历年登记市场主体的近3倍。截至2019年底，区内新增企业46605户，近3年内开具过销售发票的企业37688户，占81%。累计新增外资企业2707户，实际利用外资100.17亿美元，其中，2019年新增外资企业278户，占全市的40%；实际利用外资22亿美元，占全市的46.5%。累计新设境外企业机构266家，中方投资额232亿美元，其中，2019年新设境外企业机构39家，占全市的60.3%；中方投资额7.92亿美元，占全市的49.7%。累计实现税收1635亿元，其中，2019年实现税收484.22亿元，占全市的29.6%。累计实现进出口贸易额11029.23亿元人民币，其中，2019年实现进出口贸易额2071亿元，占全市的28%。区内企业累计新开本外币账户8.1万个，跨境收支2117.5亿美元，结售汇942.4亿美元，跨境人民币结算4111.3亿元，占全市的39.8%。在天津市、滨海新区组织的历次企业对政府服务满意度调查中均名列前茅。此外，天津自贸试验区累计实施428项制度创新措施，向国家上报244项试点成果和创新实践案例，向全国复制推广37项试点经验和实践案例，向全市和相关区域复制推广230项经验案例，发布65个金融创新案例。2020年，10项成果入选国务院第六批全国复制推广试点经验，在为国家试制度、为区域谋发展中探索新的路径，有力地发挥了国家制度创新“试验田”作用。

（一）融资租赁企业数量

截至2018年第二季度，注册在天津市已有天津国泰融资租赁有限责任公司、中信融资租赁有限公司、兴业融资租赁有限责任公司、邦银融资租赁股份有限公司、工银融资租赁有限公司、华运融资租赁有限公司、民生融资租赁股份有限公司、中国融资租赁有限公司、中煤科工融资租赁有限公司、天银融资租赁有限公司、中铁建融资租赁有限公司共11个融资租赁公司，在全国所有省市排名中位列第一，同比多出两家，天津租赁公司数量占全国的15.3%；租赁贷款余额达到4749.1亿元，占到全国融资租赁贷款余额的22.2%，同比增长率为12.9%，且比天津各种贷款增长率高出5.8%。

融资方式以银行贷款为主，资金来源以北京、上海、天津为主。天津自贸试验区的融资租赁公司通过银行贷款、吸收股权或股东扩股、发行公司债、资产转让等渠道进行融资。截至2018年第二季度，银行贷款在融资租赁公司资金来源中占近70%，其中，向上海、北京地区借得的资金最多，占到了62.9%的借款，从天津借得的资金占10.2%，并在浙江、江苏、四川、广东、重庆、新疆以及海外国家和地区进行了银行间拆借业务。

直接租赁业务比例不高，租赁标的以生产设备和交通运输为主。截至2018年第二季度，天津融资租赁公司开展的直接租赁业务同比增长18.7%，占贷款余额的15.2%，比上年同期增长0.7%。直接租赁业务的租赁设备主要集中在工程机械、大船舶、商用飞机、公务飞机、新能源汽车、生产设备等。

据中国租赁联盟、联合租赁研发中心和天津滨海融资租赁研究院统计，截至2019年第三季度末，全国融资租赁合同余额约6.68万亿元增加了将近300亿元，增长率为0.45%。其中，融资租赁约2.52万亿元，增长近150亿元，增长率为0.6%；内资租赁约2.09万亿元，增长近100亿元，增长率为0.05%；外资租赁约2.08万亿元，增长将近50亿元，增长0.02%。

表3-1　2019年1—9月全国融资租赁业务发展现状

单位：亿元

	2019 年 9 月	2018 年底	增加	比上年底增加	业务总量行业占比
融资租赁	25150	25000	150	0.6%	37.6%
内资租赁	20900	20800	100	0.05%	31.3%
外资租赁	20750	20700	50	0.02%	31.1%
总计	66800	66800	300	0.45%	100%

资料来源：中国租赁联盟、联合租赁研发中心、天津滨海融资租赁研究院

到2018年底，天津市企业数量占全国比重小幅回升，达到17.1%，比上年

底增加0.9个百分点；注册资金增幅较大，达到26.5%，较上年底增加7.5个百分点；融资租赁业务总量占比为33.1%。比上年底减少了1.9个百分点，下降幅度较大。

表3-2　2013—2018年天津融资租赁业的全国占比

	2013 年占比	2014 年占比	2015 年占比	2016 年占比	2017 年占比	2018 年占比
企业数量	19.9%	15.2%	15.5%	16.7%	16.2%	17.1%
注册资本	27.3%	20.5%	17.7%	19.6%	19.0%	26.5%
业务总量	27.4%	31.3%	31.8%	35.8%	35.0%	33.1%

资料来源：中国租赁联盟、联合租赁研发中心，天津滨海融资租赁研究院

现在，天津融资租赁行业运行稳健，没有发生系统性风险的现象。

（二）融资租赁业务总量

依托于天津自贸试验区的优势，尤其是东疆片区和空港片区拥有着较为发达的专用设备制造业，通信设备、计算机及各种电子装备制造业，铁道交通、大轮船、大飞机等交通运输装备制造业，天津的工业制造业比较发达，与之相关的租赁行业也得以发展起来。截至2017年第二季度，在天津自贸试验区开设的各种类型的融资租赁公司共有1285家，包括9家金融租赁企业，49 家内资融资租赁试点企业，从第一季度算起增加了8家，同比增长31家（全国同期增加了34家，天津市新增的占国内融资租赁试点企业新增的90%），同比增长率为172%。1227家外商投资融资租赁企业，比一季度统计数据增长39家，比上年同期多出了270家，增长率为28.2%。截至2017年第二季度，这座城市的融资租赁公司注册资金5523亿元，比第一季度多出了250亿元，与2016年同期比较增加1690亿元，增长率为44.1%，金融租赁没有变化还是365亿元，国内融资租赁注册资金520亿元，比第一季度多出了24亿元，比2016年同一时间增加242亿元，增长率为87.1%。外资租赁总计注册资本人民币4 638亿元，比一季度多出了235亿元，比上年同一时期多出了1418亿元，增长率为

44%。总资产超过1.1万亿元，占全国近30%。以2017年上半年为例，融资租赁行业为政府贡献的税收收入比上一年同时期增加40%，而船舶融资租赁、飞机融资租赁和海洋工程设备融资租赁分别占全国的80%、90%和100%。综合以上数据，融资租赁毫无疑问已经成为天津金融创新示范区和自由贸易区建设的一张王牌。与此同时，天津还完成了1144架飞机的租赁业务，包括大型飞机、商务机、教练机和直升机。90台发动机、103艘国际船舶和10个海上石油钻井平台的任务也已完成。累计租赁飞机、船舶和海洋工程设备资产超过600亿美元，上缴税款超过100亿元。2018年，天津自贸试验区新增飞机214架、国际船舶23艘、海上钻井平台2个、飞机发动机77台，租赁资产总额增加132.6亿美元。

（三）融资租赁注册资金

天津自贸试验区国内融资租赁试点企业，无论在数量上还是注册资本金总额上，全国各自贸试验区排名中位列第一。

自国内将融资租赁企业性质认定的权利下放以来，在天津自贸试验区已确认94家国内融资租赁试点企业，这些企业来自中国20个省市的国有企业、中央企业、知名上市公司和民营企业，注册资金突破620亿元大关接近翻倍。共有112处内资融资租赁企业试点开设在天津市，全国共有325家试点，天津市便占了34.5%。天津自贸试验区的融资租赁公司，总的注册资本达到888.8亿元，值得注意的是全国融资租赁企业注册资本2500亿元，天津市在其中占到了35.6%，此外，大多数的融资租赁企业总部开设在天津自贸试验区。综上天津市在其中占到了35.6%，此外，大多数的融资租赁企业总部开设在天津自贸试验区。综上所述，随着天津自贸试验区逐渐成为租赁行业发展的大本营，天津自贸试验区融资租赁发展对于其他国内租赁的试点企业的发展已经形成了一个模板，同时还吸引了更多的中央企业、国有企业和行业龙头企业在天津自贸试验区建立和申请国内融资租赁试点资格。

目前，国内出现了很多优秀的内资租赁企业比如天津渤海租赁等，天津自贸试验区的内资租赁行业处于全国领先地位。

二、天津自贸试验区的经验做法

（一）着力构建京津冀国际贸易大通道

在全国率先实施京津冀区域通关一体化改革，争取实施京津冀144小时过境免签政策，推动天津港提质降费增效，推动将中欧班列（天津）发展为集跨境电子商务、中转集拼、国际海铁联运等功能于一体的综合系统，保税中转集拼功能落地，建成新港北集装箱中心站，开展首单保税买断出口集拼业务。2019年，天津口岸完成海铁联运量约55万标准箱，国际集装箱班列开行491列，天津口岸进出口总额13845.06亿元，其中，来自京冀的货物比重达到32%。

（二）服务京津冀企业国际化经营

发挥跨境本外币资金池、FT（自由贸易）账户等跨境投融资综合功能优势，着力打造“走出去”海外工程出口基地、央企创新型金融板块承载地和跨境投融资枢纽，累计70多家央企设立超过400家创新型金融企业，中交建、中铁建、北方车辆等一批企业在自贸试验区设立“走出去”功能总部，2019年承接非首都核心功能疏解项目超过600个，新增市场主体中京津冀企业超过50%。

（三）服务京津冀高质量开放型经济发展

充分发挥开放门户作用，推动在飞机维修、演艺经纪等领域的率先开放，设立总规模100亿元的京津冀产业结构调整引导基金，自贸试验区金融租赁企业新增京津冀项目投放113亿元，成立京津冀众创联盟，积极探索离岸租赁、国际保理、物流金融、医疗健康、数字经济、跨境电商、二手车出口等创新业务，有力促进区域新经济、新动能、新模式的培育。

（四）加强与北京、河北创新互动

与北京服务业扩大开放，与河北自贸试验区建设进行对比试验、互补试验，“一个部门、一颗印章审批”、融资租赁收取外币租金、税务综合一窗等一批创新成果在京冀推广实施。推动天津港与唐山港、沧州港合资合作，携手打造世界一流的绿色、智慧、枢纽港口，促进国家航运要素聚集。

（五）打造“一带一路”黄金支点

建设“一带一路”综合服务中心，形成备案信息、国际贸易、海外工程、跨境金融、专业服务五大功能模块。加快建设海外工程出口基地，吸引中交建、中铁建、北方车辆等企业优质项目以及央企背景的无车承运企业落户。与韩国仁川自由经济区签署战略合作协议，与“一带一路”沿线国家共建中国——埃及苏伊士经贸合作区、津蒙经贸合作东疆物流园，积极推进与菲律宾卡加延、柬埔寨中综合开发试验区等特殊经济区域的战略合作。

第三节　天津自贸试验区的成功实践

一、天津自贸试验区制度创新发展

近年来，天津自贸试验区坚持制度创新，紧紧围绕京津冀协同发展高水平对外开放平台、全国改革开放先行区和制度创新试验田、高水平自由贸易园区的战略定位，深入推动重点领域改革，以开放促改革、促发展、促转型，取得了重要阶段性成果，改革开放红利持续释放。

首先，天津自贸试验区自2015年成立起就建立了集中统一的行政审批机构，推行“一颗印章管审批”，目前承接了235项市级审批和服务事项，审批时限压缩了50%以上。其次，在企业设立登记制度改革方面，天津自贸试验区推进实施了“一照一码”登记制度，将涉税事项纳入联合审批，将负面清单以外的外商投资企业备案与企业设立合并受理。实现了企业设立“一照一码一章一票一备案”一天办结，大大提升了服务效率。再次，2016年5月，天津自贸试验区推出民办非企业单位设立登记相关行政审批“多项合一”，实现一次受理、一次办结。如果按照原来的程序设立开办这类机构，需要先申报机构设立许可，再进行民办非企业登记，两个步骤加起来需要提交的要件20余件，用时1个多月。改革后，企业需要提交的要件缩减到13件，并由两次提交申请变成一次报件。天同贻芳托老所负责人介绍到，他们在申请养老机构设立及登记过程中，仅用20多天就拿到了证照，比过去节省了10多天。此外，2018年5月24日，国务院正式批复公开《进一步深化中国（天津）自由贸易试验区改革开放方案》(以下简称《方案》)。天津自贸试验区将《方案》分解为128项改革任务，逐项研究提出了任务的具体内容、推进计划、进展情况、存在困难和问题等，建立了任务台账、信息报送和工作联系函制度，并积极跟踪服务任务落实。截至6月底，《方案》128项任务全部启动实施，生产许可“一企一证”、药品上市许可人制度等18项任务已经完成。最后，天津自贸试验区还积极搭建创业创新平台，设立10亿元的“双创”发展资金，出台10项政策措施，累计聚集各类创投机构超过150家，腾讯开放平台、甲骨文—天津大学创始空间、阿里云等12个众创空间投入运营，聚集创业团队300多个、创业企业869家。

二、天津自贸试验区风险管理业务创新发展

为推进天津自贸试验区场外风险管理业务创新发展，打造北方风险管理中心，提高金融服务实体经济能力，结合天津区位优势、产业基础和场外风险管理业务发展实际，天津自贸试验区日前制定并发布了《关于促进中国（天津）自由贸易试验区场外风险管理业务创新发展的若干意见》(以下简称《意见》)。

《意见》一方面提出在天津自贸试验区打造服务场外风险业务的综合性平台，从交易机制、组织形式、第三方参与主体等维度进行创新。一是通过信息公开展示，场外风险管理业务的需求方实体企业和供求方金融机构可以在平台系统上进行信息共享，帮助市场的供需双方高效、快速实现匹配交易，降低金融机构展业成本，同时为实体企业提供更多服务选择；二是依托区块链、AI算法、智能合约等科技手段赋能，探索具有共治、共享特征的去中心化市场组织方式，探索数字人民币应用场景，引入智能合约保障双边结算条件下的履约率，提升市场组织效率、降低对手方风险。上述内容具有全国首创性，有望进一步提高场外风险管理市场活跃度、成熟度，促进产业集聚。另一方面，鼓励独立第三方专业机构参与基础设施相关业务，对拟挂牌衍生产品合同定价公允性、风险性等进行评价并开展准入管理。这样很大程度上可以减少场

外业务供需双方的信息和专业不对称性。金融机构是专业的，但是，实体企业很多时候不具备场外业务的专业能力，对签署的场外协议没有足够能力去判断，通过第三方的导入，去平衡供需双方之间的专业不对称性，对实体企业会是一个很好的保护。

设立场外风险管理业务，将帮助中小微企业解决贷款难、融资难的问题。天津自贸试验区内一些中小微企业由于在银行中信用等级不太高，往往难以获得常规贷款支持，尽管这些实体企业有自己的产品库存，但由于其往往存在仓库本身的真实性、流动性以及产品的价格波动较大等一系列问题，银行往往不愿意接受这样的抵押物贷款。在这样的情况下，银行会有所顾虑，用这样的动产质押融资会面临风险。而当有另外一个金融机构，比如期货管理子公司，帮这笔业务做一个锁价，立足场外期权，把价格下跌的风险消化掉，银行就更有意愿去帮这样的企业融资。也许原来银行只能审批四五百万元，但现在可以贷到八九百万元，或者原来银行不愿意发放贷款，在风险消除之后，银行就愿意去放贷。反之，如果企业不做风险管理，就意味着要自己承担价格波动。所以利用场外衍生品进行避险，使企业更加专注于生产，把更多的精力放到业务、生产、销售环节，不需要承担太多的市场波动风险。

三、天津自贸试验区金融创新发展

自天津自贸试验区成立以来，金融改革领域各项政策体系相继建立和健全，在制度创新方面取得了一系列成效。天津自贸试验区出台了整体方案及天津自贸试验区“金改30条”中，在支持对外投资发展所提的8项创新政策措施中，天津自贸试验区已经落实其中的5项，而对于境内开展个人直接投资项下跨境人民币业务，在宏观审慎管理的前提下，相应政策配套细则已经制定完毕。外汇局天津市分局修订自贸试验区外汇管理改革试点实施细则，重点增加六个方面的政策创新，分别为允许在区内试点实施资本项目外汇收入支付便利化业务；允许区内企业可在天津市分局辖内任一银行办理境内直接投资基本信息登记、变更与注销手续；允许区内企业的外债注销登记业务由天津市分局辖内任一银行直接办理，取消企业办理该业务的时间限定；允许区内非投资性外商投资企业在真实、合规的前提下，可按实际投资规模将资本项目外汇收入或结汇所得人民币资金依法用于境内股权投资；允许区内已确定选择“投注差”模式借用外债的企业，可调整为以跨境融资宏观审慎管理模式借用外债；放宽区内企业跨境融资签约币种、提款币种、偿还币种必须一致的要求。这意味着，天津自贸试验区投融资便利化程度得到进一步提升，政策赋予了区内企业跨境融资管理模式可调整一次的机会及提还款币种与签约币种可按实需选择不保持一致的权利，有利于市场主体充分释放经营活力、主动规避汇率风险。

2021年11月26日，天津自贸试验区金融工作协调推进小组办公室举办自贸试验区金融创新案例发布会，发布近期确定的金融创新案例。

（一）“FT账户分公司”模式助推FT政策惠及自贸试验区外企业

FT账户是探索投融资汇兑便利、扩大金融市场开放和防范金融风险的一项重要制度安排。自开办以来，越来越多的企业享受到政策红利，降低了财务成本，便捷了业务办理。根据现行政策，对于境内企业来说，只有注册在天津自贸试验区的企业才可享受FT账户政策优势。为让更多企业享受便利，中国（天津）自由贸易试验区机场片区在人民银行天津分行指导下，在全国率先推进了“分公司+FT账户”新模式。

中国银行天津保税分行协助异地集团客户在津设立分公司开立FTE账户，并为其提供优质的金融服务。该天津分公司主要依托其母公司开展多式联运业务的物流企业，其母公司是隶属于国务院国资委某集团公司旗下的一家提供物流基础设施及服务的企业。该天津分公司于2020年7月与香港Y公司签订了设备部件仓储和运输协议，由于双方初次合作，且标的物价值较高，需要向外方支付一笔170万美元运输保证金。中国银行天津保税分行利用离岸汇率的优势，为客户设计了通过FTE账户办理业务的方案，即企业开立FTE账户后将人民币资金划入FTE账户，中国银行天津保税分行使用离岸优惠汇率为企业进行购汇，企业可以降低财务成本。除上述保证金业务外，企业通过FTE账户陆续办理了仓储费、集装箱租赁费等相关业务。截至目前，该分公司通过FT账户收付汇折合894.63万美元，实现跨境人民币结算量2778万元，FT业务量15000万元人民币。

通过在自贸试验区设立分公司，开立FT账户，满足实体经济需要，化解FT账户的区域经营的问题。通过“分公司+FT账户”新模式，突破地域限制，使X公司天津分公司成功享受到了天津自贸试验区的政策红利，打通了天津港保税区内企业与境外企业间收付汇的便捷通道，不仅为企业节省了大量的时间和精力，提高了业务运营效率，也为企业运输业务扩大规模、实现跨越式发展，提供了有力支撑。中国银行天津市分行辖内4家管辖行已采用该模式为上海、深圳、江苏、河北、黑龙江等地的8家企业在天津分公司开立了FT账户，让FT账户的政策红利惠及更多企业，帮助企业降低成本，便捷业务办理，切实提升了金融服务水平。

（二）银企直连创新出口电商跨境人民币收款

浙商银行天津分行与境外持牌支付公司对接，以银企直连方式创新出口电商跨境人民币在线收款模式，为客户提供线上审核、收款、清分、申报的一站式服务。2020年5月至2021年10月底，该项目服务跨境电商小微企业364家，为近14万人次清分跨境人民币款项，共计38亿元。项目获总行级与境外支付机构合作跨境电商人民币收款业务全国首单，并获分行级年度创新奖。

该业务模式主要创新点有四个方面：一是以扶植中小微企业、服务实体经济为重点，助力中小微企业出口创收。该业务为境内出口电商企业搭建了一条快捷、安全、低廉的线上化收款新通路，进而有利于境内出口企业，特别是中小微电商降低结算成本，加速经营资金流转，符合国家普惠金融的政策导向。

二是以互联网经济“线上交易、线上支付”为切入点，积极支持跨境电商外贸新业态。通过银企直连方式，利用银行跨境结算业务流程和真实性审核优势，在保证业务合规的基础上，切实为境内出口电商卖家解决收款慢、收款贵的难题。三是打造线上化审核、收款、清分、申报的一站式服务。在新冠肺炎疫情期间，浙商银行天津分行通过线上化一站式服务，凸显了银企直连出口电商跨境人民币收款业务安全、便捷的新优势。四是顺应“本币优先”原则，创造透明、便捷、高效的跨境人民币支付与使用环境。在币种选择上，办理出口电商跨境人民币收款业务顺应了“本币优先”原则，扩大人民币跨境使用，推动人民币国际化，有效规避了汇率波动对境内卖家产生的汇兑损失。

该业务模式适用于跨境电商出口企业和个人。通过与境外持牌支付公司对接，搭建银企直连系统，利用银行跨境结算业务流程和真实性审核优势，在保证业务合规的基础上，大幅降低企业结算成本，切实为境内出口电商卖家解决收款慢、收款贵的难题。特别是在新冠肺炎疫情期间，线上审核、收款、清分、申报的一站式服务，帮助跨境电商规避汇率风险、简化流程手续、及时出口创收，有效助力外贸企业复工复产，为中小微企业成长保驾护航。

（三）天津经开区国内首创农业保理数字化服务平台

新希望（天津）商业保理有限公司聚焦农业供应链场景下的新供应链金融模式，针对分散化、链条长、信用体系差等痛点，运用科技化手段专门搭建厚沃云平台（信用管理平台），将资产端的核心企业与资金端的银行、保理公司、担保公司等（类）金融机构链接在一起，并且广泛地与供应链核心的商流、物流、资金流、信息流相关的智慧物流、财税、贸易等平台企业合作，构建起供应链生态大数据闭环。一方面通过后台大数据中心，采用智能大数据风控，授信提前审批，完全线上操作，10分钟即可完成额度申请，融资操作便利。另一方面以金融科技手段赋能农业，解决传统农业金融融资难、金融机构信息不对称、风险难以管理和监控、客户难以触达等核心问题和痛点，实现完整的贷前、贷中和贷后的全面风险管理。

依托厚沃云平台打造的饲料场景“好养宝”产品可为中小微农企及农场主提供专业的饲养方案及融资服务，上线2年时间累计放款规模突破50亿元、服务客户近3万、风险得到良好控制。此外，便捷的客户体验、优秀的主体信用、完善的风险管理水平，全面服务各饲料板块头部企业、饲料厂以及养殖户，有效拉伸和带动饲料实体产业的销售增长。

四、天津自贸试验区融资租赁业创新发展

融资租赁已成为仅次于银行信贷的第二大融资方式，被称为21世纪的朝阳行业。2005年中央政府把天津作为全国综合配套改革试验区，支持有关金融企业，金融产品、金融市场、金融对外开放等若干方面的改革措施在天津先行先试，天津的融资租赁产业得到了快速发展。截至2013年末，天津注册的各类融资租赁公司的总部数量为206家，占全国20%以上；注册资金840亿元，占全国27.5%；租赁合同余额5750亿元，占全国27.4%，同比增长55%，高于全国平均水平35.5%的20个百分点。在天津市注册的金融租赁公司总部5家，居全国之首，占金融租赁企业总数的21.7%；注册资本241亿元，占全国31.3%；合同余额2550亿元人民币，占全国的 29.7%，成为我国融资租赁业的聚集地。

2015年4月21日，天津自贸试验区挂牌成立后，更是将融资租赁产业作为其重点发展的创新示范区。数据显示，截至2017年2月底，东疆共累计注册租赁公司2164家，累计注册资本2840亿元人民币。中民投、神化、中国铝业、中信证券、中铁股份、中国兵器、天狮、河北钢铁、北控水务、桑德环境、中信水务、滨海建投、一商等央企、大型知名企业和民营租赁公司均在东疆设立融资租赁公司。天津自贸试验区内聚集了大批租赁企业，收入连续多年位居全国第一。目前东疆的飞机、海工平台和船舶租赁业务分别占全国的90%、100%和80%。行业实力和业务总量都在全国处于领先地位，致力于打造成“东方爱

尔兰”。

近日，在天津市金融局、滨海新区金融局的大力支持下，中原航空融资租赁公司旗下的中航租（天津）商业保理有限公司顺利获批落户东疆，注册资本2亿元。东疆作为金融创新示范区与国家租赁创新示范区，近年来，依托天津自贸试验区与综保区叠加创新优势，用先进的创新理念和良好的营商环境吸引了一大批租赁企业涌入产业金融新赛道。

中航租商业保理将依托租赁产业已有业务探索“产融结合”的新方式，围绕高端装备智造、新能源、医疗、航空、社会公共事业等产业，为客户提供“租赁+保理”的综合性融资方案，有助于缓解中小客户“融资难、融资贵”的问题，从而切实服务实体经济。

中原航空融资租赁股份有限公司是河南省第一家致力于航空产业发展的综合性融资租赁公司，公司注册资本15亿元，公司累计投放资金达240亿元。公司正深入推进“产业化、专业化、资本化”战略提升，将专业化经营作为业务发展的重要目标，致力于成为实力突出、特色鲜明、团队专业、结构科学的国内一流综合性现代融资租赁企业。

东疆作为全国商业保理产业聚集化程度最高的区域，在政策创新、审批效率、金融配套、司法保障、政府服务等方面不断提升服务水平。目前保理资产超过1000亿元，包括以大唐保理、华电保理、华能云成保理、中电建保理、中铝保理、中节能保理、华润保理、国药朴信保理等为代表的央企保理项目，以首钢保理、河钢保理、太钢保理、西矿保理、首农保理、天食保理为代表的国企保理项目和以盛业保理、小米保理、京东保理、美的保理、双汇保理等为代表的行业龙头保理项目。

下一步，东疆将继续秉承创新发展理念，充分利用“自贸+综保”政策先行先试优势，在商业保理业务模式、监管模式、税收模式等方面不断探索突破，打造北方“保理之都”。

五、天津自贸试验区锚定“自由贸易港”方向持续引育新动能

当前天津市正加快构建3+4产业体系，引育发展新动能，打造高质量发展的升级版。天津自贸试验区也大力引育新动能，持续发展特色产业。

一是天津港东疆片区将结合区域特点和优势，促进平台经济快速发展，着力培育智能科技企业，如服务类互联网平台成聚集态势，运满满、货拉拉等国内龙头网络货运企业集中落户；互联网造车行业中率先实现量产的小鹏汽车设立公司布局网约车领域；卡思优派、共享家等知名人力资源平台公司在东疆开展灵活用工平台业务；腾讯音乐、51社保、小猪短租等一批大型平台经济项目落地。近期东疆还瞄准智能网联车领域，启动建设智能集卡示范应用场景，将成为天津市首个、也是目前唯一一个为智能集装箱卡车提供的开放测试道路和示范应用场景。还将推动医疗健康业务创新，推动“科技+金融”融合发展，积极推动旅游、文化产业发展。

2021年，东疆保税港区还获批升级为综合保税区，长期来看，综合保税区将瞄准我国香港地区、新加坡等国际知名自贸港经验做法，对标更高水平的贸易自由化、便利化政策，深入推进东疆在自贸试验区制度创新和口岸功能完善等方面取得新突破。具体而言，东疆将围绕加工制造、研发设计、物流分拨、销售服务、检测维修五大中心，建设具有国际一流水平的国家租赁创新示范区，建设北方国际航运核心区和世界一流港口的重要载体，打造最具影响力和特色的进出口商品集散中心。

二是位于天津自贸试验区天津机场片区的天津海特飞机工程有限公司（以下简称“天津海特”）凭借自贸试验区制度创新优势，不断增强航空维修国际业务竞争能力，企业发展由此走上“快车道”。目前，已有12架境外飞机通过航空保税维修的政策抵达天津海特并完成维修改装等业务。

保税维修再制造业务是天津自贸试验区的特色产业之一，截至目前，机场片区已有8家企业获批开展保税维修再制造业务。据中国（天津）自贸试验区天

津机场片区工作局局长何江介绍，当前，保税维修再制造业务已从海关特殊监管区域内拓展至海关特殊监管区域外，并进而扩大到天津滨海新区全域。2020年7月31日，注册在天津港保税区临港的合力（天津）能源科技股份有限公司通过了天津商务部门的现场核验，很快将成为我国第二家依照保税维修再制造四种模式，在自贸试验区外开展海油工程装备保税维修再制造试点业务的企业。

三是天津自贸试验区中心商务片区重点发展以金融创新为主的现代服务业，是天津金融改革创新的集聚区。天津市设立的第一个国际金融组织功能中心——亚投行数据综合业务基地也将正式投用。

目前，该片区已形成商业保理特色产业名片，全国一半以上具有央企背景的保理企业落户在中心商务片区，区内保理企业整体开业率是全国行业平均水平的两倍。在业务创新方面，形成了一大批全国复制推广特色经验案例，实现了全国首批接入央行征信系统，推出了全国首个保理线上“N+N+N”债权确认融资新模式等。据中国（天津）自贸试验区滨海新区中心商务片区工作局局长张瑞华介绍，下一步，该片区将围绕供应链金融板块，尤其是商业保理持续发力，进一步深挖市场需求，挖掘创新点，为供应链上下游的中小企业发展提供更大的便利与支持。

在2019年底，天津成为全国继上海、海南之后第三个上线“FT账户”体系的地区，进一步扩大天津自贸试验区金融市场开放、促进金融政策改革。该片区将深入挖掘FT账户与跨境双向资金池的功能集成，进一步提高企业资金跨境流动的便利化水平，为企业完成跨境资金调拨、开展海外融资、实施对外投资创造更加宽松的政策环境，并节省相关的时间与财务成本。在要素市场的发展上，中心商务片区正在加速推进“天津油气交易中心”项目，计划依托片区所在的天津经开区南港工业区的油气资源与物流优势条件，以中石化、北燃1500万吨/年的LNG周转储备和中石化、中石油超过1100万立方米的原油储备库区为基础，发挥油气资源的金融属性，逐步打造中国北方油气期现货贸易的集中交易平台。

第四章

河北自贸试验区的实践与探索

第一节　河北自贸试验区的成立

一、河北自贸试验区成立

（一）概述

2019年8月2日，《国务院关于印发6个新设自由贸易试验区总体方案的通知》印发实施，中国（河北）自由贸易试验区正式设立。2019年8月30日，中国（河北）自贸试验区正式揭牌。建立中国（河北）自由贸易试验区是党中央、国务院作出的重大决策，也是新时代推进改革开放的战略举措。

中国（河北）自由贸易试验区以制度创新为核心，以可复制可推广为基本要求，全面落实中央关于京津冀协同发展战略和高标准高质量建设雄安新区要求，积极承接北京非首都功能疏解和京津科技成果转化，着力建设国际商贸物流重要枢纽、新型工业化基地、全球创新高地和开放发展先行区。经过3至5年的改革探索，对标国际先进规则，形成更多有国际竞争力的制度创新成果，推动经济发展质量变革、效率变革、动力变革，努力建成贸易投资自由便利、高端高新产业集聚、金融服务开放创新、政府治理包容审慎、区域发展高度协同的高标准高质量自由贸易园区。

（二）河北自贸试验区区位布局

1. 实施范围

河北自贸试验区的实施范围119.97平方公里，涵盖四个片区：雄安片区

33.23平方公里，正定片区33.29平方公里，曹妃甸片区33.48平方公里，大兴机场片区19.97平方公里。

2. 功能划分

雄安片区重点发展新一代信息技术、现代生命科学和生物技术、高端现代服务业等产业，建设高端高新产业开放发展引领区、数字商务发展示范区、金融创新先行区。正定片区重点发展临空产业、生物医药、国际物流、高端装备制造等产业，建设航空产业开放发展集聚区、生物医药产业开放创新引领区、综合物流枢纽。曹妃甸片区重点发展国际大宗商品贸易、港航服务、能源储配、高端装备制造等产业，建设东北亚经济合作引领区、临港经济创新示范区。大兴机场片区重点发展航空物流、航空科技、融资租赁等产业，建设国际交往中心功能承载区、国家航空科技创新引领区、京津冀协同发展示范区。

二、河北自贸试验区的主要目标和任务

（一）加快转变政府职能

打造国际一流营商环境。推进“证照分离”改革全覆盖，调整完善省级管理权限下放内容和方式。全面开展工程建设项目审批制度改革，实现“一口受理”“两验终验”，推行“函证结合”“容缺后补”等改革。对环境影响小、环境风险不高的建设项目探索推行环境影响评价承诺备案制，对建设项目环境许可、现场勘查实施同类豁免或简化模式。搭建知识产权服务工作站。建立完善知识产权评估机制、质押登记制度、质押融资风险分担机制以及方便快捷的质物处置机制。强化竞争政策的基础性地位。配合做好外商投资安全审查工作。

（二）深化投资领域改革

1. 深入推进投资自由化便利化

全面落实外商投资准入前国民待遇加负面清单管理制度。探索建立外商投

资信息报告制度。允许取得我国一级注册建筑师或一级注册结构工程师资格的境外专业人士作为合伙人，按相应资质标准要求设立建筑工程设计事务所。支持外商独资设立经营性教育培训和职业技能培训机构。支持外商投资设立航空运输销售代理企业。统一内外资人才中介机构投资者资质要求，由自贸试验区管理机构负责审批，报省级人力资源社会保障部门备案。

2. 完善投资促进和保护机制

建立健全外商投资服务体系，完善外商投资促进、项目跟踪服务和投诉工作机制。鼓励自贸试验区在法定权限内制定外商投资促进政策。完善“走出去”综合服务和风险防控体系。支持“走出去”企业以境外资产和股权、采矿权等权益为抵押获得贷款。

（三）推动贸易转型升级

1. 提升贸易便利化水平

在海关特殊监管区域深入实施货物状态分类监管。探索以企业为单元的税收担保制度。允许展会展品提前备案，以担保方式放行展品，展品展后结转进入海关特殊监管区域予以核销。支持在雄安片区设立综合保税区。支持曹妃甸开展平行进口汽车试点。支持曹妃甸片区建设国际海运快件监管中心。研究开展贸易调整援助试点。

2. 支持开展国际大宗商品贸易

依托现有交易场所，依法依规开展矿石、钢铁、煤炭、木材、天然气、粮食、食糖等大宗商品现货交易。支持建立大宗商品期货保税交割仓库、跨境交易平台。支持开展矿石混配业务，完善仓储、分销、加工及配送体系。发展国际能源储配贸易，允许商储租赁国有企业商业油罐，支持开展成品油和保税燃料油交割、仓储，允许自贸试验区内企业开展不同税号下保税油品混兑调和。支持建设液化天然气储运设施，完善配送体系。

3. 建设国际商贸物流重要枢纽

支持设立多式联运中心，培育发展航运企业；支持设立航运保险机构；支持片区设立国际船舶备件供船公共平台、设备翻新中心和船舶配件市场。

（四）深化金融领域开放创新

1. 增强金融服务功能

支持符合条件的商业银行注册设立金融资产投资子公司。支持设立直销银行、征信机构等。支持试点设立健康保险等外资专业保险机构。研究开展合格境外有限合伙人（QFLP）和合格境内投资企业（QDIE）业务试点，放宽项目投资限制，提高基金持股比例。加强对重大风险的识别和系统性金融风险的防范。强化反洗钱、反恐怖融资、反逃税工作。

2. 深化外汇管理体制改革

放宽跨国公司外汇资金集中运营管理准入条件。探索研究符合条件的融资租赁公司和商业保理公司进入银行间外汇市场。允许货物贸易外汇管理分类等级为A类的企业货物贸易收入无须开立待核查账户。

3. 推动跨境人民币业务创新

支持自贸试验区内银行按规定发放境外人民币贷款，探索开展境内人民币贸易融资资产跨境转让业务，并纳入全口径跨境融资宏观审慎管理。支持企业境外母公司按照有关规定在境内发行人民币债券。

（五）推动高端高新产业开放发展

1. 支持生物医药和生命健康产业开放发展

优化生物医药全球协同研发的试验用特殊物品的检疫查验流程。建立新药研发用材料、试剂和设备进口绿色通道，免除企业一次性进口药品通关单，实行一次审批、分次核销。适度放宽医药研发用小剂量特殊化学制剂的管理，支持在自贸试验区内建立备货仓库。建立基因检测技术应用示范中心和公共技术平台，支持开展基因测序技术临床应用，支持开展感染微生物、罕见病等基因质谱试点。支持自贸试验区内符合条件的医疗卫生机构，按照有关规定开展干细胞临床前沿医疗技术研究项目，建立项目备案绿色通道。

2. 支持装备制造产业开放创新

支持建设国家进口高端装备再制造产业示范园区。试点数控机床、石油钻采产品等高附加值大型成套设备及关键零部件进口再制造。放宽高端装备制造产品售后维修进出口管理，适当延长售后维修设备和备件返厂期限。对符合条件的入境维修复出口免于实施装运前检验。完善装备制造出口产品退换货制度，允许出口企业按照“先出口后回收”方式办理境外用户退换货业务。允许进口入境期限不超过一年的二手研发专用关键设备。简化对非民用进口机电设备免3C认证手续。

（六）引领雄安新区高质量发展

1. 建设金融创新先行区

在依法依规前提下，探索监管“沙盒机制”。推进绿色金融第三方认证计划，探索开展环境信息强制披露试点，建立绿色金融国际标准。加快培育排污权、节能量、水权等环境权益交易市场，依托现有交易场所开展碳排放权、水权、新能源现货交易。支持股权众筹试点在雄安股权交易所先行先试。

2. 建设数字商务发展示范区

发展大数据交易、数据中心和数字内容等高端数字化贸易业态。支持建立数字化贸易综合服务平台。探索符合国情的数字化贸易发展规则，参与数据资产国际贸易规则和协议制定。探索兼顾安全和效率的数字化贸易监管模式。建立大数据资产评估定价、交易规则、标准合约等政策体系。依托现有交易场所开展数据资产交易。推进基于区块链、电子身份确权认证等技术的大数据可信交易。支持开展数据资产管理、安全保障、数据交易、结算、交付和融资等业务。

3. 建设从雄安片区到国际通信业务出入口局的直达数据链路

支持发展数据服务外包业务。在数字商务发展示范区内探索建立影视、游戏和音乐等数字内容加工与运营中心，依法依规开展数字内容加工与运营服务。针对数字商务发展示范区内数字内容相关行业企业，建立健全事中事后监管机制，通过内容审查、行业自律、守信激励、黑白名单等方式实现监管全覆盖。引导企业加强个人隐私信息保护，及时公布和更新企业收集使用个人信息的策略等。建立数据泄露事件报告制度。

4. 推进生命科学与生物技术创新发展

鼓励企业进行免疫细胞治疗、单抗药物、基因治疗、组织工程等新技术研究，允许企业依法依规开展新型生物治疗业务。建立人类遗传资源临床试验备案制度。支持雄安片区建设基因数据中心。

（七）推动京津冀协同发展

1. 推动区域产业协同创新

支持北京中关村、天津滨海新区等与河北自贸试验区深度合作创新发展。支持建立总部设在雄安片区的国际科学共同体或科技组织。

2. 促进要素跨区域流动

支持北京非首都功能优先向河北自贸试验区疏解转移。已在北京、天津取得生产经营资质、认证的企业搬迁到河北自贸试验区后，经审核继续享有原有资质、认证。建立人才跨区域资质互认、双向聘任等制度，在待遇、职称评定等方面根据个人意愿予以保留或调整。

三、特色亮点

首先，河北自贸试验区的一个突出特点，就是主动服务和融入重大国家战略，推动京津冀协同发展。聚焦京津冀协同发展，河北自贸试验区在推动与京津区域产业协同创新、促进要素跨区域流动方面提出了一系列举措，包括加快建立人才跨区域资质互认、双向聘任等制度。随着这些措施的落地，将有力地推动京津冀协同发展重大国家战略的实施。

其次，河北省在自贸试验区建设方案中首提建设数字商务发展示范区，这在我国自贸试验区的建设和发展历史上具有划时代意义。数字商务是以数据为核心的高端商务形式，代表着未来商务的发展趋势。同时，建设数字化贸易综合服务平台，建立数字化贸易监管模式，探索符合国情的数字化贸易发展规则，可以逐步形成良好的数字商务生态圈。

再次，河北自贸试验区在建设金融创新先行区、促进要素跨区域流动等领域，都提出了首创性制度创新。河北自贸试验区将全面落实外商投资准入前国民待遇加负面清单管理制度，深入推进投资自由化便利化，完善投资促进和保护机制；将深化金融领域开放创新，包括探索监管“沙盒机制”，建立绿色金融国际标准。河北自贸试验区对标国际先进规则，加快转变政府职能，打造国际一流营商环境，建设成为贸易投资自由便利、高端高新产业集聚、金融服务开放创新、政府治理包容审慎、区域发展高度协同的高标准高质量自由贸易园区，并争取形成更多有国际竞争力的制度创新成果。

最后，河北自贸试验区提出了一批具有河北特色的制度创新举措，围绕建立金融创新先行区，推动开展绿色金融、股权众筹等各项试点；围绕生物医药生命健康产业发展，提出了从医药的全球协同研发、生产测试到药品生物制品进口等多项便利化措施。河北自贸试验区建设应突出制度创新这一核心任务，告别过去依靠比较优势和政策优惠的竞争模式，转向依靠规则优势和制度开放的激励模式。

第二节 河北自贸试验区的发展

一、正定片区

（一）正定片区概论

2019年8月2日，中国（河北）自由贸易试验区正定片区正式挂牌。正定自古为九省通衢、商贾云集之地，今天已成为承东启西、联动南北的综合枢纽。正定位于河北省省会石家庄北部，与国际机场、高铁站、滹沱河生态区相伴相邻，区位优越，交通便利。石家庄地铁纵贯正定片区，联通主城区，在片区内形成了立体交通体系，实现自贸试验区开放政策与海关特殊监管区域、高新技术开发区、数字产业园、现代服务业集聚区等功能政策的有效叠加，为临空产业、生物医药、国际物流、高端装备制造、数字经济、现代服务业等重点产业的发展提供了广阔的发展空间，形成了自贸试验区、综保区、临空经济区、正定高新区、正定新区的区块联动和创新与开放的双轮驱动。

（二）正定片区投资与促进政策

在建设国际商贸物流重要枢纽方面有3项，在对外航权谈判中，在平等互利基础上，积极争取石家庄正定国际机场航空枢纽建设所需的包括第五航权在内的国际航权；在符合省内统一规划前提下，研究推进在正定片区按相关规定申请设立A类低空飞行服务站；支持正定片区设立进口钻石指定口岸，河北省产品质量监督检验研究院珠宝玉石实验室成为河北省自贸试验区建设的首家珠宝玉石检测中心。

在生物医药和生命健康产业开放发展有11项，7项为河北独有：优化生物医药全球协同研发的试验用特殊物品的检疫查验流程；建立新药研发用材料、试剂和设备进口绿色通道，免除企业一次性进口药品通关单，实行一次审批、分次核销；适度放宽医药研发用小剂量特殊化学制剂的管理，支持在自贸试验区内建立备货仓库；简化一公斤以内的药品样品，中间体出境空运手续；支持石家庄依法依规建设进口药品口岸，条件成熟时设立首次进口药品和生物制品口岸；建立基因检测技术应用示范中心和公共技术平台，支持开展基因测序技术临床应用，支持开展感染微生物、罕见病等基因质谱试点；支持自贸试验区内符合条件的医疗卫生机构，按照有关规定开展干细胞临床前沿医疗技术研究项目，建立项目备案绿色通道；开展医疗器械注册人制度试点；优化二类医疗器械审批流程；支持开展医疗器械跨区域生产试点；设立医药知识产权维权援助分中心。

在支持装备制造产业开放创新方面有7项：支持建设国家进口高端装备再制造产业示范园区；试点数控机床、石油钻采产品等高附加值大型成套设备及关键零部件进口再制造；放宽高端装备制造产品售后维修进出口管理，适当延长售后维修设备和备件返厂期限；对符合条件的入境维修复出口免于实施装运前检验；完善装备制造出口产品退换货制度，允许出口企业照“先出口后回收”方式办理境外用户退换货业务；允许进口入境期限不超过一年的二手研发专用关键设备；简化对非民用进口机电设备免3C认证手续。

（三）正定园区建设

1. 石家庄综合保税区航空产业园

该项目拟投资8.8亿元，规划占地340亩，位于石家庄综合保税区内。依托石家庄综合保税区海关特殊监管区域的政策优势和紧邻石家庄正定国际机场跑道的区位优势，形成了近距临空优势和保税政策优势的叠加。规划建设飞机维修机库、航材仓储中心、科技研发中心等设施，开展航空器研发、航空维修、航空仓储、航空培训等业务。

2. 国际光电机电产业园

该项目占地约360亩，位于石家庄综合保税区内。园区规划建设国际光电机电加工中心、国际光电机电产业孵化器、国际光电机电研发基地及博士交流站、国际光电机电设备试生产基地、保税仓储物流中心等5个功能区，按照“展示、研发、孵化、成长”的产业发展思路，着重发展与“中国制造2025”产业发展方向一致的高端装备制造产业。

3. A类低空飞行服务站

河北自贸试验区正定片区A类低空飞行服务站计划分三期建设，一期主要在省军民融合办公室、华北空管局等部门的指导下，建设核心信息服务控制系统，选址在正定新区；二期主要搭建覆盖整个省会石家庄的信号接收基站；三期建设面向全省的信号接收基站，与首都北京形成低空飞行领域的互联互通服务。

4. 医疗健康产业孵化器项目

总投资7亿元，占地100亩，位于正定高新区。依托自贸试验区支持生物医药产业发展相关政策，进一步优化营商环境，完善园区功能，支持和满足医药健康产业发展需要，为园区企业搭建的制度性、公益性、智能化的服务平台，向企业提供发展的服务环境和空间环境，促进片区区内生物医药、医疗器械、医疗健康等产业的发展、集聚。

5. 金融创新及进口商品展示交易中心

总投资7亿元，占地62.9亩，位于正定新区，金融创新平台为商务办公聚集地，为科技型企业提供咨询、辅导、融资、上市等一站式金融服务解决方案，为京津冀地区技术转移、成果转化、金融协同创新提供承接平台；进口商品展示交易中心通过开展丰富多样的进口商品展销活动，完善了市场功能，有力地促进进出口贸易。

6.“一带一路”产业园

占地305.77亩，总投资约9亿元，位于石家庄综合保税区内，分为高附加值贸易加工区、先进装备制造区、中俄合作交流中心、国际物流中心等四大板块，面向欧洲乃至全球市场，实现“两平台一基地”功能，实现经贸、科技和产业合作平台功能，实现货物集散、中转和采购、分销的跨境交易平台功能，打造先进装备制造及进出口加工基地。

7. 数字产业园

重点发展方向涵盖物联网、区块链、大数据与云计算、人工智能、工业互联网及数字文创六个细分产业。重点引进专业的数字经济产业园区投资运营企业，孵化一批附加值高的名牌和龙头企业；招引数字经济领域领军企业，发挥核心带动作用促进产业集群式发展；同时引进重点科研单位，鼓励开展技术创新和理论创新，推动数字相关领域标准和规则的制定。

8. 高端装备制造产业基地项目

高端装备制造产业基地位于河北正定高新技术产业开发区北区，规划占地面积3500亩，是正定高新区内重点发展产业基地之一。基地内已有北京北摩高科摩擦材料股份有限公司、盾石磁能科技有限责任公司等一批高端制造装备企业入驻，可利用土地面积1500亩。

9. 节能环保产业基地项目

节能环保产业基地位于河北正定高新技术产业开发区，规划占地面积2600亩，是正定高新区内重点发展产业基地之一。基地内现有石家庄天略工业用布有限公司等企业入驻，可利用土地面积1000亩。基地以节能环保为核心，正欢迎国内外节能技术和装备、高效节能产品、节能服务产业、先进环保技术和装备、环保产品与环保服务等相关联企业入驻。

10. 佑仁生命健康产业科技创新园区项目

该项目由河北佑仁生物科技有限公司投资建设，占地60亩，位于石家庄综保区，项目投资总约6.4亿元人民币，项目主要规划建设国际生物医学技术转化与交流平台、国际生物医学技术研发平台、国际生物医学技术支撑保障平台等。是在综合保税区内建设科技研发中心的重要载体，为正定片区内生物医药产业开展国际研发合作提供平台支撑。

二、曹妃甸片区

（一）曹妃甸片区概论

2019年8月31日，中国（河北）自由贸易试验区曹妃甸片区正式挂牌。曹妃甸片区批复面积33.48平方公里，下辖综合保税区、新城、装备制造园区、新兴产业园区、临港商务区、中日生态园区、港口物流园区七个园区。曹妃甸专区作为河北省唯一的沿海片区，将发挥港口、交通、资源、土地等优势，重点发挥国际大宗商品贸易、港航服务、高端装备制造等产业，建设东北亚经济合作引领区、临港经济创新示范区。

（二）曹妃甸投资与促进政策

1. 支持国际大宗商品贸易发展

曹妃甸片区系统地涵盖了大宗商品交易场所、大宗商品贸易企业及期货交割库等各类市场主体，对迁入曹妃甸片区大宗商品交易场所给予财政奖励；鼓励国际大宗商品贸易企业发展，支持期货交割业务发展，针对在片区内期货交割库，按照交割货物数量给予财政奖励。

2. 支持航运及港航服务业发展

曹妃甸片区全面地涵盖了港航服务、航运经营、内外贸航线、多式联运等多个层面；对片区重点培育的港航服务企业给予高比例资金奖励，船舶落籍给予一次性落籍奖励，同时给予船舶贴息补助；吸引航运专业人才，鼓励发展“多式联运”，对获得省中欧班列奖励、开展“散改集”业务的物流企业给予财政奖励；鼓励发展内外贸航线，针对开通符合要求的航线的航运企业给予除省级奖励之外的额外配套支持。

3. 支持高端装备制造再制造产业发展

包含了新引进的高端装备制造企业、再制造企业，既有装备制造企业提升上下游产业链等全产业链发展支持，对迁入曹妃甸片区高端装备制造企业给予一次性落地奖励外，正常运营后按其地方财政贡献率给予高比例资金奖励；通过工信部再制造产品认定的，给予认定奖励；通过省级认定的再制造装备纳入重大技术装备首（台）套的，给予财政奖励；鼓励既有装备制造企业创新发展，支持高端装备制造产业链配套企业集聚发展。

4. 支持能源储配产业发展

针对能源储配企业、保税燃料油供油企业及行业龙头给予特殊支持。给予能源储配企业经营奖励，按其地方财政贡献率给予高比例资金奖励；支持保税燃料油供应企业发展，鼓励引进能源储配龙头企业，对在片区内设立总部、一级子公司的能源储配龙头企业，给予土地税收、落地、经营贡献等配套奖励支持。

5. 支持金融业发展

涵盖各类金融机构落地、拓展跨境业务、支持区内重点产业等各方面内容。鼓励金融机构落户发展，新设、变更、升格或迁入曹妃甸片区开展实际经营的金融企业法人及分支机构给予一次性落地奖励，支持开展跨境金融业务，对区内开展跨境融资的企业以及开展跨境融资业务的金融机构，按融资规模给予奖励，推动金融支持区内重点产业发展，为大宗商品贸易企业开具进口信用证的金融机构，按照用信规模给予奖励等。

6. 支持重大项目落地

支持大型境外企业投资，大型境外企业来曹妃甸片区投资实际利用外资达到标准后给予财政补贴；大力引进国际竞争力企业，针对在片区设立结算中心或财务中心的大型企业，给予财政奖励；支持服务贸易和服务外包企业开拓发展。新引进片区的境外服务企业，缴纳的增值税及企业所得税地方留成部分给予高限额的税收返还；针对服务贸易企业，按照其业务总额给予财政支持；对符合条件的专业楼宇给予财政奖励；对升级为规模以上的服务贸易企业给予财政奖励。

7. 支持人才队伍建设

加强片区干部人才建设，全市范围选拔优秀青年干部到片区任职，选派市直经济部门优秀干部到片区挂职，加强与其他自贸片区人才双向交流机制。将符合条件的片区人才，全部纳入“凤凰英才计划”政策支持范围。探索柔性引才机制，面向国内先进地区吸纳丰富经验高层次人才，实行“假日人才”模式，给予兼职薪酬，开通片区高端人才职称评审绿色通道，赋予片区内具有评审能力的企事业单位职称评审权。

（三）曹妃甸园区建设

1. 自贸片区临港园区

曹妃甸自贸片区临港园区面积2.1平方公里，是集生活服务、生产服务于一体的城市功能服务区。园区聚焦以下4类项目投资发展。一是面向大宗商品交易场所、国际大宗商品进出口贸易及期货交割，船代货代、船舶管理、航运保险等港航服务企业，打造以煤炭、钢材、铁矿石为主的大宗商品贸易与港口加服务企业的集结地。二是面向世界、中国、民营500强企业、知名企业，打造商业综合体与企业总部的福地。三是面向国内外知名供应链企业，打造现代仓储物流与生产加工企业的汇集地。四是面向外资银行、保险、证券、融资租赁等现代金融机构，打造金融、类金融企业的高地。

2. 综保区

综保区作为曹妃甸片区的核心区，是海关特殊监管区域，开放程度最高、功能最全、通关最便利，享有综合保税区、跨境电商综试区、自贸试验区三区政策的叠加优势。口岸资质数量在全国综合保税区中位居前列。产业优势上，依托支柱产业，打造北方钢材、木材进出口加工区、跨境电商核心区、北方水果集散地。其中整车、水果、肉类、粮食等口岸资质产业竞相迸发，产业优势明显。在基础设施优势上，土地资源储备充足，曹妃甸综保区规划面积9.1平方公里，其中海关特殊监管区城面积4.59平方公里。建有总建筑面积53万余平方米的双创中心、进口商品体验中心、冷链物流仓储库等设施，可为企业提供良好的投资条件。截至2020年5月，两个通用泊位已经建成并稳定运营，成功开通了天津港外贸内支线、日本直航航线、韩国直航航线。

3. 曹妃甸新城

曹妃甸新城整体规划面积74.3平方公里，拥有12.8公里内海岸线和滨海森林公园，七条河流贯穿南北，被列为全国首批绿色生态城市，城市路域交通便利、海运潜力巨大。新城作为“一港双城”核心承载区，坚定不移地发展产城融合的发展之路。新城是人才培养基地和创新创业摇篮，拥有华北理工大学等多所高校，每年可供科研人才和毕业生1万多人。新城将重点引进多种生产性服务业，建设开放、活力、宜居的高品质、现代化、国际化滨海之城。

4. 新兴与中日两园区

新兴与中日两园区总体规划面积39.9平方公里，拥有深水岸线4.4公里，是京津冀协同发展先行起步区、中日韩循环经济示范核心区。截至2020年5月，园区累计完成投资超过600亿元，形成了以北京东邦门业、易创集成房等29个项目为依托的绿色节能建筑材料制造产业板块；以量子材料、精冶源等25个项目为依托的尖端科技产业板块；以盈和瑞高端环保设备、尚上方再生资源利用等23个项目为依托的先进环保产业板块；以城建重工、唐鸿重工、环达汽车等6个项目为依托的新能源汽车产业板块，产业集聚效应已初步显现。

5. 曹妃甸片区装备园区

曹妃甸片区装备园区规划面积103平方公里，其中16平方公里划入曹妃甸片区，拥有15公里岸线，可规划5万至7万吨级泊位60个。截至2020年5月，已建成专业木材码头、散装货码头、海上作业支持码头16个；已成功引进华电重工海上装备、中石油海上作业基地、中林集团木材等运营企业150余家。重点建设大型临港重型装备、高端智能装备、海工工程装备产业及工程机械、工业机电设备、数控机床、矿采机械、石油钻采产业。园区加快推进大宗商品贸易产业，将依托曹妃甸片区现有贸易产业，大力开展木材、煤炭、钢铁、天然气等大宗商品现货交易，建设大宗商品期货、保税交割仓库等产业。

三、雄安片区

（一）雄安片区概述

2019年8月30日，中国（河北）自由贸易试验区雄安片区正式挂牌，雄安自贸试验片区共33.23平方公里，按照国土空间分布，区内由东向西，依次展开昝岗片区、朱各庄小镇、启动区、容东片区等4个区域，全部为雄安新区优先启动建设区域。其中昝岗片区、容东片区的实质性开工建设已经展开，雄安自贸试验片区将通过正在和即将建设的与北京、天津和周边城市、大兴国际机场之间的轨道交通网络，以及高速公路干线公路网络，完善区域综合交通网络，高效融入轨道上的京津冀，汇集人流、物流、资金流和信息流等要素资源，重点发展新一代信息技术、现代生命科学和生物技术、高端现代服务业等三大产业，实现产城融合、职住均衡、以水定产、以产兴城的规划目标。

（二）雄安片区投资与促进政策

1. 开放共享的制度环境

设立综合保税区，应用广泛布局的智能基础设施和智能化感知体系，打造智慧化贸易监管新模式，建设“智慧海关”；建设国际科学共同体或科技组织总部，建设“一带一路”相关国际合作平台；建设数字商务发展示范区，建设从雄安片区到国际通信业务出入口局的直达数据链路。建立影视、游戏和音乐等数字内容加工与运营中心。建立大数据资产评估定价、交易规则、标准合约等政策体系。支持开展数据资产管理、安全保障、数据交易、结算、交付和融资等业务；推进生命科学与生物技术创新发展。鼓励企业进行免疫细胞治疗、单抗药物、基因治疗、组织工程等新技术研究，允许企业依法依规开展新型生物治疗业务。建立人类遗传资源临床试验备案制度。支持雄安片区建设基因数据中心。

2. 持续优化营商环境

实行“一枚印章管到底”全贯通行政审批与政务服务模式。线下实现一窗通办，企业登记、刻章备案、申领发票一次性提交材料，线下最短一个工作日拿到营业执照，两个工作日可完成刻章备案、发票申领。线上使用“京津冀+雄安（3+1）”政务服务“一网通办”政务服务平台，能够实现三地身份互认、数据共享和证照互认。

3. 汇集多方创新资源

本地资源上，拥有世界一流研究型大学，并与国际高端职业教育机构合作建设新区职业院校；在聚集人才资源上，以增加知识价值为导向的薪酬分配制度，对特殊人才实行特岗特薪；吸引国际人才方面，建立外籍高层次人才申请永久居留和工作居留直通车制度，建立与国际规则接轨的人才管理、投融资、股权激励、成果转化、离岸创新创业等制度，放宽人力资源服务机构外资准入条件。

4. 提供均衡优质的公共服务

教育方面，北京援建的“三校”启动建设。医疗方面，建设集临床服务、医疗教育、医学科研和成果转化为一体的医疗综合体、国际一流、国内领先的区域卫生应急体系和专科医院、15分钟基层医疗服务圈和健康医疗大数据应用中心。住房方面，实行多主体供给、多渠道保障、租购并举的住房制度和房地产市场调控长效机制。吸引各类社会主体参与雄安新区住房开发建设，设立住宅政策性金融机构，探索住房公积金制度改革。

（三）雄安项目建设

雄安自贸试验片区紧紧围绕高标准高质量建设雄安新区和积极承接北京非

首都功能疏解要求，重点建设三个功能区。

一是建设高端高新产业开放发展引领区，重点发展生物医药，结合生命科技大数据人工智能技术发展生命科技产业。

二是建设数字商务发展示范区，依托互联网专用通道和数字化贸易综合服务平台，探索数据资产国际贸易规则制定，基于区块链等技术的大数据可信交易引领物联网人工智能大数据等产业快速发展，应用广泛布局的智能基础设施和智能化感知体系，打造贸易监管新模式，建设“智慧”海关。

三是建设金融创新先行区，探索数字货币试点和数字身份、数字诚信建设，借助监管沙盒试点探索金融科技深入应用，培育环境权益交易市场，支持股权众筹先行先试。雄安自贸试验片区建设具有独特优势，雄安自贸试验片区与雄安新区同步规划同步建设，与交通网络产业布局充分契合，能够更加有效汇集要素资源。

雄安自贸试验片区与数字经济金融改革、生物医药等国家级改革创新任务有机融合，享有更广阔的改革空间和更有力的政策保障。雄安自贸试验片区，能够借助雄安新区数字孪生城市建设优势，推动数据融合汇聚，创新性发展国际贸易新业态。

四、大兴机场片区

（一）大兴机场片区概述

中国（河北）自由贸易区大兴机场片区规划面积19.97平方公里，其中，廊坊区域10平方公里，是我国首个跨省级行政区设立的自贸试验区，是落实打造国家发展新动力源的重要支撑。围绕建设国际交往中心功能承载区、国家航空科技创新区、京津冀协同发展示范区的总体定位，聚焦打造世界一流航空城的目标。大兴机场片区立足国际交往中心功能承载区、国家航空科技创新引领区、京津冀协同发展示范区、高端高新产业集聚区、制度型开放高地的发展定位与目标，规划了航企服务岛、健康生命岛、科技活力岛、综合保税区、航企及物流企业运营区、战略物流储备区等6大功能区。

（二）大兴机场片区投资与促进政策

审批事项上做减法，设立企业开办服务专区，全面推行一窗受理、并行办理、一网通办。在线下，将企业注册登记、涉税办理、印章刻制、银行开户等企业开办全流程业务，整合到企业开办综合服务平台，做到了一个大厅集成办理，实现了企业开办只进一扇门，最多跑一次，全流程一日办结。

快速办理上做乘法，在项目落地方面，针对自贸试验区的基础设施和公共服务项目，推行一会三函审批改革，探索实行标准地加承诺制，对工程建设项目进行合理分类，规范审批事项，实行联合审图和联合验收，实行区域评估告知承诺，分类制定审批流程等一系列措施，实行异常接见、容缺受理、并联审批、限时办结的审批模式，进一步减少审批环节，提高办事效率。截至2020年5月，工程建设审批时限压缩到58个工作日以内，其中社会投资简易低风险项目审批时限压缩至20日以内，营商环境得到了持续优化。

优化服务上做加法，一是全面实行告知承诺制，进驻自贸试验区的政府服务中心的全部事项，所有环节涉及安全、环保等重要审批条件、服务关键审批材料除外，均实行告知承诺，容缺审批，并提供全事项全流程的领办、帮办和代办；二是最大限度推行即时、即来、即办，立等可取，按照“急办事常态，非急办是例外”的原则，全面梳理政府服务事项，编制非急办件清单，实行动态管理，进一步压缩办理时限；三是探索不打烊服务，进一步完善午间预约办件，下班延时服务、专场服务、上门服务等措施，不断完善24小时服务范围和领域；四是提升政务服务智能化水平，加强互联网+政务服务信息平台建设，探索搭建窗口服务评价、微信预约取号等掌上服务平台，运用云计算、大数据、智慧城市等先进技术手段推动服务审批线上线下相结合，方便企业和群众办事，行使否决权必须得到批准，并给予合理的解释与引导，全面优化政务服务，大力改善投资环境，降低市场运行成本。

（三）大兴机场片区建设

1. 综合保税区

本项目占地1.75平方公里，将建立覆盖保税物流、保税贸易、保税维修、保税加工及研发等全产业链的综合保税区，旨在通过建设出口监管仓库、保税仓库、物流分拨中心、大宗商品线上交易平台、高端消费品保税展销大厅等，吸引外商投资，扩大对外贸易。

2. 高端服务国际金融中心项目

国际金融中心项目占地1.2平方公里，聚焦金融领域，重点关注金融总部跨境投融资综合服务平台、基金管理公司等机构，旨在通过构建跨境人民币创新试验区，引进创新型金融机构和要素交易平台，提升区域配置全球金融资源能力，推动区域产业结构的跨越升级。

3. 航空物流项目

航空物流项目占地面积2.2平方公里，聚焦冷链物流、高价值物流、跨境电商领域，重点建设航空物流总部、区域物流结算中心、国际物流运营中心、国际冷链物流中心，旨在发挥北京大兴国际机场的独特区位优势，推动物流服务与制造、贸易、金融等行业深度融合，打造国际航空物流枢纽。

4. 生命健康项目

生命健康聚焦精准医学、基因工程、数字影像等领域，重点发展生物医药、高端医疗设备、医疗服务等领域，旨在整合全球高端生物技术创新资源，推动区域生命健康产业加快发展。

以上四类招商重点，将采用国际招标合作、开发特许经营、国际产能合作、全球技术引进、政府和社会资本合作股权基金等方式，引进具备项目投资建设运营经验的合作伙伴。

第三节　河北自贸试验区的成功实践

一、大兴机场片区

（一）综保区区域一体化运营管理新机制

作为全国首个正式批复的跨省市综保区，大兴机场片区综合保税区京冀两地围绕破解协同管理运营机制障碍，实施“一个海关监管机构全权负责，一个管委会统筹管理，一个平台统筹运营、分建统管、协商分配”的一体化运营管理新机制。其中，“一个海关监管机构全权负责”是指定由一方海关牵头负责综保区的日常监管；“一个管委会统筹管理”是指京冀联合构建一个管委会来统筹负责日常管理；“一个平台统筹运营”是指由大兴区、廊坊市及首都机场集团三方共建一个综保区平台公司统筹负责日常运营；“分建统管”模式是指在建设初期对建设分工内容及管理标准进行统一；“协商分配”机制是指公开透明针对税收分成、进出口贸易成效共享等事宜开展定期协商。通过前述五方面创新，有效构建起了特色鲜明、运营流畅、管理高效的一体化运营管理新机制。

针对协同管理运营机制障碍相关问题，综保区域一体化运营管理新机制进行如下五个方面的有效创新：一是监管机制创新，通过实施“一个海关监管机构全权负责”，有效解决了跨省市综保区海关监管权限分散的问题；二是管理载体创新，通过实施“一个管委会统筹管理”，有效解决了跨省市共管过程中事项权责及口径不一的问题；三是运营机制创新，通过实施“一个平台统筹运营”，有效解决了跨省市管理过程中多载体难协同的问题；四是管理模式创新，通过实施“分建统管”模式，有效解决了管理初期双方在基础设施建设领域面临的实施标准不一的问题；五是分配机制创新，通过实施“协商分配”机制，有效解决了跨省市综保区在利益分配方面的矛盾问题。

基于综保区区域一体化运营管理新机制，京冀两区域共同探索了统一的运营思路，并探索建立起全国首个“一个系统、一次理货、一次查验、一次提离”的高效通关监管模式；在提升整体管理效率方面，京冀两地协同推动了保税物流、保税服务、保税研发、保税加工等领域近30个外向型发展项目顺利落地，并就项目未来的发展配套达成了统一的管理思路。

（二）大机制打造京津冀协同发展示范样板

河北自贸试验区立足实施京津冀协同发展战略，积极加强与天津自贸试验区、大兴机场片区（北京大兴区域）的协同联动，通过建设“载体、体制、规划、工作”四大协同机制、签署《津冀自贸试验区战略合作框架协议》等工作，深化京津冀协同发展，实现大兴机场片区廊坊区域与大兴机场片区大兴区域共商共建共享，形成区域协同开放、联动发展的新格局。河北自贸试验区大兴机场片区作为我国首个跨省级行政区域设立的自贸试验区片区，在双方共同成立的自贸试验区推进工作领导小组指导下，积极强化协同顶层设计，推动联动机制创新，汇聚加快发展合力，打造京津冀协同发展的示范样板。

一是在载体协同方面，共同打造大兴机场片区、片区内含跨行政区域的综合保税区，以及片区外接跨省级行政区域的大兴机场临空经济区等多层次协同发展、联动创新平台。二是体制协同方面，共同成立河北自贸试验区推进工作领导小组，推动组建综合保税区、临空经济区联合管理委员会，大兴、廊坊区域的自贸片区管理委员会分别与该区域临空经济区管理委员会实行“一套人马，两块牌子”。三是在规划协同方面，共同构建临空经济区、自贸试验区和综合保税区等多层次的规划体系。四是在工作协同方面，共同建立工作一体安排、制度协同创新、招商统一开展、培训共同组织的全方位的协调推进机制。

二是提升了大兴机场片区对外整体影响力。大兴机场片区廊坊区域和大兴区域通过共同参加2019年在上海、深圳等地举办的自贸试验区招商推介会等活动，吸引了海内外大批投资者的关注，在国内外产生了广泛的影响。二是落地了一批产业错位发展的高端高新项目。大兴机场片区廊坊区域和北京大兴区域通过加强基础设施建设，引进了符合双方发展定位的南航祥翼华北基地、海航冷链物流、顺丰华北智慧物流、新奥产业研究院等一批高质量项目，产业集聚效应逐步明显，发展能级进一步提升。三是形成了推动重点领域协同发展的工作合大兴机场片区廊坊区域和大兴区域坚持一体规划、一体建设、一体管理，在政策统一、规则一致、执行协同和突破关键领域行政壁垒等方面开展了实质性合作，形成了协同推进、分工协作的区域发展新格局。

二、曹妃甸片区

（一）“铁矿石保税筛分”完成全国首票测试

在石家庄海关所属曹妃甸海关监管下，存放于保税仓库的5000吨铁矿块成功筛分，标志着这一创新举措在中国（河北）自由贸易试验区曹妃甸片区成功。

“铁矿石保税筛分”，是指在海关保税监管场所内以保税模式开展铁矿石不同粒级筛分的分级分类简单加工业务。受开采及运输条件的限制，进口铁矿石在开采、运输、卸船环节会有部分破碎，平均粒度和品质难以完全符合钢铁企业要求，需要进行筛分后供给国内企业使用。此前，国内企业实施的铁矿石筛分一般在货物通关完税后进行。由于不同炼钢企业对于铁矿石粒度、品质要求有所不同，筛分后的铁矿石不能被全部生产利用，导致进口铁矿石使用率降低，企业成本增加。

石家庄海关相关负责人表示，“铁矿石保税筛分”将筛分环节前移至保税仓库，不仅能提高保税仓库利用率，还能为国内钢铁企业提供更多的供货渠道，降低国内钢铁企业物流成本，优化进口矿石交付质量，更好地服务国内炼钢企业首票“铁矿石保税筛分”测试的完成，将助推港口业务多元发展，促进港口转型升级，进一步增强曹妃甸港区外贸发展竞争力。

（二）大数据+船舶交通智能服务系统、海事静态业务“两集两同”办理新模式两项创新案例抄送全国

1. 大数据+船舶交通智能服务系统

曹妃甸片区围绕功能定位大力发展港航服务，加速智慧海事网络与信息化建设进程，创新应用信息感知、模式识别、视频检测、数据处理、决策支持等大数据分析技术，打造“预警提醒、信息交互、安全运行、服务保障”四大系统，构建了涵盖水域锚地、航道、天气和水文环境的新型智慧交通管理服务体系，建立了船舶进出港安全风险评估与应对新标准，首创了“大数据+”船舶智慧交通服务系统，实现港口运输高效化和港口管理智能化。目前，曹妃甸片区已建成完全拥有知识产权的船舶智慧交通服务系统。此系统拥有船舶抵港锚位自动推荐、船舶进港计划自动排序、船舶进港航行时间自动推算、船舶进出港航路监控、气象预警信息推送等一系列先进实用的功能，可为到港船舶提供全过程，全方位服务，在提高海事监管能力和海事服务保障能力方面取得了积极成效。

据了解，曹妃甸具有通航环境复杂，统一协调管理难度大等特点。伴随“智慧交通”系统的运行使用，提高了海上交通组织效率，强化了海上交通安全保障能力。曹妃甸片区成立以来，商船进出港艘次同比增长22%，安全监管货物装卸量同比增长16%，辖区码头业主单船备车等待时间减少15分钟以上。曹妃甸港及附近水域未发生等级以上事故，所有事故直接经济损失总量同比下降54.2%。此外，“智慧交通”系统搭建了船舶交通服务中心、引航站、港口调度、船舶代理的信息分享平台，船舶进出港动态“列车时刻表”式信息公开功能，使码头业主、船舶、其他航运服务管理机构能够实时了解港口的船舶动

态和计划，有效提升了船舶信息服务效率，提升了企业和群众获得感。

2. 海事静态业务“两集两同”办理新模式

实施海事静态业务集约化办理，成为全省范围内首次尝试全部海事政务服务事项进驻地方政务服务中心的海事机构。深入推进“放管服”改革，在全国海事系统创造了海事静态业务“两集两同”办理新模式，首次将交通运输部下放的和分散在河北海事局、曹妃甸海事局及下设海事处的海事动态执法之外的所有39项静态业务调整到曹妃甸片区政务服务大厅办理，实现了集中办公、集约办理；首次将9类17项海事静态业务的办理模式由串联审批改为并联办理，实现了同时受理、同步审核。走进曹妃甸自贸片区政务服务大厅，可以看到海事业务窗口有统一的窗口外观形象标识，了解到统一的服务机制、统一的办理标准、统一的服务规范、统一的便民措施，这就是政务窗口的“五个统一”。企业群众在政务窗口均可享受到高效便捷、流程规范、体验一致的无差别服务。

第五章

自贸试验区建设与京津冀交通一体化

第一节　打造轨道上的京津冀

2014年2月26日，习近平总书记在听取京津冀协同发展工作汇报时强调，实现京津冀协同发展是一个重大国家战略，要坚持优势互补、互利共赢、扎实推进，加快走出一条科学持续的协同发展路子。

京津冀协同发展战略的重要内容之一，就是要推进“三个一体化”——即交通一体化、要素市场一体化和公共服务一体化 。在这三个一体化任务中，交通一体化是先行领域，是区域协同发展的重要前提条件和基础条件，也是优化城市群空间格局的重要基础。没有通畅的交通作为支撑，无论是人流还是物流，都很难做到有序、高效、通畅的流动，其他协同发展也就很难实现。

京津冀三地协同发展，首先必须打造现代化的交通网络，在交通上实现无缝对接。进行交通基础设施的衔接，突出构建快速、便捷、高效、安全、大容量、低成本的互联互通综合交通运输网络，将打造“轨道上的京津冀”作为京津冀交通一体化的核心。契合绿色生态、低碳集约发展模式的“轨道上的京津冀”战略越来越深入人心，同时京津冀上的轨道交通也将成为城市群之间联系的主导交通方式和空间结构的主骨架。

应努力推动设立“轨道上的京津冀”专项建设资金，将具有通道功能的城际铁路、区域性干线纳入国家铁路规划由国铁集团主导实施，推动将张家口至保定至黄骅港、张家口至保定至石家庄、衡水至濮阳至潢川、张家口至承德铁路等项目列入国家级相关规划。建设现代化综合立体交通网络，打造“南北贯通、东出西联”的大交通格局，实现市市通快铁、县县通高速、市市有机场。积极发展城际铁路和城市轨道交通，加快建设京唐、京衡、石济等快速铁路。

着力推进交通一体化发展，推动北京平谷线等京津市域铁路和城市轨道交通向河北省延伸，积极谋划亦庄至廊坊、房山至涿州、大兴至固安、通州至燕郊轻轨项目建设。完善公路交通网络，打通高速公路“断头路”，拓宽国省干线“瓶颈路”。基本形成区域一体化交通网络，构建中心城市与卫星城半小时交通圈、京津冀核心区域1小时交通圈、相邻城市间1.5小时交通圈。北京、天津和石家庄城市轨道交通进入站内换乘时代，实现1小时到达，实施公交化收费标准，京津冀城市交通实现一卡通。按照“直线三角形”交通连接模式，进一步完善城镇居民点体制之间的交通网络体系，为构建区域经济社会一体化打下更好的互联互通的基础。

一、完善畅达高效的高速（城际）铁路网

河北省计划加快建设“轨道上的京津冀”，强化石家庄、雄安新区铁路交通枢纽地位，打造以京津石雄为核心的“环射型+网络化”高速铁路网，拓展与周边省份便捷联系，强化与长三角、粤港澳大湾区等城市群的联通。

制定实施“十四五”铁路专项规划，到2025年之前，建成京唐城际、津兴城际、石衡沧港城际等项目，开工建设雄商高铁、雄忻高铁、津潍高铁，积极推动石雄城际、聊邯长高铁项目前期工作，着力完善京九、邯济–邯长、津雄保忻等通道，预期高速铁路（含城际铁路）达到2500公里左右。到2035年，预期高速铁路（含城际铁路）网总里程达到4000公里左右。“六纵六横一环”综合运输通道畅通高效，网络化程度及各类交通设施配置更加合理。

同时，要加快既有设施智能化。利用新技术赋能交通基础设施发展，加强既有交通基础设施提质升级，提高设施利用效率和服务水平。运用现代控制技术提升铁路全路网列车调度指挥和运输管理智能化水平。

二、优化能力充分的普速铁路网

对于距离短、运量需求大的领域，普速列车相对高速列车拥有着运量足、经济效益强等优势，因此，除了加强高速（城际）铁路网的建设，也要进一步完善现有普速铁路网。优化调整运输结构，推进多式联运型物流园区、铁路专用线建设，形成以铁路、水运为主的大宗货物和集装箱中长距离运输格局。

河北省将加快区域性新线路的建设与干线铁路的改造，强化河北与周边省（区、市）联系，提高均等化服务水平；加快各类铁路专用线建设，促进运输结构调整。2025年前，建成投产和邢铁路，完成京通铁路等电气化改造，推进太锡铁路等项目建设，预期普速铁路达到6600公里左右。到2035年，普速铁路网总里程达到7000公里左右。

同时，为完善面向全球的国际运输网络，深度融入“一带一路”建设，围绕陆海内外联动、东西双向互济的开放格局，应继续大力建设河北至俄罗斯、欧洲、中亚等地的中欧（亚）班列。围绕国际货运班列枢纽节点打造一批具有多式联运功能的大型综合物流基地。以河北自贸试验区正定片区为例，正定将加快整合中欧班列，打造中欧班列区域集结中心。积极对接“一带一路”倡议，加快拓展现有中欧班列业务，加密班次，延长线路，增加货运量，开通至中亚和东南亚国际班列，切实提高中欧班列的服务能力和辐射范围。建设省内中欧班列区域集结中心。发挥省会优势，整合全省国际班列线路资源，加强国际班列运营合作，推动建立中欧班列联盟。加大与省外重要物流枢纽节点如郑州的合作力度，科学优化中欧班列线路，着力打造国际陆港网络的重要节点。

三、打造便捷通勤市域（郊）铁路和城市轨道网

（一）市域（郊）铁路与城市轨道网发展现状与问题

随着轨道交通基础设施快速发展，城际铁路网和城市轨道网缺乏有效的整

合与对接，城市群范围内的轨道交通系统功能结构与组织层次没有理顺，市域（郊）铁路发展不完善，无法满足京津冀一体化和河北自贸试验区发展的需求。具体来看，随着我国新型城镇化快速推进，城市群逐渐成为我国城镇化发展的主体形态，大量的周边人口迅速向中心城市聚集，城市群内部联系日益突出，催生了巨大的交通需求，既有的"铁路+城市轨道交通"发展模式已经难以适应城镇化的变化带来的新需求。

面对城市圈内新增的巨大通勤需求，建设市域（郊）铁路是行之有效的解决办法，市域（郊）铁路从运行速度、辐射范围、服务对象等方面考虑，都能够满足城市圈的通勤出行需求。城市圈在空间尺度上数倍于内部的中心城市，人口分布呈"内紧外松"状，城市圈外围的人口和产业分布密度远低于中心城市，但圈内各类城镇之间的联系紧密程度又远高于城市群其他城市，典型表现为存在大量通勤需求。同时，新增的城际通勤人口大多在中心城市就业，这些从周边大量涌入城市的劳动力也给市内轨道交通带来了巨大压力，为缓解这一压力，就必须继续建设完善现有城市轨道网。因此，河北省应按照需求导向、效益为本的原则，有序开展市域（郊）铁路和城市轨道交通规划建设，构建城市中心城区与周边城镇组团间的通勤化轨道交通系统。

（二）市域（郊）铁路与城市轨道网发展规划

到2025年之前，基本建成石家庄市城市轨道交通主骨架，重点谋划石家庄市中心城区至新三区（藁城、栾城、鹿泉）市域铁路和城市轨道交通二期建设规划，推动邯郸、唐山等市利用既有铁路资源开行市域（郊）列车。到2035年，石家庄市、唐山市基本建成多模式衔接的轨道交通系统，推动具备条件的环京市县与北京城市轨道交通便捷衔接。

计划到2035年，全省形成以5条纵向线路、4条横向线路和1条环首都线为骨干的高铁网络。其中，纵向分别为秦皇岛—唐山—天津—沧州（沿海通道）、廊坊—天津—沧州（京沪通道）、承德—唐山—天津（区域铁路连接线）、北京—保定—廊坊—雄安新区—衡水—邢台［京港（台）通道］、承德—北京—保定—石家庄—邢台—邯郸（京哈—京港澳通道）；横向分别为秦皇岛—唐山—北京—张家口（京兰通道、区域铁路连接线）、天津—廊坊—雄安新区—保定—忻州（京昆通道、区域铁路连接线）、沧州—衡水—石家庄（青银通道、区域铁路连接线）、聊城—邯郸—长治（区域铁路连接线）；环首都线为密云—平谷—香河—固安—涞水—怀来—密云，高速铁路对全省人口覆盖能力显著提升。

第二节　助力公路交通一体化

公路交通作为铁路交通的有效补充，对于经济发展具有很强的促进作用，对区域间经济联系起到了尤为重要的作用，完善的公路交通网有利于河北自贸试验区与其他区域以及试验区内部各片区的互联互通，满足对物流运输和人员流动的需求。加强建设京津冀公路交通一体化是京津冀交通一体化建设的重要组成部分。

同时，要推进交通运输体系的绿色低碳发展，促进交通基础设施与生态空间协调，最大限度保护重要生态功能区、避让生态环境敏感区，加强永久基本农田保护。实施交通生态修复提升工程，构建生态化交通网络。加强科研攻关，改进施工工艺，从源头减少交通噪声、污染物、二氧化碳等排放。加大交通污染监测和综合治理力度，加强交通环境风险防控，落实生态补偿机制。加强可再生能源、新能源、清洁能源装备设施更新利用和废旧建材再生利用，促进交通能源动力系统清洁化、低碳化、高效化发展，推进快递包装绿色化、减量化、可循环。

一、完善多向互联的高速公路网

系统谋划和实施一批重大项目，重点加强与周边省（区、市）通道联通，提升京津冀互联互通水平，优化省域内高速路网结构，加快重要通道扩容，推动互通及连接线建设，提高便捷出入能力。高标准、高质量建设雄安新区、张北地区、北京城市副中心等区域高速公路网。

到2025年之前，建成京秦高速遵化至秦皇岛段、青兰高速涉县至冀晋界段改扩建、首都地区环线高速公路承平段等项目，建设实施衡昔高速、曲港高速大广高速至京台高速段、荣乌高速沧州段改扩建等项目，推动雄郑高速等项目研究工作，改造新建80个左右互通及连接线项目，高速公路通车里程达到9000公里左右。到2035年，高速公路里程达到1.1万公里左右，县级行政中心基本实现15分钟上高速。

二、优化便捷可靠的干线公路网

调整修订《河北省普通干线公路网布局规划》，进一步强化省际普通干线公路对接，加强与京津间路网联系，加快省域内路网结构优化和能力提升，支持绕城公路建设，提高普通干线公路服务水平和通行能力。加快既有设施智能化。利用新技术赋能交通基础设施发展，加强既有交通基础设施提质升级，提高设施利用效率和服务水平。推动公路路网管理和出行信息服务智能化，完善道路交通监控设备及配套网络。推进智慧公路建设，全方位布局交通感知系统。依托雄安新区推动人工智能、网联化运载工具和装备等研发应用。支持自动驾驶技术交通运输行业研发中心等创新平台建设，推动智能网联汽车与智慧城市协同发展，建设城市道路、建筑、公共设施融合感知体系，打造基于城市信息模型平台、集城市动态静态数据于一体的智慧出行平台。推动交通网与运输网、信息网、能源网融合。

到2025年之前，建成G101（京冀界）至偏桥段、G307衡水市段等项目，开工建设S215冀津界至南大港段、G106馆陶绕城段等项目，普通干线公路里程达到2.2万公里，建成延崇、京雄等智慧公路。到2035年，普通干线公路里程达到2.9万公里左右，乡（镇）行政中心基本实现15分钟上干线公路，京津冀地区一体化出行服务体系全面建成，雄安新区智能交通发展水平全国领先，骨干网智慧公路全面建成，交通基础设施数字化率达到90%。

三、建设安全便捷的农村公路网

落实《农村公路中长期发展纲要》，编制河北省农村公路中长期发展规划。持续推进“四好农村路”建设，加快乡镇通三级路、建制村通等级路、较大人口规模自然村（组）通硬化路，积极推进连乡通村道路提级改造和窄路基路面拓宽改造，支持旅游路、产业路、资源路建设，加强农村公路安全防护设施建设。到2025年之前，建设改造农村公路3万公里，总里程达到19万公里左右。到2035年，基本建成联通城乡、进村入户、舒适畅行的农村公路网。

第三节　京津冀世界级机场群建设

河北省现有6个机场，分别是石家庄正定机场、秦皇岛北戴河机场、唐山三女河机场、张家口宁远机场、邯郸机场、承德普宁机场。北京有6个机场。分别为西郊机场、南苑机场、沙河机场、良乡机场、大兴国际机场、首都国际机场。加上天津的3个机场，京津冀区域内具备建设世界级机场群的良好基础。

为推动落实国家层面统筹谋划京津冀世界级机场群协同发展的政策措施，对石家庄机场在空域资源、航线资源、时刻资源等方面和河北省支线航线网络布局给予支持，对支线航班时刻不纳入机场航班时刻控制总量。合理确定京津冀机场分工，提升首都机场、大兴机场的国际枢纽功能，协调有序推进首都机场、大兴机场国际、国内中小城市航线向石家庄机场疏解。

一、优化全省民用机场布局

（一）推进北京大兴国际机场临空经济区建设

充分利用区位优势，综合交通优势和科技、人才、产业资源等优势，加强规划引导和政策扶持，系统整合现有资源，不断优化布局结构，将大兴临空经济区建设成为北方国际航空枢纽、京津冀协同发展示范区。充分发挥北京大兴国际机场作为国家发展新的动力源作用，辐射雄安新区，服务京津冀协同发展。

围绕航空物流、科技创新、服务保障三个功能片区，以航空服务业、总部基地、跨境电子商务、电子信息制造、生物医药、综合保税、科技金融、国际会展等高端产业为主要产业形态，构建临空经济产业体系。

营造国际化营商环境。发挥临空经济区、自贸试验区、综合保税区三区叠加的政策优势，简化审批流程，提高审批效能，创新审批服务机制。采用“键对键”的招商方式，开展“证照分离”改革全覆盖试点工作。实行产业准入清单制度，完善土地供应、投融资、财税、人才引进、政府服务等领域的政策，建成引领国内航空枢纽经济的强大引擎、支撑内陆开放的高端平台、汇聚全球创新人才的价值高地，为打造“国家发展新动力源”提供有力支撑。

（二）提升石家庄正定国际机场区域航空枢纽能级

加快推进石家庄正定国际机场总体规划修编，提升石家庄正定国际机场区域航空枢纽能级。优化环京津、冀中南地区支线机场布局，有序推进全省通用机场规划建设，促进支线航空和通用航空协调发展。将石家庄机场打造成国内中小城市、东南亚国家城市进出北京的中转枢纽。提升石家庄机场空铁联运水平，将石家庄机场打造成为空铁联运示范工程，增加京广高铁正定机场站停靠车次与票量，推进民航与铁路信息共享、销售系统对接，建设空铁联运一站式购票平台，进一步提升空铁联运服务水平。加快推进机场建设重大项目，推动落实河北实施石家庄机场改扩建、承德机场改扩建、新建沧州机场、续建邢台褡裢军民合用机场等项目，谋划建设雄安新区公务机机场。加快既有设施智能化，利用新技术赋能交通基础设施发展，加强既有交通基础设施提质升级，提高设施利用效率和服务水平。发展新一代空中交通管制系统，推进空中交通服务、流量管理和空域管理智能化，推进各方信息共享。

在2025年之前，建成通航邢台军民合用机场，实施秦皇岛、承德、唐山、邯郸等机场改扩建，加快新建沧州机场项目前期工作，推进张北、威县、平乡等一批通用机场建设，运输机场达到7个，旅客吞吐能力达到3000万人次；通用机场达到23个。到2035年，规划形成“一枢十支多点”民用机场布局，运输机场达到11座左右，通用机场达到40座左右，市级行政中心实现60分钟到机场。

二、构建多层次的航线网络

以石家庄正定国际机场为重点，差异化发展国际航线，强化石家庄正定国际机场与长三角、粤港澳大湾区、成渝等主要城市群之间的航空运输网络。加密国内重点城市、旅游城市航线航班，有序开行周边及省内城市支线航线和特色航线。到2025年，全省航线总数突破250条，强化石家庄正定国际机场区域航空枢纽功能，打造张石、承石等省内空中快线，稳步发展周边国家及地区航线航班。到2035年，打造张家口、承德、秦皇岛等机场的文旅精品航线，逐步开通省内环飞航线。

深度融入“一带一路”建设，围绕陆海内外联动、东西双向互济的开放格局，构建面向“蒙俄、北美、日韩、东南亚—澳新、南亚—西亚—非洲、中亚—欧洲—南美”航空对外网络，联通“一带一路”沿线国家，逐步拓展欧美市场航线。加强智能化载运工具和关键专用装备研发，推进智能化通用航空器应用。

第四节 京津冀港口群建设

港口是城市对外开放的窗口，是参与国际竞争与合作的桥梁和纽带。近年来，随着我国外向型经济由沿海逐渐向边境、内河和内地辐射，使得港口建设也由沿海逐渐向边境、内河和内地发展。2021年7月30日中央政治局会议，分析研究当前经济形势，部署下半年经济工作时提出，要加快形成以国内大循环为主体、国内国际双循环相互促进的新发展格局。新发展格局的形成，势必给内陆城市带来更多的发展机遇。港口群作为京津冀面向全球的国际运输网络体系的一部分，有利于京津冀地区深度融入“一带一路”建设。应围绕陆海内外联动、东西双向互济开放格局，拓展港口国际航线，打造四通八达的海运对外网络。

首先，优化调整港口功能，推进港口资源整合和优化配置，稳妥有序推进煤炭运输调整，深化环渤海特别是津冀港口协同发展，推进京津冀港口群建设，推动津冀港口由“朋友圈”升级为“生态圈”，实现由竞争向竞合，再向一体化协同转变，促进津冀港口群成为具有市场竞争力和国际影响力的世界级港口群。

其次，提升河北港口功能定位，推动将唐山港、黄骅港打造成为国家主要港口，在巩固国家能源原材料运输的同时，推动河北港口发展集装箱运输，加快向综合性港口转变。秦皇岛港以城定港，立足一流国际旅游城市定位，稳步调整港口运输货类结构，大力发展邮轮游艇、旅游客运和港口旅游。充分发挥唐山港区位、集疏运、岸线等方面的优势，进一步提升煤炭等大宗散货运输规模与能力，将唐山港打造成为服务重大国家战略的能源原材料主枢纽港。推动河北港口资源整合，特别是推动曹妃甸央企煤码头的资源整合。

推动津冀港口协同发展，推动国家有关部委主导开展津冀港口整体布局规划的研究制定，科学确定津冀港口的功能定位，做好津冀港口协同发展的顶层设计，确保津冀港口错位发展、优势互补。

一、优化港口功能结构

港口作为综合运输体系的枢纽节点，依托其区位优势和在供应链环节中的重要作用，使得港口成为一个集物流、商务、信息、金融等综合服务功能的载体。改革开放40多年来，河北省港口虽实现了跨越式发展和历史性巨变，但目前河北省港口主要功能仍为装卸、转运、仓储，信息服务、物流功能和综合服务功能拓展仍处于初级形态。

（一）港口功能结构优化策略

河北省应加强全省统筹规划，与京津高度协调，明确京津冀各港口功能与定位，加快港口相关基础设施建设，逐步在京津冀区域内形成分工合理、布局得当、功能完备的综合性港口体系。同时围绕煤炭、钢铁、铁矿石等京津冀港口吞吐的主要货物在提升装卸、存储等基本功能的基础上，进一步完善货种功能结构，优化货种布局。津冀沿海港口是国家煤炭外运北通道重要的下水港口，后方连接着大秦线、丰沙线、京原线和神（朔）黄线等重要的铁路煤运通道。天津港是煤炭下水“北路四港”之一。唐山港、秦皇岛港及黄骅港等港口均设有煤炭港区或煤炭泊位，但仍需对中转、配送、加工、物流信息、贸易等服务功能进行深入的拓展与完善。

（二）港口功能结构优化目标

河北省计划加快《河北省沿海港口布局规划》修订，优化港口功能布局，立足秦皇岛港、唐山港、黄骅港国家沿海主要港口定位，推进港口转型升级，加快港口资源整合，促进沿海经济带高质量发展。

秦皇岛港打造国际知名旅游港和现代综合贸易港，唐山港打造服务重大国家战略的能源原材料主枢纽港、综合贸易大港和面向东北亚开放的桥头堡，黄骅港打造现代化综合服务港、国际贸易港和雄安新区便捷出海口。强化与天津港协同合作，促进津冀港口合理分工，错位发展。

推进智慧船舶交通管理系统和智慧海事系统应用，推动交通网与运输网、信息网、能源网融合。到2025年之前，推进智慧港口建设，同步推动船岸协同、码头岸电设施建设。到2035年，京津冀地区一体化出行服务体系全面建成，智慧港口群全面建成，交通基础设施数字化率达到90%。

二、完善港口基础设施

（一）加强港口货运功能基础设施

加快集装箱、液化天然气、油品等专业化深水泊位建设，推动老港区、老码头专业化改造，持续推进重要港区航道、锚地提级扩容。加快推进省内专业化客运港口码头规划建设，完善水路旅游客运发展基础设施条件。广泛应用物联网、自动化等技术，推广应用自动化立体仓库、引导运输车、智能输送分拣和装卸设备。提高港口基础设施耐久性和可靠性，提升网络韧性和安全性，加强粮食、能源等战略物资综合运输通道保障能力建设，提高供应链、产业链安全保障水平。

（二）完善港口安全保障基础设施

科学规划布局应急救援基地、消防救援站等，加强重要通道应急装备、应急通信、物资储运、防灾防疫、污染应急处置等配套设施建设，提高设施快速修复能力和应对突发事件能力。建立健全行业系统安全风险和重点安全风险监测防控体系，强化危险货物运输全过程、全网络监测预警。

加强“四类重点船舶”运行监测，完善多方协同联动的应急救援体系。加强通道安全保障、海上巡航搜救打捞、远洋深海极地救援能力建设，健全船舶安全监管体系和搜寻救助系统。健全关键信息基础设施安全保护体系，提升船联网等重要融合基础设施安全保障能力，加强港口船舶信息系统安全防护，加强关键技术创新力度，提升自主可控能力。提升船舶装备安全水平。

（三）依照港口分工针对性建设基础设施

秦皇岛港加快国际旅游港建设，依法依规引进国内外知名水路旅游客运企业。唐山港在巩固能源、原材料主枢纽港地位基础上，重点加快集装箱、液化天然气码头建设。黄骅港进一步发挥大宗货物运输中的主通道作用，推进矿石、液化天然气、滚装、原油、液体化工等码头建设。

到2025年之前，唐山港建成曹妃甸港区新天液化天然气码头、京唐港区25万吨级航道等项目，黄骅港建成综合港区泰地液体化工码头、7万吨级双向航道等项目，秦皇岛港加快推进西港区邮轮泊位改造、东港区煤一二期码头改造和山海关港区建设，沿海港口生产性泊位达到260个以上，设计年通过能力达到12.5亿吨。到2035年，沿海港口年设计通过能力达到14亿吨左右。

三、拓展海运航线网络

巩固拓展集装箱近洋支线和内贸航线，加强津冀港口间集装箱干支联动。巩固秦皇岛港、唐山港日韩航线，积极开辟东南亚航线，开通黄骅港外贸航线。秦皇岛港丰富国内游轮航线、开辟国际邮轮航线，唐山港、黄骅港积极发展海上旅游客运。拓展通往巴西、印度、南非等国家的大宗散货航线。加快既有设施智能化，利用新技术赋能交通基础设施发展，加强既有交通基础设施提质升级，提高设施利用效率和服务水平。加强内河高等级航道运行状态在线监测，推动船岸协同、自动化码头和堆场发展。到2025年，集装箱外贸直达航线达到15条以上，邮轮客运初具规模，散杂货物航线通达全球80个国家和地区。到2035年，集装箱外贸航线和大宗散货航线国际化水平进一步提升，秦皇岛港建成具有一定影响力的国际邮轮港。

第六章

自贸试验区建设与京津冀制造业协同发展

第一节　先进铁基材料、金属制品、装备制造等世界级产业链（集群）

一、先进铁基材料、金属制品、装备制造等世界级产业链现状

（一）先进铁基材料（以钢铁为基础的金属材料）产业链现状

表6–1和图6–1显示了2015年到2019年，北京、天津和河北省的钢材产量。由表中数据可知，北京市钢材产量由2015年的175万吨降至2019年的170.71万吨，降低2.45%，虽然略有起伏，但整体呈现逐年下降的趋势；天津钢材生产由2015年的8186.2万吨降至2019年的5454.95万吨，下降幅度较大，达到33.36%；河北钢材生产则稳步增长，由2015年的25244.3万吨增加至2019年的28409.63万吨，增长12.54%。从数据情况来看，北京、天津在钢铁产业市场的份额在逐渐下降，河北省则出现了先降后升的趋势。

总体而言，整个京津冀地区的产值在快速增长。以上现象的部分原因是京津冀地区进行的协同化发展战略产生作用，产业布局逐渐合理，工业结构调整呈现积极变化。

虽然总体向好，但是，京津冀地区产业的基本态势还未达到在“整个区域内”形成产业集群的程度，更多的是向其中一个或者几个地区集群。

表6-1　京津冀三地2015—2019年钢材年产量

钢材（万吨）	2015 年	2016 年	2017 年	2018 年	2019 年
北京市	175	162.8	178.99	179.88	170.71
天津市	8186.2	8667.05	4373.97	4733.84	5454.95
河北省	25244.3	26150.42	24551.08	26916.86	28409.63

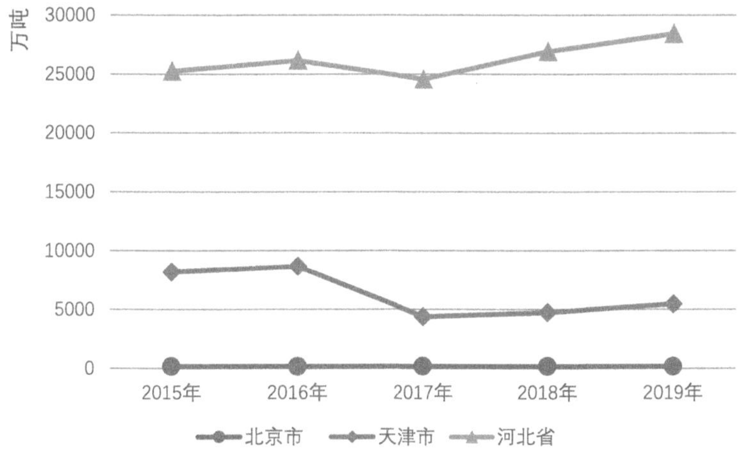

数据来源：北京市、天津市、河北省统计年鉴

图6-1 京津冀三地2015—2019年钢材产量

（二）金属制品产业链现状

表6-2、表6-3，图6-2、图6-3选取了京津冀三地2015—2019年各地区的金属制品产业的利润数据与企业个数，以此表明该产业的发展及转移情况。从利润总额上看，北京市、天津市、河北省都呈下降趋势。北京市由2015年的25.61亿元降至2019年的16.7亿元，降幅达34.79%；天津市由2015年的113.84亿元降至2019年的13.72亿元，下降幅度最高，达到87.95%；河北省由2015年的130.03亿元降至2019年的79.97亿元，下降38.50%。

表6-2 京津冀三地2015—2019年金属制品利润总额

金属制品利润总额（亿元）	2015 年	2016 年	2017 年	2018 年	2019 年
北京市	25.61	23.43	19.32	11.62	16.70
天津市	113.84	119.05	16.15	20.93	13.72
河北省	130.03	136.35	139.48	70.94	79.97

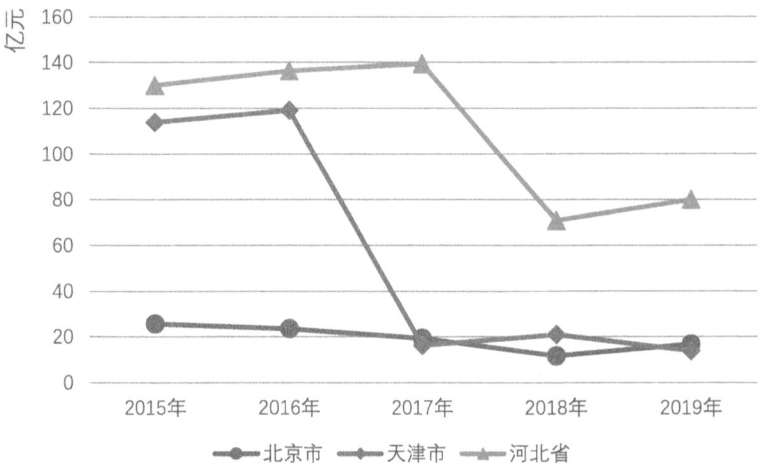

数据来源：北京市、天津市、河北省统计年鉴

图6-2 京津冀三地2015—2019年金属制品总额

从企业个数来看，北京市、天津市减少明显，而河北省并未有明显变化。说明北京市、天津市的金属制品企业在此期间并未向河北转移，可能移至其他地区。以上现象表明京津冀地区的金属制品产业协同发展效果不显著，还未在区域内形成完整成熟的金属制品产业链，阻碍了区域间的产业转移，致使北京市、天津市不能对河北产生拉动作用。同时由于河北经济发展效益不高，综合承载能力弱，也无法及时地承接京津的金属制品产业转移。

表6-3 京津冀三地2015—2019年金属制品企业个数

金属制品企业个数	2015 年	2016 年	2017 年	2018 年	2019 年
北京市	203	182	174	167	160
天津市	562	516	408	450	499
河北省	1447	1430	1709	1544	1463

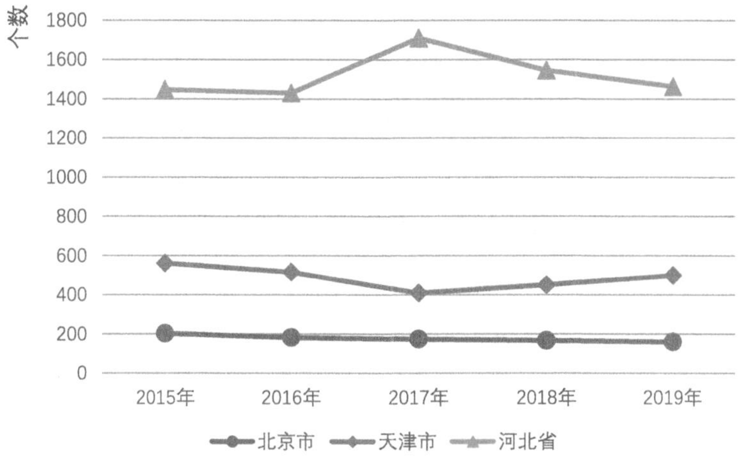

数据来源：北京市、天津市、河北省统计年鉴

图6-3 京津冀三地2015—2019年金属制品企业个数

（三）装备制造业产业链现状

高端装备制造业是工业现代化的重要基石，是科技创新的重要领域。推动高端装备制造业创新发展，对于加快构建现代化经济体系，推动我国产业进步和相关工业发展，实现经济高质量发展等至关重要。

2019年，北京市高端装备制造业总产值达722.9亿元。2020年，北京市委十二届十五次全会提出，要更加突出创新发展，提高经济质量效益和核心竞争力，坚持智能制造、高端制造方向，大力发展集成电路、新能源智能汽车、医药健康、新材料等战略性新兴产业。房山区北京高端制造业基地整理出约22.7万平方米的研发空间，以及约9.2万平方米标准化厂房的产业化空间，结合基地“前研后产”新模式，帮助房山区发力“北京智造”。经开区是北京市唯一同时享受国家级经济技术开发区和国家高新技术产业园区双重优惠政策的开发区，是北京市高端制造业高地、“三城一区”创新主平台。经开区立足北京自贸试验区高端产业片区的功能定位，聚焦“高精尖”，做好“白菜心”，加强与“三城”衔接，吸引国际高端产业资源，打造世界级先进制造业集群和国际一流的高精尖产业主阵地，现已形成以电子信息、生物医药、装备制造和汽车制造为主导的高端、高效、高辐射产业布局和完善的产业生态。

自2018年以来，天津加快发展智能经济引领新兴产业，推动高端装备制造创新资源和产业环节聚集。2019年，天津市的高端装备制造业企业个数为216家，比上年增长13.6%，产业比重比上年增加14.4%。天津滨海新区依托自身的产业集聚优势，积极把握智能产业的新机遇，加速形成高端装备制造产业集群，相关载体功能和配套能力不断增强，产业资源聚集能力不断提升，加之龙头项目带动，产业发展势如破竹，诸多产品、技术已具备行业领先水平，新区高端装备产业正迎来巨大的发展机遇，目前已形成航空制造与服务、海工装备制造等多个高端装备产业集群。为顺应区域产业发展趋势，培育新动能，天津滨海新区从“源头”创新培育产业生态，出台专项政策支持产业发展，为天津滨海新区的高端装备制造业发展提供便利。东疆保税港区的中铁装备集团高端装备再制造中心建造的首台土压平衡盾构机就是天津滨海新区高端装备产业发展的一个代表性产品。

据河北省统计局的数据显示，2018年河北省装备制造业增加值同比增长8.3%，高于规模以上工业3.1%，对工业经济增长的贡献率为34.6%；高端技术装备制造业增加值同比增长23.1%，分别高于装备制造业和高新技术产业14.8%和7.8%，这说明全省先进装备制造业领域快速发展，产业结构正在发生积极变化，转型升级效果逐步显现。装备制造业的快速增长，得益于全省稳增长、促改革、调结构等各项政策措施的不断落实。近年来，河北省坚持从供给侧和需求侧两端发力，加快科技创新和技术改造，持续推进产业转型升级，大力发展先进制造业和高技术产业，推动产业迈向中高端。

从京津冀协同发展方面来看，北京市凭借科技创新优势，以提升原始创新和技术服务能力为重点，打造技术创新总部聚集地，创新示范和辐射带动作用较为突出；天津市发挥产业基础优势，承担高端制造业应用研究与技术转化职能；河北不断调整自身产业结构，孵化、承接京津转移的高科技成果，打造高端制造业升级试验区。京津冀在高端制造业创新研发、产业承接和平台建设等领域的联系日益密切，三地间“北京研发—津冀生产”的产业布局初步形成。其中，高端制造业产业合作平台建设成效突出，中关村科技园、天津滨海、曹妃甸协同发展示范区和沧州渤海新区生物医药产业园等园区在承接转化北京高端制造业、推动京津冀产业协同发展方面发挥了重要作用。但是由于天津和河北在产业发展基础、经济总量等方面与北京存在较大差距，承接北京高端制造业的产业配套能力较为缺乏，同时三地高端制造产业合作时间较短，因此尚未形成完整的产业链体系。此外，京津冀三地高端制造业还面临区域内产业结构趋同问题，部分产业重合度较高，缺乏合理分工，在一定程度上制约了京津冀高端制造业协同发展。

二、利用自贸区促进先进铁基材料、金属制品、装备制造等世界级产业链发展

实施京津冀协同发展战略的目标之一就是打造中国参与全球竞争和国际分工的世界级城市群，并构筑中国乃至世界的先进制造、研发创新聚集区，因此要在区域内实施产业集群的有机融合发展。京津冀产业协同发展应借助自贸试验区的优势，充分发挥自贸试验区内先进制造业产业集群对其他区域产业的带动及联动发展作用，延伸自贸试验区内先进制造业产业集群的发展规划与其他区域的产业发展规划进行对接，实现世界级先进制造业集群的虚拟地理空间布局和更大的聚集发展。实施自贸试验区与其他区域联动发展战略，利用自贸试验区高度发展的体制机制优势与高科技研发制造产业优势实现融合发展，促进京津冀地区先进制造产业集群朝世界级先进制造产业集群的方向发展。

（一）以自贸试验区促进京津冀先进铁基材料产业集群式发展

京津冀地区自贸试验区的设立有利于钢铁行业，特别是钢铁制造业的转型

升级。三地自贸试验区应实施政策联动，打造自贸试验区跨区域共商共建共享新模式。首先，自贸试验区内应优化资源配置，完善基础设施，发展储运配置系统，大力推进结构调整，不断完善上中下游一体化的业务构架，落实自贸试验区产业规划，打造一体化产业生态模式。其次，自贸试验区内可以从生产环节入手，制定相关政策加大节能减排力度，加快节能减排技术推广应用，对钢铁企业提出更高的科技创新和设备标准，同时严格制定环保、能耗等标准，加强对企业的监督和检测力度，确保节能减排目标的实现。同时，自贸试验区可以通过“产学研”相结合来提高科技转化为产品和技术的效率，加大对新产品开发项目的资金投入，增强自身的科技研发实力，增加高端产品的生产，提高产品的质量和档次，促进产品结构优化升级，以钢铁高端化为方向，突破钢铁产业发展的技术瓶颈，推进钢铁研发、制造、应用的集成化，利用信息技术改造钢铁产业生产装备和生产技术，全面推进工艺、技术和装备升级，扩大钢铁产品的有效供给和中高端供给，提高钢铁供给体系质量和效益，扩大零售市场占有率。钢铁企业也可以利用自贸试验区税收、金融和资金方面的优惠政策，进行产业优化转移，改进产业协同发展模式，增强市场竞争力。

（二）以自贸试验区促进京津冀金属制品产业集群式发展

依托高速交通网络发挥自贸试验区对制造业空间的辐射带动作用，推动京津冀金属制品业空间由中心—外围结构向多核心网络空间结构演化。目前，京津冀地区产业转移的主要阻碍是中小城市产业承接地高素质人才不足、本地市场容量小、产业链上下游配套厂商和客户群体少。针对于此，借助高速交通运输网络，建设功能优势互补、相互联系的产业带，发挥自贸试验区和制造业增长极对产业带承接平台的辐射带动作用，促进中低端产业向产业带其他中小城市转移，加强制造业协同发展。同时，积极培育新的产业增长极，提升产业发展的综合配套能力，推动金属制品产业结构由“中心—外围”式向多核心网络式演化，从而加快形成京津冀地区金属制品产业链。

（三）以自贸试验区促进京津冀高端装备制造业集群式发展

充分利用北京自贸试验区科技创新资源丰富、天津自贸试验区研发转化能力突出、河北自贸试验区转型发展势头良好的综合优势。以自贸试验区发展战略为契机，加快疏解非首都功能，引导北京高端制造业有序转移扩散，促进北京与天津、河北高端制造业协同发展，加快形成“一核两翼三轴”的发展格局。“一核”指的是以北京为核心。依托“三城一区”的科研创新能力与科技创新成果转化能力，积极推动北京高端制造业布局融入京津冀区域发展新格局，充分发挥北京对京津冀高端制造业新技术和新业态的辐射带动和示范引领作用。“两翼”指河北雄安新区和天津滨海新区。突出北京的产业引领与带动地位，重点培育河北雄安新区、天津滨海新区高端制造业产业集群。发挥北京自贸试验区的科技创新资源优势，推动区域内实验室、科学装置、试验场所的开放共享，构筑三地“政产学研用”一体的创新生态环境，做好与河北雄安新区、天津滨海新区的高端制造业产业政策衔接。“三轴”指将京津、京保石、京唐秦三条重点轴线作为京津冀高端制造业协同发展的辐射轴，推进北京高端制造业向轴线沿线城市转移扩散，引导北京应用性科研成果到沿线城市实现产业化，全面发挥北京的辐射带动作用，加快产业协同和区域协同发展。加大“三城一区”重大科技基础设施对天津、河北地区的开放力度，推动“三城一区”重大科技创新成果向京津冀地区转移、转化。发挥京津冀开发区创新发展联盟作用，北京经济技术开发区、中关村国家自主创新示范区等园区支持天津滨海新区和河北雄安新区建设，打造优势互补、良性互动的京津冀高端制造业产业链。

第二节　新能源汽车产业链

一、新能源汽车产业链现状

（一）北京新能源汽车发展现状

近年来，北京的新能源汽车产业结构进行优化调整，持续推进新能源汽车产业高精尖发展。据中国统计年鉴数据显示，北京市2019年新能源汽车总产值为123亿元，与2015年相比下降了88.06%（见图6–4）；汽车制造业R&D经费支出43.15亿元，比2015年增加了4.73%。

目前北京新能源汽车产业已初步形成产业链相对完整、竞争力国内领先、集群效应初步显现的产业格局，整体发展平稳。北京纯电动汽车已进入市场化阶段，建成了相对完整的产业链条，覆盖整车、电池、电机、电控、充电设备及检测服务等众多环节；燃料电池汽车整车技术水平不断优化，聚集了多家燃料电池汽车上下游企业；智能网联板块积极推进构建良好的创新生态，聚集了多个具备核心竞争力的独角兽企业。

同时，北京还以2022年冬奥会为契机，加快布局加氢示范站点，完善配套设施建设；加速智能网联测试场地建设，截至2019年底，已开放151条测试道路，共503公里；累计安全测试里程超104万公里；为13家自动驾驶企业77辆车辆发放测试牌照。

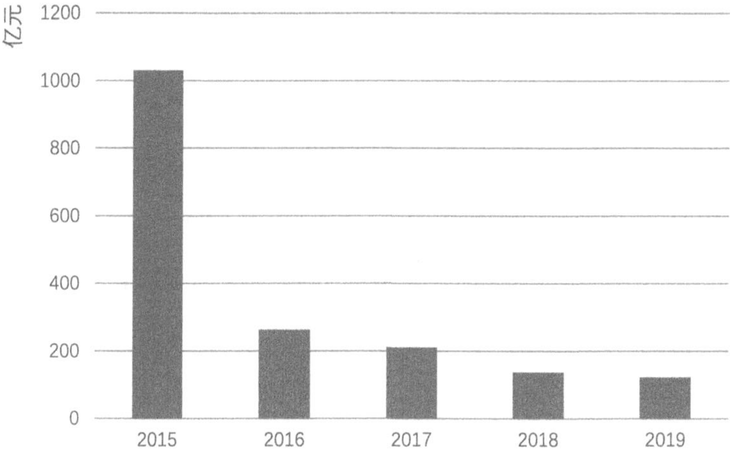

数据来源：北京市、天津市、河北省统计年鉴

图6-4 北京市2015—2019年新能源汽车总产值

（二）天津新能源汽车产业现状

天津作为国家节能与新能源汽车示范推广试点城市，将新能源汽车作为战略性新兴产业重点发展。天津市的工业基础雄厚，拥有天津市电动车辆研究中心、中国汽车技术研究中心等众多高水平的汽车技术研究中心，形成了覆盖新能源汽车上中下游企业的完整产业链。2019年，天津市已基本形成整车开发、动力电池、控制系统、试验检测和推广应用等较为完善的新能源汽车产业体系；拥有一汽大众、一汽丰田、清源、天津比亚迪等新能源汽车整车企业；荣盛盟固利、力神电池、松正等动力电池电控生产制造企业；聚集了中汽研中心、中国电科18所等试验检测科研机构。2019年以来，一汽丰田新生产线、国能新能源汽车、一汽大众插电式SUV生产线项目全面投产；天津国安盟固利新能源有限公司一期3Gwh项目、力神电池六期新工厂2.6Gwh项目相继投产，全市锂离子动力电池产能已接近10Gwh，同比增长1.5倍；天津艾康尼克新能源MPV项目、一汽夏利重组项目基本完成；韩国三星在天津投资24亿美元建设全球领先的动力电池生产线和车用MLCC工厂。全球新能源汽车生产及配套企业

不断向天津市聚集，为天津新能源汽车产业发展提供了源源不断的动能。

（三）河北省新能源汽车产业现状

新能源汽车的推广应用工作有力地推动了河北省新能源汽车整车及配套产业发展。2019年，河北省新能源汽车产量4.5万辆，同比增长74.5%。拥有各类新能源汽车生产企业40余家，产品涵盖纯电动轿车、客车、物流、教练、动力电池、电池材料等，其中整车生产企业10家，公告产品65个。河北省新能源汽车产业体系逐步建立，产业链条初步形成。但是与国内其他先进省市相比，河北省新能源汽车产业规模有待进一步扩大，质量有待进一步提高，布局有待进一步优化，部分地方在新能源汽车招商引资方面出现一哄而上盲目投资现象；产品竞争力有待进一步提高，产业链条短板有待进一步补齐，发展生态亟待改善。尤其在电池、电机、电控等新能源汽车核心零部件企业在全国市场尚未形成竞争力。

2020年，中国新能源汽车产量达136.6万辆，在中国汽车产量三连跌中保持上升态势，成为中国经济增长的新引擎。然而，作为六大汽车产业聚集区的京津冀地区，其新能源汽车企业数量和产量增长都相对滞后，逐渐影响到京津冀地区汽车制造业在中国的地位。从新能源汽车企业数量看，京津冀地区新能源汽车的注册企业增长起步于2017年前后，真正的发展是在2019年。但2017年京津冀新能源汽车产业的企业注册数量比长三角地区2010年的企业数还少，2020年的注册企业数量只有长三角地区的19.68%。与中国的新能源汽车产业发展相比，一方面，京津冀地区传统的整车汽车生产企业仍然以传统的燃油汽车生产为主，缺少造车有竞争力的新势力企业进入。2019年，京津冀地区新能源汽车产量9.28万辆，其中北京3.37万辆，天津1.06万辆，河北最多，但也只有5.39万辆（见图6–5），新能源汽车整车总量只有长三角地区的54.02%，新能源汽车整车生产产量比传统燃油车占中国同类车的比重要低6.32%。另一方面，由于京津冀地区新能源汽车两大龙头之一北汽新能源长期布局中低端产品，过度依靠财政补贴，随着国家补贴政策减弱，北汽新能源汽车2020年销量比2019年下降82.79%，从连续7年纯电动车销量第一到被踢出行业前10位。目前京津冀地区新能源汽车只有长城汽车一家企业进入新能源汽车行业的第一阵营，京津冀地区新能源汽车增长乏力。

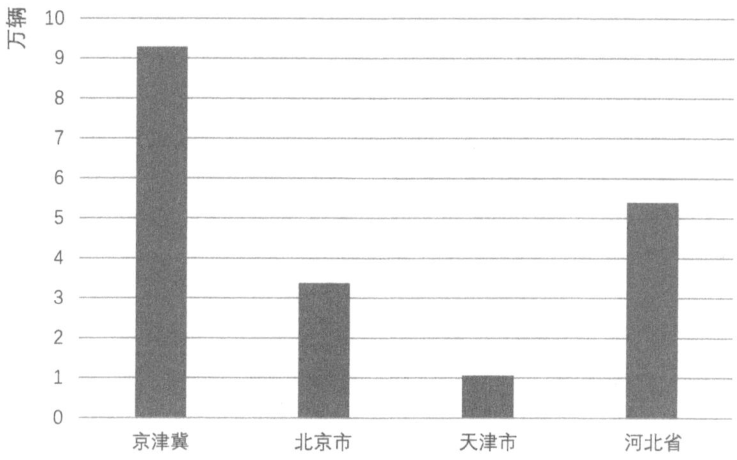

数据来源：北京市、天津市、河北省统计年鉴

图6-5 京津冀地区2019年新能源汽车产量

二、以自贸试验区促进京津冀新能源汽车产业集群式发展

（一）制定科学顶层设计，打造产业发展新模式

京津冀自贸试验区应当基于新能源汽车产业链的特点进行风险评估，制定科学合理的顶层设计，把生产链中的通信、交通、电机制造、金属冶炼等核心部门进行综合衡量，依靠多辆“马车”齐头并进发展经济，形成以规划为发展方向，政策、法规保驾护航，技术提供动力的发展模式。加强处于新能源汽车制造业上游的各个产业的发展，积极加大对这些部门的投入和政策优惠，从侧面为新能源汽车产业的发展提供动力。对新能源汽车主要零部件涉及的部门进行产业结构改革，拓展其产业链，让更多产业获得新的机遇。例如，推动新能

源汽车产业与互联网、大数据、云计算、5G通信等结合。新能源汽车产业的生产链还处于不成熟的阶段，随着关键技术的不断突破，会有越来越多的部门参与到新能源汽车产业的生产链中。因此，自贸试验区要立足产业现实，保持平等开放、合作共赢的态度，对新能源汽车的基础理论、高端装备、核心材料、关键技术、零部件制造等进行全方位探索，最大限度地发挥其各方面效应。

（二）加强新能源汽车产业与关联产业分工合作

我国新能源汽车市场规模迅速扩大，产业发展已经进入从导入期向成长期过渡的关键阶段。京津冀地区应借助自贸试验区的产业政策优势，加强新能源汽车产业与关联产业的战略性分工、合作和构建。可以将前向关联性大的居民服务、修理和其他服务、批发和零售、交通运输、仓储和邮政、科学研究和技术服务等部门，作为打开新能源汽车市场的突破口，在自贸试验区内实施相应的优惠政策，加速倡导公共交通、环卫、快递、外卖、租赁与电商等领域使用新能源汽车，不断提高新能源汽车产业的竞争力，让其与更多部门建立密切的关联性。对于后向关联性紧密的电气机械和器材和通用、专用设备行业，可以加强研发创新和技术改进，有指向性地生产高质量、高效益的产业关联产品，在自贸试验区内打造专门的生产线，抓住新能源汽车发展而带来的机遇，与时俱进，为区域内产业的发展注入新血脉，构建与新能源汽车产业匹配的、适应的产业发展模式。

（三）利用政策进行引导，激发产业发展潜力

在补贴政策退坡和外资大举进入的严峻形势下，为了充分发挥京津冀新能源汽车产业的高拉动作用，需要采取积极的发展模式。在加大研发投入的基础上，关注新能源汽车的发展进程与方向。自贸试验区可以利用政策引导，发挥对新能源汽车产业的市场导向作用。高度重视氢燃料电池的技术进步和工业

应用；将新能源汽车发展与自贸试验区建设的创新理念巧妙结合，营造健康的内部环境，充分发挥配套政策和激励机制的辅助作用，主动打造依托新能源交通工具的新型城市；优化财税政策，合理协调国家对于研发、生产、销售、使用等方面的优惠策略，在实践中不断改进，使新能源汽车产业实现快速发展。同时还可以依据关联产业关联情况，调整消费与出口的结构，刺激消费，增加出口，充分激发新能源汽车产业的发展潜力。

第三节　新一代信息技术产业链

新一代信息技术产业是国务院确定的七个战略性新兴产业之一，是围绕下一代信息网络、信息技术服务、电子核心产业、网络信息安全产品和服务及人工智能等与新一代信息技术相关的领域发展的产业。新一代信息技术产业园在投资主体多样化、产成融合明显化、园区资源平台化等新特征背景下，需要整合各个产业资源主体才能实现更高效、更快速的发展，新一代信息技术产业前瞻布局人工智能产业，推动其在汽车、家居等行业应用，促进电子信息等上下游产业链集聚。

一、新一代信息技术产业现状

（一）北京新一代信息技术产业现状

以人工智能、先进通信网络为代表的新一代信息技术成为北京高质量发展的引擎。2019年，北京数字经济增加值超1.3万亿元，占GDP比重为38%。2020年，北京市规模以上工业企业的生产设备数字化率达到65%，关键工序数控化率达到70%，数字化生产设备联网率达到60%，数字经济总量1.44万亿元，占GDP比重超过40%。北京在互联网信息科技领域进行战略部署，围绕推动互联网信息领域开放、推动数据“流动”、培育数字经济新型业态、营造数字经济新环境、支持高端产业创新开放合作等5个方面，强化统筹、推动落实，以云计算平台建设为抓手，推动制定数据中心分级分类标准，加快推进中关村软件园、金盏国际合作服务区和大兴机场片区跨境数据试点工作，完善北京公共数据开放创新基地建设，大力推进数据专区建设，筹建北京国际大数据交易所，产业集群初具规模。中关村科学城大力发展区块链技术和产业，强力支撑和引领数字经济发展，建设数据智能新基建，建设区块链先进算力实验平台、区块链商用算力平台，打造绿色节能的碳中和算力平台标杆，加快供给新场景，深化政务全场景应用。

（二）天津新一代信息技术产业现状

天津市将大力发展新一代信息技术产业作为推进自主创新和原始创新、加快新旧动能转换的重要战略引擎，近年来突破多项核心关键技术，形成全生态产业链布局，不断壮大产业集群，全力打造全国新一代信息技术产业高地，助推高质量发展。2019年12月，天津市大数据管理中心正式挂牌成立，统一负责市级信息化建设、运行维护和管理数据资源，推动政务数据资源共享和公共数据资源开放，推进大数据产业等数字经济发展，助力数字天津和智慧社会建设。2020年，天津市5G发展联盟正式成立，联盟成员包括中国电信、中国移动、华为、中兴、中信科、科大讯飞等多个行业领军企业。中标麒麟和银河麒麟两家操作系统企业实现整合落户天津；总投资100亿元的腾讯IDC数据中心项目在天津高新区开工；建成5G基站19000多个，涌现出海尔洗衣机互联工厂、天津港5G智慧港口等一批全国知名的5G应用标杆。

天津市加快推进智能科技产业发展总体行动计划，加速5G网络、人工智能、工业互联网等新型基础设施建设，在多方共同发力下，以集成电路和软件为核心的新一代信息技术在天津市迎来发展的黄金期。天津市在新一代信息技术产业领域行业大事频发，加快发展信息技术应用创新产业，攻坚突破关键核心技术，正在成为全国产业链条最全、自主创新能力最强、产业聚集度最高、产业支撑最有力的信创产业发展集聚区，产业生态链聚合优势日益凸显。

（三）河北省新一代信息技术产业现状

河北省在“十三五”期间累计培育各级各类工业互联网平台47个，两化融合指数在全国排名前进2个位次，关键工序数控化率提高了6.1%，连续5年高于全国平均3.5%以上，居全国第五位。产业创新体系进一步完善，培育大数据、智能装备等省级重点实验室12家、省级技术创新中心32家，培育电子信息领域高新技术企业627家。培育省级“制造业+互联网”试点示范项目139个、智能制造标杆企业18个、数字化车间350个。5年累计实施省级信息化改造重点项目483项。建设10个省级工业互联网平台应用创新体验中心，构建“1+21”工业互联网平台体系，建设河北省工业互联网公共服务平台，纵向与13个市和雄安新区平台互联，横向与7个行业平台对接；建设10个“5G+工业互联网”示范区，建成全省统一的工业大数据库，提供工业经济运行分析全景图服务。实施1000项数字化改造项目，推动个性化定制、智能化制造、网络化协同、服务化延伸、数字化管理等新模式应用。遴选100个建设规模大、应用效果好的工业互联网创新发展试点示范项目，形成可复制推广的典型经验。支持行业龙头企业搭建50个“双创”平台，发展工业领域共享经济，促进研发设计、计量检测、生产制造、仓储物流、创业孵化等制造能力开放，加快技术、资金、人才、设备等生产要素汇聚。

京津冀新一代信息技术产业规模不断扩大、结构不断优化，新增企业数量快速增长，但新一代信息技术服务业新增企业数量及速度远高于新一代信息技术制造业。新一代信息技术产业创新动力充沛，与新一代信息技术服务业相比，制造业需进一步提升创新动力。京津冀新一代信息技术产业耦合度整体处于低水平耦合阶段，耦合协调度处于严重失调状态，但总体向着更为协调、有序的方向逐渐发展。

二、以自贸试验区促进新一代信息技术产业发展

（一）加快新一代信息技术的研发和产业化过程

京津冀地区要不断加快以创新引领行业的发展阶段，改变现有的低端制造、规模分散现状。加强集群化模式的建设，提升创新能力，从而增加产业在区域内的地位和竞争力。为了大力推进集成创新，政府需要发挥自贸试验区优势，采取相关措施，不断鼓励原始创新。企业也应以此为契机，不断创新和完善当前企业的创新体系。自贸试验区要制定好顶层设计，开创良好的发展环境，积极强化区域内相关信息产业技术的研发，以北京新一代信息技术产业为龙头，努力将优势企业所研发的创新成果推广到其他地区，促进新一代信息技术产业化的发展。自贸试验区要在产业规划阶段统筹开展分工配套，深化协同创新研发，加强科研成果转化，发挥产业引领作用，打造京津冀三地互嵌耦合的产业生态链。

（二）创新空间配置

将搭建合作交流平台、园区共建、重点项目推进、龙头企业培育、产业链构建等作为产业协同发展规划的重点内容，建立和培育一批信息技术创新载体和创新平台。京津冀可以借助自贸试验区的优势政策，进行地区间合作，组织策划京津冀产业协同发展的重点议题和对接活动，打造产业合作对接交流平台，共建一批科技产业园、科技创新走廊、创新驿站和孵化器等重大创新载体，为京津冀地区设立研发机构和创新平台提供集聚空间，促进京津冀产业协同发展。鼓励新兴的物联网、人工智能等企业参与国际科技创新合作，促进人才、资本、信息、技术等创新要素跨区域流动，着力形成跨行业、跨区域的创新联动体系，重点围绕新一代信息技术产业的共性技术和关键技术形成创新突破。构建自贸试验区技术交易市场体系，建立开放共享、具有全球影响力的技术交易平台，尤其是围绕新一代信息技术产业开展技术交易咨询、知识产权

运营、产权评估、产权保护、投融资等专业化服务，促进京津冀各地在信息技术知识产权创造、运用、保护和贸易方面的合作，强化对信息技术知识产权的交易与保护。由于自贸试验区具有金融和政策上的优势，可以联合建立区域技术保护和交易的服务统一规范，开展面向中小信息技术企业的综合服务，打造面向全国、辐射全球的国际性技术交易中心。

（三）专业化集聚区区域合作

在自贸试验区内成立专门的联合委员会，对打造新一代信息产业集群的目标、地域及资源调配等问题进行研究和商讨，加强区域间的政策协同。由联合委员会牵头，获得政府支持，进一步推进区域新一代信息基础设施建设，加强信息基础设施的互联和整合，合理布局、资源共享。整合自贸试验区的信息技术资源禀赋与产业优势，构建多层次、多元化的地方分工协作体制，打造有效衔接的新一代信息技术产业网络组织体系，推动区域联动发展。鼓励北京、天津等地的优势信息产业园区开发商与自贸试验区共建，推动一批跨省市的信息技术合作园区发展，通过优势互补，引导新一代信息技术产业集群的升级，促进产业链上下游协同和产业布局优化，完善产业生态体系。鼓励园区之间创新合作方式，探索产业园区“走出去”的发展模式，依托京津冀产业协同创新建设，在京津冀范围内建立起新一代信息技术产业的高端制造生产基地。跨区域园区合作的进一步推广，将极大促进京津冀新一代信息技术产业集群的发展。

（四）强链、补链和延链，推动产业链区域内布局

加强产业园区共建，推动重点产业链在自贸试验区内布局。以北京高精尖产业和区域内战略性新兴产业为重点，围绕新一代信息技术产业，在中关村科技园、北京新机场临空经济合作区、天津滨海新区、河北曹妃甸协同发展示范区、河北张承生态功能区等园区内推动产业链布局。针对非首都功能疏解，

应积极发挥市场作用，支持津冀建设若干个产业项目集中承接地。在自贸试验区内，针对产业链中缺失或薄弱的环节，进行招商引资，吸引国内外龙头企业落地，充分发挥行业龙头企业或关键企业的集聚效应。鼓励北京企业根据自身发展实际，结合津冀资源禀赋，通过投资共建、参股、并购、授权委托、品牌输出等多种方式，实现强链目标，提升产业发展实力。

第四节　生物医药健康产业链

一、京津冀生物医药产业现状

（一）北京市生物医药产业发展现状

北京市是我国生物医药产业最发达的地区之一，2019年医药制造产业总产值达到1221.61亿元，实现出口交货值13.49亿元，利润总额达到214.28亿元。聚集了中国科学院、中国医学科学院、中国中医科学院、军事医学科学院、北京大学、清华大学、北京中医药大学等一大批生物医疗研究临床教学机构、大学专业医药研究机构和全国重点试验室；集中了近一半的国内从事生物学研究、医药卫生研究的两院院士，在医药研发方面的优势尤其突出，是国内生物技术与医药科技领域人才最为集中的区域。经过多年的发展，北京市生物医药产业形成了中关村生命科学园、经济技术开发区和大兴生物医药基地等集聚区，重点打造“北部基础研发、南部高端制造”的产业发展格局，北部依托海淀区、昌平区，发挥中关村科学城在医药健康基础研究和前沿技术的科研优势，形成对产业发展的有力支撑；南部依托经济技术开发区、大兴区，在土地空间规划上具有优势，加强对生物医药产业发展的保障，引导企业和项目集中布局，提升高端制造聚集优势。

（二）天津市生物医药产业发展现状

生物医药产业是天津市八大优势支柱产业之一，发展历史悠久，具有比较坚实的技术和产业基础。2019年天津医药制造产业总产值达到1142.71亿元，利润总额70.52亿元，利税总额102.94亿元。天津市形成滨海新区为核心区，天津开发区西区生物医药产业园、天津健康产业园、武清医疗保健产业园、北辰现代中药产业园、西青现代医药产业园等区域特色产业集群的格局。泰达生物医药研发大厦、融通大厦与开发区西区生物医药产业园等多家生物医药企业孵化器实现联动式发展。天津生物医药产业门类齐全，随着四部一市共建的国家生物医药国际创新园的建设，同时依托天津国际生物医药联合研究院等一批创新型研发载体，集聚了一大批高水平的研发项目，引进培养了大量高端人才团队，拥有一批具有自主知识产权的先进技术和优秀产品。

（三）河北省生物医药产业发展现状

河北省的生物医药产业也具备比较良好的基础，在化学药以及原料药生产方面处于全国领先地位。2019年，河北省医药工业业务收入达到767.28亿元，实现利润总额117.24亿元，比2015年增加50.85%（见图6–6）。河北省生物医药产业主要集中在石家庄市、沧州市、安国县三个产业基地，产业特色在于生产制造环节，包括原材料的供应、化学原料药的生产、中药与特色药的生产等方面，其中青霉素、维生素B_{12}，维生素C等产品产量居全国前列。为积极承接京津及其他国内外知名企业生物医药产业转移，石家庄高新区成为医药产业重点发展园区，同时承德、廊坊、唐山、衡水、邯郸等地区依托医药骨干企业加快产业的崛起。2019年河北省医药行业规模以上企业达到273家，吸引了一批中小企业聚集，形成了产业集聚发展的态势。

表6-4 京津冀2015—2019年医药制造业利润总额

医药制造业利润年利润（亿元）	2015 年	2016 年	2017 年	2018 年	2019 年
北京市	131.88	153.48	197.17	196.4	214.28
天津市	63.16	72.32	52.72	64.5	70.52
河北省	75.71	85.02	99.29	104.95	117.24

数据来源：北京市、天津市、河北省统计年鉴

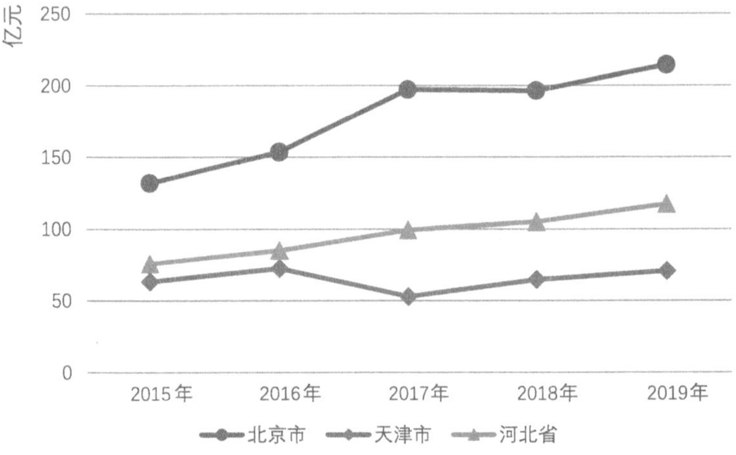

数据来源：北京市、天津市、河北省统计年鉴

图6-6 京津冀2015—2019年医药制造业利润总额

北京的企业研发机构数、机构人员以及经费支出与天津和河北相比，优势较大。统计数据显示，2019年北京医药制造产业研发活动经费内部支出达到32.68亿元，比2015年增加77.8%，是天津的3.12倍，河北的2.51倍（见图6–7）。北京在高技术产业的研发方面在京津冀地区处于绝对领先地位。作为我国高等教育和科研资源的集聚中心，北京发展生物医药产业的主要优势在于创新资源丰富，整体创新能力强，高校和研发机构创新活动活跃，创新成果丰富，未来将集聚更多的医药企业总部，创新研发、市场准入、营销策划等产业部门，提供产业人才、资金、创新资源。天津发展生物医药产业的主要优势在于高技术产业技术基础深厚，产业开放性强，生物医药产业整体层次较高，创新能力突出。河北发展生物医药产业的主要优势在于医药制造产业资源丰富，研发投入较大，进行技术吸收改造及承接成果转化能力较强。但是作为直辖市的北京和天津，面临域内土地供给日趋紧张、劳动力成本攀升、环保及能耗要求提升的发展挑战；而河北省在承接京津地区生物医药产业转移、外溢及生产制造等方面具有更大的成本优势、资源优势和产业基础优势。目前，京津冀地

区生物医药产业在体制机制改革、协同创新政策体系构建、基础设施一体化、产业差异化发展、产业链协作分工、协同创新载体与平台建设和资源共享机制建立等方面已形成较好的协同创新发展经验。

表6-5 京津冀2015—2019年医药制造业R&D经费内部支出

医药制造业 R&D 经费内部支出（亿元）	2015 年	2016 年	2017 年	2018 年	2019 年
北京市	18.38	20.61	20.86	28.64	32.68
天津市	15.14	17.61	11.71	13.9	10.46
河北省	19.28	21.45	21.3	21.71	13.01

数据来源：北京市、天津市、河北省统计年鉴

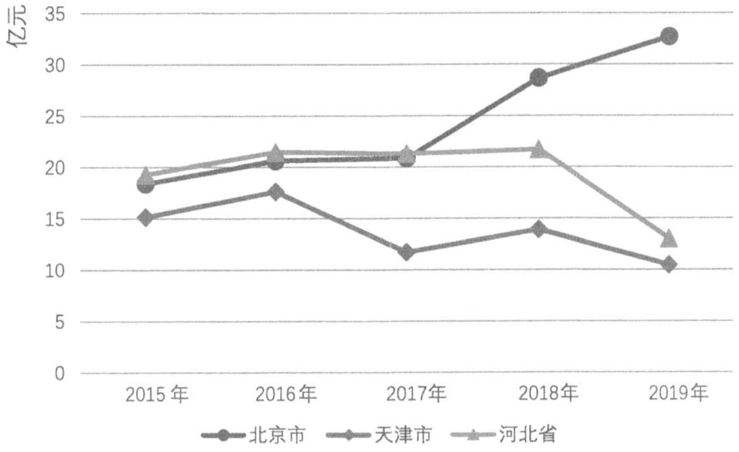

数据来源：北京市、天津市、河北省统计年鉴

图6-7 京津冀2015—2019年医药制造业R&D经费内部支出

二、以自贸试验区促进京津冀地区生物医药产业发展

面向未来，京津冀地区要打造世界级生物医药产业集群，重点深化区域体制机制改革，建立健全协同创新政策体系，建立跨区域利益共享机制，促进集

群内要素的自由流动与产业融合发展。借助自贸试验区的各方面优势，合理规划产业布局与规划衔接，有序推进生物医药产业升级与梯度转移；整合京津冀地区生物医药产业创新资源，打造共享化、专业化、网络化的生态服务体系，从而形成持续的创新能力和创新成果。

（一）建设研发中心，打造创新链发展新格局

自贸试验区应借助政策优势，牵头对产业关键共性技术进行联合攻关，合力建设生物医药工程技术研究中心、公共实验室、基因库、细胞库等一系列研发设施，引导科技中介机构深度参与，引导企业将更多资源投入技术与产品研发工作之中，规范企业研发环节的实验环境建设，鼓励大型实验室和龙头企业朝国际标准方向发展。生物医药创新资源充裕地区应着重进行生物医药创新研究，将科技成果多次转化，提升技术成熟度；创新环节薄弱地区应根据本地技术和资金储备情况合理选择发展新药研制、二次药品开发等，实施仿创结合发展，提升生物医药产业发展质量，在区域内构建创新链发展新格局。

（二）构建生物医药产业集群

生物医药产业对地区、园区配套产业链生态具有较高要求，发展所需要的人才、技术、资本、设备等高端专用型创新要素总体处于紧缺状态，且大部分资源集中在中心城市。应在自贸试验区内建立生物医药产业园区协调发展机制，强化自贸试验区之间的协同联动，建立起有效的信息沟通、工作协调机制，理顺园区之间的竞合关系，引导优势园区服务资源的开放共享，营造优良的区域产业创新发展生态。自贸试验区应强化区域内顶层设计，集中资源力量，打造一批对标国际、基础完备、具备龙头带动能力的标杆型园区平台，形成京津冀生物医药产业对标国际的战略平台，对标世界级生物医药产业集群，成为全国乃至全球生物医药产业发展的首选地。

（三）支持中国（河北）自贸试验区生物医药和生命健康产业开放发展

优化生物医药全球协同研发的试验用特殊物品的检疫查验流程。建立新药研发用材料、试剂和设备进口绿色通道，免除企业一次性进口药品通关单，实行一次审批、分次核销。简化一公斤以内的药物样品、中间体出境空运手续。适度放宽医药研发用小剂量特殊化学制剂的管理，支持在自贸试验区内建立备货仓库。支持石家庄依法依规建设进口药品口岸，条件成熟时设立首次进口药品和生物制品口岸。支持自贸试验区内符合条件的医疗卫生机构，按照有关规定开展干细胞临床前沿医疗技术研究项目，建立项目备案绿色通道。建立基因检测技术应用示范中心和公共技术平台，支持开展基因测序技术临床应用，支持开展感染微生物、罕见病等基因质谱试点。优化二类医疗器械审批流程。支持开展医疗器械跨区域生产试点。设立医药知识产权维权援助分中心。

第七章

自贸试验区建设与京津冀服务业协同发展

第一节　利用自贸试验区促进京津冀教育协同发展

一、规划与政策支持

（一）京津冀教育协同发展

为深入贯彻落实京津冀协同发展战略，推动京津冀教育协同发展，北京市教委、天津市教委、河北省教育厅于2019年1月联合印发了《京津冀教育协同发展行动计划（2018—2020年）》提出今后将优化提升教育功能布局，推动基础教育优质发展，加快职业教育融合发展，推动高等教育创新发展。

1. 优化提升教育功能布局

行动计划提出，高水平配置北京城市副中心教育资源，北京市从中心城区引入优质教育资源，加快建设一批优质学校，带动提升区域整体基础教育品质。不断加强教育设施布局规划建设，进一步优化教育资源布局，全面增强津冀教育资源承载能力，提升公共教育服务、产业人才支撑服务与科技创新服务水平。

2. 推动基础教育优质发展

在基础教育方面，继续推动京津优质中小学（幼儿园）采取教育集团、学校联盟、结对帮扶、委托管理、开办分校等方式，与河北省中小学（幼儿园）开展跨省域合作办学。支持有条件的在京部委属高校到天津市、河北省与当地教育行政部门协作，共建附中、附小、附幼。落实京津冀教育对口帮扶项目，特别是助力河北省10个深度贫困县精准脱贫。深入推进中小学、幼儿园教师、校（园）长挂职交流，试点三省市教师资格、职称职务互认。

3. 加快职业教育融合发展

在职业教育方面，依托职业教育集团促进院校服务能力升级。在巩固已有跨省职教集团（联盟）基础上，共建实训基地，建设京津冀职业教育对接产业服务平台，推动职业院校、职教园区与产业聚集区融合发展，协同提升高端技术技能人才培养水平。根据产业链需求，重点建设一批职业教育专业群，推进跨省市中高职衔接，对跨省就读的职业教育学生在免学费、助学、培训补贴等方面逐步实行同城同等待遇。

4. 推动高等教育创新发展

在高等教育方面，深化京津冀高校联盟建设，探索培养方案互通，开展课程互选、学分互认、教师互聘、学生交流和短期访学。鼓励京津冀高校发挥学科互补优势，开展协同创新攻关与成果转化应用，为地方政府发展提供智力支持。推动高校创新支撑服务城市空间布局和产业集群发展，共同推动部分地方本科院校向应用型转变。

为更好促进京津冀教育协同发展，三地教育部门分别出台了有关规划：《北京市“十三五”时期教育改革和发展规划（2016—2020年）》提出，北京市要成为区域教育协同发展的领头羊，推动基础教育优质资源共享共建。《天津市基础教育事业发展第十三个五年规划》提出，天津市要适应京津冀协同发展进程。《河北省教育事业第十三个五年规划》提出，河北省要承接北京非首都功能疏解和补齐河北教育发展短板。

（二）自贸试验区的助力作用——平台与效率

2018年4月，《河北雄安新区规划纲要》提出要重点承接著名高校在新区设立分校、分院、研究生院等；建设世界一流研究型大学，培育一批优势学科，建设一批特色学院和高精尖研究中心；打造知识溢出效应明显的大学园区；支持“双一流”建设高校在新区办学，以新机制、新模式努力建设世界一流的雄安大学，统筹科研平台和设施、产学研用一体化创新中心资源，构建高水平、开放式、国际化高等教育聚集高地。

为持续深化“放管服”改革，教育部于2019年11月印发了《教育部关于在自由贸易试验区优化营利性民办学校审批服务的通知》，自12月1日起在上海、天津、河北等自由贸易试验区对实施专科教育的营利性民办高等学校和其他营利性民办高等教育机构，实施中等及中等以下学历教育、学前教育、自学考试助学及其他文化教育的营利性民办学校的设立、分立、合并、变更和终止审批，实行“证照分离”改革全覆盖试点。通知提出依法下放审批权限，鼓励有条件的地方以提高工作效率、提升管理效能为目的，以实事求是、因地制宜为原则，在法律法规许可的范围内，探索将实施中等及中等以下学历教育、学前教育、自学考试助学及其他文化教育的营利性民办学校的审批权限，下放或委托给自由贸易试验区所在地有关部门。

二、探索与实践——北京助力雄安新区教育发展

根据北京市教委与雄安新区管委会签署的《关于雄安教育发展合作协议（2021—2025年）》，到2025年底前，北京市将在三所“交钥匙”学校项目基础上，推进第八十中学、海淀区中关村第三小学、朝阳区实验小学、六一幼儿园以“组团式”办学方式，协助雄安新区再举办4所优质学校。

（一）北京学校援助雄安新区办学

北京市将发挥“建三援四”学校的辐射带动作用，“组团式”援助办学。其中包括以“交钥匙”方式全额投资建设幼儿园、小学、完全中学各1所，建成后移交雄安新区，这些项目分别由北海幼儿园、史家小学和北京第四中学提供办学支持。三所学校选派经验丰富的优秀校长、中层管理人员和骨干教师组成管理团队，负责雄安校区的运营和管理。

还有4所雄安新建学校将有北京“外援”。协议提到，计划在容东片区新建学校中与八十中合作举办一所初中和一所高中，在雄东片区分别与中关村三小、六一幼儿园合作举办一所小学、一所幼儿园，在容西片区与朝实小学合作举办一所小学。雄安新区每年给予合作学校专项经费保障。另外，六一幼儿园雄安园区、中关村三小雄安校区、朝实小学雄安校区和八十中雄安校区有望成为联盟校，加强合作交流。

（二）京雄中小学同上“一堂课”

北京市将利用已有的教育公共资源平台，特别是在新冠肺炎疫情期间已建立并广泛应用的网络课程共享平台和配套课程资源，和雄安三县中小学校共享；整合北京有关高校的“互联网+教育”优质资源，搭建“双优云桥”与“智慧学伴”平台，实现跨区域的远程在线资源互联共享、教师互助教研、师生互动交流。同时，支持雄安新区搭建“互联网+教育”平台，助力其建设智慧教育示范区。

北京市还将选派教育行政管理干部在雄安新区教育行政部门挂职；继续开展名校长培养工程和骨干教师能力提升工程，开展为期5年的学前园长培训，培养一批优质教师队伍等。

（三）京雄职业院校交流合作

京雄两地职业院校也将“结对儿”交流合作。北京职业学校将与雄安三县职教中心合作办学，在专业建设、课程开发、教师交流、人才培养、技能大赛等方面开展合作。北京市还将选取三所高职院校与雄安新区职业教育中心共建共享名师工作室、学生创客中心、实训中心。

北京市还将鼓励优质中小学校、幼儿园与雄安新区同级同类学校建立对口帮扶和手拉手关系，通过教师互访、观念互通、技术互学、作风互鉴，加强交流研讨和资源共享，开展专题讲座等方式增加受援学校对周边学校的带动作用。

第二节　利用自贸试验区促进京津冀金融协同发展

一、规划与政策支持

(一) 京津冀金融协同发展

2017年4月北京市、天津市和河北省三地协调机制、三地金融局（办）与银行间市场交易商协会签署了《借助银行间市场助推京津冀协同发展战略合作协议》，旨在扩大债券融资规模，推动创新产品落地。

2018 年5 月，北京市金融工作局与天津市金融工作局、河北省金融工作办公室签署了《京津冀三地金融局（办）合作框架协议》。围绕服务实体经济、防控金融风险、深化金融改革三项任务，坚持“一盘棋”思想，在信息共享和人才交流、优化金融资源配置，推动资源要素自由流动、推进金融市场一体化改革，推动多层次资本市场建设等方面加强合作，共同推进京津冀区域金融服务一体化、同城化。相关内容如下：

1. 优化金融资源配置

建立三地融资对接平台，定期举办三地银行业与相关产业融资对接活动。积极协调推进银行业金融机构跨区域交流，支持符合条件的金融机构跨区域开展业务合作。推动金融机构总部加大对三地分支机构的政策倾斜，在信贷额度、审批等方面给予更大支持。加强研究合作，支持三地相关单位就京津冀金融合作等领域开展交流研讨。

2. 推进金融市场一体化改革，推动多层次资本市场建设

建立三地统一的抵押质押制度，推动三地区域性股权市场在国务院、证监会的政策框架内合法合规开展合作。推动三地企业利用全国中小企业股份转让系统和机构间私募产品报价与服务系统挂牌、融资、并购；推动三地区域性股权市场规则标准化、监管一体化。

3. 探索建立科技金融合作平台

支持风险投资和互联网金融业健康发展，构建多功能、多层次科技金融服务体系。支持金融机构开展科技金融创新试点，拓展投融资渠道。完善科技成果转化平台市场化运营机制，探索形成金融服务实体经济、促进经济结构调整和转型升级的新模式。

（二）自贸试验区的助力作用——平台、效率与创新

2020年1月，根据河北省政务服务管理办公室披露信息显示，曹妃甸自由贸易区片区创新四项改革举措促进自贸区营商环境再优化。

1．加强金融机构对接

协调省人行、银保监局，对接唐山银行、燕赵财险等唐山地区法人金融机构及北京地区银行、保险等大型金融机构，引导金融机构设立金融资产投资子公司、直销银行、健康险专业保险机构，开展相关业务，丰富区域金融业态。

2．完善金融支持政策

支持区内现有银行网点升格为分行，在区内增设或升格的银行分支机构不受年度新增网点计划限制。鼓励银行金融机构在曹妃甸自贸试验区设立分支机构。设立融资租赁、商业保理等类金融业态。指导曹妃甸自贸试验区开展融资租赁、商业保理的准入和行业监管政策制定工作。

3．探索跨境投资机制

支持区域内股权投资管理人设立可吸纳QFLP（Qualified Foreign Limited Partner，合格境外有限合伙人，即股权基金的出资人）和QDIE（Qualified

Domestic Investment Enterprise，意为合格境内投资企业）的股权投资基金，研究探索基金投资范围，提高基金持股比例，打通自贸试验区双向跨境投资渠道，吸引北京等金融发达地区在自贸试验区设立管理人机构和股权投资基金，助力曹妃甸打造跨境投资和财富管理中心，2019年9月6日，在北京举行中国（河北）自贸区曹妃甸片区暨京冀曹妃甸推进协同发展示范区招商推介会，共签约项目22个，总投资额239.3亿元，总贸易额143.05亿元。

4．探索市场外汇交易机制

协调省人民银行与银行间市场交易商协会进行沟通，探索制定进入市场的融资租赁和商业保理公司的准入条件和门槛以及参与交易的规则等政策，选取曹妃甸自贸区内设立的融资租赁和商业保理公司作为试点企业参与银行间市场外汇交易，极大提高曹妃甸片区对两类业态的招商引资力度，形成融资租赁、商业保理两种业态新的聚集区。

另外，2021年11月，为推动雄安新区地方征信平台及征信区域一体化建设，助力“京津冀征信链”发展，中国人民银行雄安新区营管部联合雄安新区改革发展局、公共服务局共同组织召开雄安新区征信工作推进会。雄安新区征信工作推进会的召开是对政务大数据加普惠金融的有益探索，是营造良好营商环境，解决民营小微企业融资难、融资贵问题的有效举措。努力实现涉企政务信息在金融领域的共享应用，让金融机构更加了解企业，让雄安企业融资更加快捷便利。

二、探索与实践

2017年7月，曹妃甸发展投资集团发行首单京津冀协同发展债券，2018年11月，由国家开发银行独立自主承销的银行间市场首单“雄安债”成功发行，用于京雄城际铁路项目建设。2020年，以国家开发银行为例，国开行全年向京津冀地区发放贷款6287亿元。在服务京津冀协同发展的过程中，重点关注交通一体化、生态环保、产业升级转移三大领域。在交通一体化方面，融资支持太行山、京津、塘承等高速公路项目，北京新机场线、CBD线、石家庄地铁等轨道交通项目，以及京沪、津秦等铁路项目。生态环保方面，融资支持永定河流域综合治理与生态修复、雄安新区10万亩储备林等项目。产业发展方面，推动产业升级转移实现突破，向京东方、河钢产业升级及宣钢产能转移等项目提供支持。

（一）河北：金融助推京津冀协同发展的实践

1. 完善雄安新区投融资体系

发挥金融市场作用，与财政工具和货币工具一起，构建新区投融资体系，形成组合拳。着重解决新区整体权益性资金不足的问题，先后设立“京津冀协同发展产业基金”“河北雄安新区产业引导基金”“河北雄安新区基础产业发展投资基金”等，并创新性将市场化融资模式运用于生态环境治理领域，推动设立“白洋淀生态环境保护基金”。在运用本币资金的同时，积极吸引外币和离岸人民币资金，开展外商投资股权投资企业（QFLP）试点，推动与澳门金融管理局和香港金融机构合作，引入境外资金。

2. 优化雄安新区金融服务体系

以自贸试验区金融创新为抓手，构建跨境金融服务体系，推动投资贸易等更高水平自由化便利化，积极探索离岸金融服务。围绕全国性雄安股权交易所建设，构建政府引导、市场主导、企业主体的科技金融服务模式，服务科技创新和产业集群发展。以开展“国家绿色金融改革创新试验区”建设为核心，构建“可测量、可监控、可报告”的雄安绿色金融系统，推动开展绿色积分管理。

3．服务雄安新区数字经济发展

依托“金融科技监管沙盒”试点，率先将“金融科技+区块链”和数字货币，运用于工程项目款支付、拆迁安置款拨付、员工工资发放等场景，减少中间留存环节，全程可穿透可溯源，并在工商登记、民政服务、征信管理、供应链融资等社会经济、民生服务领域大量运用金融科技技术。结合雄安数字交易中心建设，推动构建基于数字身份识别体系的数字资产、数字交易等数字金融服务体系。

（二）天津：金融助推京津冀协同发展的实践

天津市通过优化金融政策环境、完善合作机制、加强金融创新等方式，扎实推进金融支持京津冀协同发展工作，取得了显著的成果。

据不完全统计，截至2019年6月末，天津市金融支持京津冀协同发展项目资金余额为4508亿元，占同期全市银行业金融机构贷款和表外融资余额的7.84%，其中贷款余额3744亿元，占全市贷款余额的10.58%。

此外，近年来三地移动支付协同发展稳步推进。截至2019年6月末，天津全市银行发行京津冀“农银通”卡、京津冀协同卡等便捷京津冀三地支付业务的银行卡产品约132.4万张。

在推进金融支持协同发展的同时，京津冀三地也强化了区域金融风险的联防联控。目前三地已实现对主要经济金融数据的监测共享和金融风险信息共享，对在三地备案的企业征信机构监管信息实施联合通报。

（三）北京：金融助推京津冀协同发展的实践

2020年5月，首批金融机构进驻大兴机场自贸试验区，金融授信额超900亿元。2020年5月11日，包括中国农业银行、招商银行在内的10余家银行进驻大兴机场自贸试验区，不仅为自贸试验区内企业提供多元、全面的综合金融服务，还将着力推动跨境贸易便利化等一系列举措。而随着首批金融机构的进驻，大批试点外汇政策也正式落地。大幅降低了区内跨国企业开展资金集中管理的门槛，压缩了常项业务的审核办理时间，让区内企业真正享受到外汇管理改革的政策红利。以中国农业银行为例，为配合自贸试验区试点政策落地，中国农业银行将突破常态业务范畴，打造三大自贸试验区业务特色套餐。即专属结算、专属融资、专属个人套餐，进一步优化自贸区客户开户手续和办理流程，减免相关手续费率，提供更具优势的利率和汇率报价，为区内企业提供更加便利的外贸金融环境。

第三节　利用自贸试验区促进京津冀文旅协同发展

一、规划与政策支持

（一）京津冀文旅协同发展

2019年5月，河北省文化和旅游厅、北京市文化和旅游局、天津市文化和旅游局共同主办京津冀文化旅游项目合作对接恳谈会。会议围绕京津冀文化与旅游融合发展、协同发展主题，进行了京津冀文化旅游融合发展研讨交流，同时，联合发布了115个文化和旅游投资招商项目。

2019年6月，北京市、天津市和河北省三地文化和旅游部门组织召开了京津冀文化和旅游协同发展工作会，成立了京津冀文化和旅游协同发展领导小组，签署《京津冀文化和旅游协同发展战略合作框架协议》。根据协议，三地将加快推进京津冀文化和旅游产业发展。扩大京津冀文化和旅游投融资渠道，联合开展文化和旅游项目招商引资活动。加强京津冀文化和旅游试点示范区建设，全面提升示范区文化和旅游基础设施和公共服务水平，培育示范区文化和旅游品牌，实现合作项目共建共享。促进三地共享公共文化资源与发展成果，以公共文化设施建设为依托，探索公共文化设施建设交流机制。

2020年10月，2020年京津冀文化和旅游协同发展工作会在天津市召开。会上公布了2021年京津冀文化和旅游协同发展工作要点。会议指出，2021年，京津冀要加强文旅产业领域合作，提升发展水平，优化产品供给，扩大投融资渠道；要共同推动文旅事业繁荣发展，提高文化软实力，推动三地图书馆资源共享和演艺领域合作，加强文旅信息互联互通；要加强文旅市场协作和联动，提升服务管理水平，加强公共文化服务体系建设，完善旅游交通服务体系，发挥行业组织作用；要深入落实国家战略，打造协同创新共同体，持续推进旅游试点示范区建设，加强文旅协同发展重大问题的研究，推动长城、大运河国家文化公园建设。三地将加快推进京东休闲旅游示范区、京北生态（冰雪）旅游圈、京西南生态旅游带、京南休闲购物旅游区、滨海休闲旅游区五大京津冀旅游试点示范区建设，全面提升示范区旅游基础设施和公共服务水平，培育示范区旅游品牌，实现合作项目共建共享。比如，丰富过境免签旅游产品体系：研发京津冀144小时过境免签产品，突出京津冀地域特点，突出京津冀文化遗产、中医养生、游学等内容。优化旅游服务环境，拉动入境旅游消费增长，促进京津冀服务业对外开放，显著提升京津冀旅游目的地的竞争力与吸引力。推动长城、大运河国家文化公园建设：共同塑造长城、大运河国家文化公园品牌，联合举办“全国新媒体自驾游长城”活动；共同培育打造一批以长城和大运河为主题的特色文旅产品和线路。深入挖掘大运河历史文化资源，整合旅游观光线路，推动大运河沿线节点开发和特色产业发展。

2021年10月14日，河北省政府办公厅印发了《河北省文化和旅游发展“十四五”规划》（以下简称《规划》）。《规划》共分十三章，围绕建设文化强省和旅游强省总目标，构建一个总体布局，夯实四类工作载体，实施一项重点工程，完成九项重点任务。构建“一体两翼六带”空间布局。“构建一体”，即对接京津共同打造京津冀文化和旅游发展协同体。“形成两翼”，即以雄安新区为核心的南翼，以张北地区为核心的北翼。“打造六带”，即环京津文化和旅游带、长城文化和旅游带、大运河文化和旅游带、太行山文化和旅游带、沿渤海文化和旅游带、坝上草原文化和旅游带。《规划》对于助推新时代全面建设京津冀地区文化产业具有重要而深远的意义。

（二）自贸试验区的助力作用——平台与新热点

2021年10月印发的《河北省文化和旅游发展“十四五”规划》提出，要聚焦雄安新区建设，打造全国文化和旅游创新发展高地。充分发挥“千年大计”雄安新区的国际影响力，集聚全球文化创新要素和资源，引导高端新型文化和旅游产业聚集。实施文化提升工程，创意开发一批融合雄安文化特色的新型文化和旅游产品，形成雄安文化标识，助力河北文化和旅游参与全球竞争。以环京津重点城市、现代化省会都市圈为支撑的京津世界级文化和旅游目的地，加快建设雄安新区旅游创新发展示范区。同时，发挥雄安新区、张北地区、现代化省会都市圈的引领作用，共同打造京津冀世界级旅游目的地。要加强雄安新区形象宣传。利用各类国际展会、对外文化和旅游交流平台，突出雄安新区规划建设创新理念和实践，叫响世界旅游创新城市品牌。叫响“京畿福地 乐享河北”总品牌，培育“创新雄安、冬奥冰雪、锦绣长城、风情运河、壮美太行、红色圣地”等6个子品牌。突出创新雄安、雪都崇礼和壮美太行等品牌，推出多样的旅游优惠措施。

正定片区自贸试验区中规划了以“一带一路”为主题的文化旅游商贸区板块、文化科教娱乐板块和国际名品折扣板块。其中，以“一带一路”为主题的文化旅游商贸区有“一带一路”沿线60多个国家特色商品的直销直供，欲打造商旅产业融合发展，培育旅游消费新热点。

曹妃甸片区自贸试验区依托“北方独有、全国罕见”的曹妃甸湿地以及海碧天蓝、湾美滩净的近海海岛，大力发展旅游度假、健康养生等在内的产业链，打造全国知名滨海旅游城市和京津冀康养胜地。引进相关企业，随着世界顶级健康胜地落子渤海湾畔、曹妃甸湿地旁，将构建起曹妃甸健康文旅产业的有力中枢。

二、探索与实践

三地为加快推进京津冀旅游市场一体化，推出京津冀旅游一卡通，截至2021年7月，京津冀旅游一卡通累计发行200余万张，涵盖三地500多家旅游景区。

（一）完善旅游交通服务体系

2020年8月，河北省文化和旅游厅与中国铁道旅行社集团有限公司合作，开通了4趟“爱家乡、游河北，发现身边的美”——“乐享河北号”旅游专列，分别由石家庄、唐山、邯郸始发，开往承德、张家口，加快推进区域旅游市场复苏。旅游班列的开通，旨在通过整合挖掘河北丰富厚重的历史文化和自然旅游资源，打造周末旅游的特色火车短途线路产品，吸引更多的京津游客走进河北、乐享河北。

（二）培育示范区旅游品牌

2016至2019年，河北省成功创建7家国家全域旅游示范区、14家省级全域旅游示范区，国家5A级旅游景区增至11家，4A级景区增至140家，国家和省级旅游度假区达到10家。旅发大会综合带动成效显著，共举办6届省旅发大会、60场市级旅发大会，带动新建和提升重点项目637个，总投资5400多亿元，推出了“京西百渡”“秦皇山海”等一系列全域旅游精品片区，推动新建、改建旅游公路 3900 多公里，风景道、绿道4400余公里，建设、提升区域性游客服务中心（旅游集散中心）110座。河北旅游海外推广中心达到32家，万人客源国和地区增至27个，“京畿福地，乐享河北”旅游品牌国际影响力明显提升，河北省荣获国际旅游联合会颁发的“国际旅游金星奖”，为京津冀文旅协同发展奠定了坚实的基础。

（三）合作项目共建共享

为助力京津冀文旅协同发展，由北京市文化和旅游局主办的“打开艺术之门”暑期艺术节，不仅在节目编排上体现京津冀协同发展的特色，还于2019年首次由北京中山公园音乐堂、天津大剧院、保定关汉卿大剧院、衡水保利大剧院、唐山大剧院等京津冀5城5家剧院联合举办，推进区域文化艺术交流发展。北京、天津、河北交响乐团与北京保利剧院管理有限公司共同成立京津冀交响乐艺术发展联盟，整合三地古典音乐领域和演出市场资源，点线结合，形成环首都交响乐艺术走廊。此外，京津冀地区戏迷众多，三地之间的戏曲交流活动也十分密切，给三地观众留下了深刻的印象。

与此同时，京津冀博物馆协同发展不断深入，博物馆之间的互动交流活动日益频繁，三地经常合作举办联合展览或交流展览。2018年，河北博物院与中国国家博物馆、首都博物馆、天津博物馆共同签订“1+3”战略合作框架协议，深入探索长效合作机制；2019年，京津冀非国有博物馆协同发展合作论坛在天津召开，来自京津冀的近50家博物馆代表就非国有博物馆的功能发挥、文创产品开发、藏品保护与修复等问题展开深入研讨。

第八章

自贸试验区建设与京津冀经贸合作

第一节　北京自贸试验区促进经贸合作

一、北京自贸试验区促进经贸合作的成效

（一）实施医疗器械注册人制度

北京自2018年开始策划启动医疗器械注册人制度试点，按照国家药品监督管理局2019年召开的全国医疗器械注册人制度试点工作推进会部署要求，成立了试点工作推进领导小组，多次开会研究部署，制定了详细的工作安排，确保医疗器械注册人制度试点工作取得实效。经国家药品监督管理局同意，2020年6月制定发布了《关于做好医疗器械注册人制度试点工作的通知（暂行）》，明确注册人和受托人在开展试点工作前应当共同向市局提交试点申请材料，对涉及跨区域试点的，本着与相应省级局协调一致的原则，要求企业提供其同意参加本市试点工作的证明性文件，经同意后方可按照法规要求正式申请产品注册和生产许可。对注册人和受托人提出监管要求，明确相关药监部门监管责任。协商相应省级局，确定各方职责划分，强化企业主体责任，落实监管责任主体。同时坚持内部会商，多次召开内部会议，明确内部职责分工和工作流程，设置咨询问答专栏，制定并公示医疗器械注册人试点工作申请资料审查要点。

在2019年与天津市、河北省局签订的《京津冀医疗器械科学协同监管区域合作协议》基础上制定《关于促进京津冀医疗器械注册人协同创新高质量发展的意见（试行）》，对成立组织机构、加强区域协调共治、落实事中事后监管、加快监管信息化建设等方面，达成了区域协同监管共识，形成了一系列的工作

机制，现已完成征求意见，即将以三地药监部门名义联合印发。此外，京津冀三地药监部门正在会签《关于协调开展京津冀地区检查员联查联训合作备忘录》。

在医疗器械注册人制度试点工作开展过程中，北京持续加强与国家药监局、相关兄弟省局的外部沟通，加强内部处室间的横向联系会商，定期统计分析试点申请进展，共谋推动试点工作措施，研究解决发现的主要问题。北京医疗器械注册人制度试点工作刚刚起步。注册人制度下首家京内受托生产和首家跨省委托生产的企业已分别获批医疗器械注册证和医疗器械生产许可证，标志着医疗器械注册人制度试点工作下的“注册+生产”模式在北京市正式落地。

（二）京津联手成立绿色物流“双中心”

在京津冀协同发展的大战略下，平谷区政府和天津港集团将紧抓北京市服务业扩大开放综合示范区和自由贸易试验区建设发展机遇，平谷区和天津港集团多次进行实地考察、会议研讨，组建工作专班。经过4个月的深度磨合，确定合作方向，设立“天津港·北京平谷服务中心”和“天津港·平谷多式联运中心”；用好天津港口资源，充分发挥马坊物流基地口岸、保税和城市保障功能，开通“天津港——平谷试运行班列”，探索“自动化集装箱码头+铁路运输+新能源车”的绿色运输新模式；围绕建设平谷国家骨干冷链物流基地、发展绿色数字物流产业、推动通关贸易便利化等方面探索港口服务内陆、内陆与港口融合发展的新途径。

实现港口功能前置，促进跨境贸易便利化。绿色物流“双中心”的成立，将天津港及区域总部的各项功能及服务前移到平谷区当地，功能包括：出口订舱、放单，进口换单，港口业务及价格咨询等，全面提升两地口岸的服务水平和服务效率。

发展绿色数字物流产业，强化服务保障功能。以绿色化、数字化、集享化为核心，在推广应用节能新技术、信息化建设及资源、政策共享等方面加强与天津港合作交流，吸引龙头企业及相关产业集聚，形成集储运、保障、服务、创新为一体的新型物流业态，打造服务首都的物资供应基地、辐射京津冀的商贸流通枢纽。

缓解东部通道交通拥堵，助力大气污染治理。目前，天津港运至北京的货物主要以公路重柴货车运输为主，导致公路交通拥堵和氮氧化物排放增加，造成环境污染。此次班列的试运行是平谷区和天津港集团落实中央运输结构调整三年行动计划、探索运输结构调整的新举措，将有效减少重柴货车进京数量，减少氮氧化物排放。

（三）单一窗口+区块链

依托国际贸易“单一窗口”，利用区块链技术特点，创新“单一窗口+区块链”模式，促进京津冀三地海关通关、口岸物流数据上链共享，通过各单位数据上链存证，实时流通、清晰确权、痕迹可查，实现通关、物流时效查询，为企业优化作业流程，提高运作效率，促进外贸业务协同办理，提升政务智能化服务水平。一是使用Fabric区块链技术，完成底层的建设；二是制定了京津冀海运通关物流数据共享的数据标准，开发完成数据上链接口；三是协调三地商务、海关、物流运营主体数据上链。

本次区块链应用服务平台主要建设了综合服务和运营管理两大系统，分别满足政府和企业需求，均可根据自身需求分别上链应用。实现了单一票货物全流程追溯；单一企业通过物流时效统计；某一时段口岸通关物流时效分析。在应用效果上，区块链场景实现了海港、空海关数据实时上链，改变了企业通关物流数据需要通过多个平台分别获取的现状，为企业提供即时动态物流、通关数据服务，进而优化作业流程、提升贸易效率；主管部门可以通过“单一窗口”一站式获取企业、港口和海关共享的可信数据，为实时掌握海港物流状态，并通过数据关联分析、通关全链条时效分析，有针对性地优化服务。

二、北京自贸试验区进一步促进经贸合作的措施

（一）推动形成统一开放市场

利用北京自贸试验区加强京津冀三地的技术市场融通合作，对于有效期内整体迁移的高新技术企业保留其高新技术企业资格，促进三地形成统一开放的市场从而促进三地的经贸合作。此外也要深化三地的产业链协同发展。将自贸试验区打造为京津冀产业合作新平台，创新跨区域产业合作，探索建立总部—生产基地、园区共建、整体搬迁等多元化产业对接合作模式。与天津、河北自贸试验区抱团参与“一带一路”建设，坚持稳妥有序原则，共建、共享境内外合作园区。

（二）发展数字经济新业态新模式

北京自贸试验区的战略定位是，建设具有全球影响力的科技创新中心，加快打造服务业扩大开放先行区、数字经济试验区。因此，北京自贸试验区应当发挥自己的优势，加快新一代信息基础设施建设，探索构建安全便利的国际互联网数据专用通道。应用区块链等数字技术系统规范跨境贸易、法律合规、技术标准的实施，保障跨境贸易多边合作的无纸化、动态化、标准化。依托区块链技术应用，整合高精尖制造业企业信息和信用数据，打造高效便捷的通关模式。探索建立允许相关机构在可控范围内对新产品、新业务进行测试的监管机制。北京自贸试验区可以利用自己的优势率先发展，之后通过与天津、河北之间的经贸交流、合作，带动两地发展，从而推动京津冀协同发展。

（三）共建信息化管理平台

北京自贸试验区应该同天津、河北自贸试验区一道，利用大数据的理念、制度和方法，实现人才、资源和信息的共享，使其成为各自贸试验区之间协作发展的一个重要平台，从而带动三个地区之间的经贸合作。通过提供这样的一

个平台，实现要素在区域内的自由流动，发挥各自的比较优势，这样便大大减少了企业的生产成本，避免企业之间的同质化竞争。这不仅可以提高企业的效益，还能够增加消费者的福利，促进三地的经济发展以及经贸合作，逐步实现京津冀的协同发展。

（四）促进服务贸易的发展

北京自贸试验区的功能定位侧重服务贸易，需要在国家服务业扩大开放综合示范区政策的基础上发挥好自由贸易试验区试点任务的作用，通过落实总体方案明确的深化金融领域开放创新、满足高品质文化消费需求、优化发展航空服务等三方面40余项措施，推动服务业的进一步开放，高标准建设好国家服务业扩大开放综合示范区。在北京自贸试验区扩大服务业开放的基础上，要积极与天津、河北自贸试验区开展合作交流，分享其制度、实践经验，促进与其他两地之间的服务贸易和经贸合作，推动京津冀协同发展的实现。

第二节　天津自贸试验区促进经贸合作

一、天津自贸试验区促进经贸合作的成效

（一）“分公司+FT账户模式”

2019年自由贸易账户在天津自贸试验区落地实施以来，天津自贸试验区机场片区与中国银行天津分行、招商银行天津分行紧密合作，在服务自贸试验区企业的同时，不断开展政策创新，延伸和拓展自贸区金融创新政策的适用面，推出了“分公司+FT账户模式”。该政策为京冀企业享受FT账户政策红利创建了有效路径，满足京冀两地企业跨区域使用FT账户的需求。

机场片区与中行、招行专门成立了FT账户工作专班，专人专题研究FT账户功能的应用问题。机场片区会同中行、招行，推出“分公司+FT账户模式”，京冀企业可在天津自贸试验区机场片区设立分公司，并以分公司名义开设自由贸易账户，既保证了京冀税源不流失，又满足了企业开展有关进出口和跨境结算业务，享受政策红利的需要。

（二）发挥租赁产业创新优势

近年来在不断创新租赁商业模式和产品的同时，天津自贸试验区东疆片区持续在政策创新领域发力。作为国家租赁创新示范区，东疆片区推出了融资租赁企业外债便利化政策试点、离岸融资租赁对外债权登记业务试点等一大批改革创新政策。东疆片区在加快推动中国租赁业创新发展方面真正起到了

引领示范作用，并不断利用产业优势服务京津冀企业。在东疆片区注册的租赁企业中，有一大批来自京津冀地区，既有如中铁建、中海油、中船重工、中远、中铝、三大电信运营商、五大电力国企等来自北京的央企，也有来自河北的河北钢铁、津西钢铁、新澳集团等企业。相关企业主营业务在制造、能源、航运、交通等第二产业，将东疆片区作为企业拓展业务的创新平台，在东疆设立租赁板块公司，将产业布局延伸至第三产业，利用金融工具服务自身产业升级。

（三）放宽紧缺急需外籍专业人才引进

为有效满足企业对于外籍专业人才的需求，天津自贸试验区积极发挥先行先试的政策优势，以制度创新为企业引进专业人才扫清障碍，针对性调研问题症结。为有效畅通此类企业人才引进通道，中心商务片区积极调研区内代表性企业，精准定位企业引进人才障碍点，找准制度创新突破方向，为制定创新型人才政策打下坚实基础。市区联动协同创新，充分发挥自贸试验区高效协同联动功能，在市外专局的大力支持下，相互联动紧密配合，成功实现多项政策创新。一是开通外国人来华工作管理服务系统中的两项权限。外国人聘用单位管理权限和外国人来华工作许可相关事项的预审权限。二是放宽服务业聘雇高层次和急需紧缺型外籍专业人才在工作经验、年龄等方面的限制：将外国专业人才（B类）年龄放宽至65岁；取消外籍人才2年工作经验要求；对于被区内企事业单位聘雇、中国境内高校取得学士及以上学位且毕业在一年以内的外国留学生，以及在境外知名高校取得硕士及以上学位且毕业在一年以内的外籍优秀毕业生，可放宽工作经验限制。这为推进京津冀协同发展提供了有力的人才支撑。同时该项政策的突破也为承接北京非首都功能夯实基础，为开创京津冀协同发展新局面提供有力支撑。

二、天津自贸试验区进一步促进经贸合作的措施

（一）进一步增强招商力度，做好精准招商工作

1. 更新招商理念，实现链式招商

链式招商的着眼点要放在区域产业系统的建立和可持续发展上。一是要转变观念，由大招商转变为招大商。重点瞄准国内外大企业、大集团；二是要由粗放招商转变为精细招商。按照科技含量、投资强度、产业效益和生态影响等标准，大力实行精细招商；三是要依靠各片区的资源和产业优势，发展特色产业，打造特色产业链；四是树立招商引智的新观念。要把引进资金、项目同引进人才、技术并举。按照规模化、特色化、市场化、集约化的要求，搞好产业规模和布局，积极引入国际先进和市场化动作模式和公司管理方式，按照“大项目—产业链—产业群—产业基地”的发展思路，推动各片产业结构的不断升级。

2. 建立专业专职化招商队伍，实现专业化招商

对聘用的招商人员采取企业化管理模式，实行年薪制绩效考核。同时，可以开展委托招商、代理招商，选聘招商大使，结合各片区的产业现状、资源禀赋，精准匹配招商实施市场化招商。组建多行业招商智库，选聘技术顾问和投资顾问，实施项目质量常态化评估。建立完善自贸试验区招商项目信息库，实现持续招商。实行招商信息登记备案制度，强化信息首报的认定管理。建立在谈项目的跨区流转制度，完善利益分享机制，鼓励自身承载能力不足或与产业定位不符的项目合理流转。

3. 建立招商项目经理负责制，实现情感招商

借鉴温州招商的做法，变“屏对屏”洽谈方式为“面对面”招商。在全区范围内筛选出重点招引企业（项目），选派机关干部实行招商项目经理负责制专人挂钩联系，切实帮助解决项目推进中遇到的实际困难，确保招商项目无障碍推进。项目经理做到“有事必去，有叫必到”，对招商项目全过程即项目引

进、签约、落地、开工、建设、投产等环节进行全方位跟踪了解，帮助项目企业化解问题，确保项目顺利推进。结合当地产业发展定位和经济发展需求，制定更加具体灵活的优惠政策，鼓励实行“一事一议”“一企一策”，打造“人无我有、人有我优”的政策洼地，进一步塑造自贸实验区情感招商的大品牌。积极营造氛围，开展功勋（先进）人物评选等活动，以“情感招商、人心招商”助推项目落地，拓展升华招商内涵，进一步巩固亲商、安商、富商的良好氛围。

（二）加大对外开放力度

天津自贸试验区应大力开发新型贸易业态，推动外向型产业发展，以达到扩大出口、优化贸易结构的目的。同时，天津自贸试验区应通过建设国际物流园区、大力发展保税区仓储、充分利用供应链管理、第三方物流等模式构建现代国际物流服务体系，不断促进京津冀地区贸易便利化以及通关一体化建设，努力打造跨境电子商务领军企业，推进电子商务园区建设。此外，也要注重深化金融领域的开放创新。第一，促进金融服务创新，加大金融领域的开放程度和市场化程度，重点关注自贸试验区企业面临的融资困难，增强融资的便捷性，对民营企业开放保税区金融服务业。在强有力的金融监管条件下，可以继续开放并允许建立与中小型银行类似的金融机构，建立有效的保险机制，推动商业保理体系的完善与发展。第二，促进金融风险防控体系创新，努力完善市场和跨行业金融风险评估体系，利用大数据处理方法对金融交易前后的业务进行及时有效管理，保障资本跨地区、跨国界的合法流动。

（三）提高科技投入，营造创新集聚高地

天津自贸试验区要进一步完善创新环境，创造优质自贸试验区营商环境。政府应加大对科技创新的支持力度，扶持科技型中小企业发展，促进创新平台、创新人才和创新主体加快聚集，培育科技创新聚集高地，实现向创新驱

动型经济转变。加快区域产业创新建设步伐，应全面落实《中国制造2025》和“互联网+”行动计划，发挥国家自主创新示范区带动作用，以科技创新提升产能。积极培育具有竞争力的产业集群，打造航空航天、高端装备、新能源新材料、新一代信息技术等产业链，努力跻身全球价值等产业链，努力跻身全球价值链中高端，从而增强自贸试验区对区域发展的辐射效应，推动京津冀协同发展。

第三节 河北自贸试验区促进经贸合作

一、河北自贸试验区促进经贸合作的成效

（一）综保区区域一体化运营管理

作为全国首个正式批复的跨省市综保区，大兴机场片区综合保税区京冀两地围绕破解协同管理运营机制障碍，实施“一个海关监管机构全权负责，一个管委会统筹管理、一个平台统筹运营、分建统管、协商分配”的一体化运营管理新机制。其中，“一个海关监管机构全权负责”是指定由一方海关牵头负责综保区的日常监管；“一个管委会统筹管理”是指京冀联合构建一个管委会来统筹负责日常管理；“一个平台统筹运营”是指由大兴区、廊坊市及首都机场集团三方共建一个综保区平台公司统筹负责日常运营；“分建统管”模式是指在建设初期对建设分工内容及管理标准进行统一；“协商分配”机制是指公开透明针对税收分成、进出口贸易成效共享等事宜开展定期协商。

基于综保区区域一体化运营管理新机制，京冀两区域共同探索了统一的运营思路，并探索建立起全国首个“一个系统、一次理货、一次查验、一次提离”的高效通关监管模式；在提升整体管理效率方面，京冀两地协同推动了保税物流、保税服务、保税研发、保税加工等领域近30个外向型发展项目顺利落地，并就项目未来的发展配套达成了统一的管理思路。

（二）四大机制打造京津冀协同发展示范样板

河北自贸试验区立足实施京津冀协同发展战略，积极加强与天津自贸试验区、大兴机场片区（北京大兴区域）的协同联动，通过建设“载体、体制、规划、工作”四大协同机制、签署《津冀自贸试验区战略合作框架协议》等工作，深化京津冀协同发展，实现大兴机场片区廊坊区域与大兴机场片区大兴区域共商共建共享，形成区域协同开放、联动发展的新格局。河北自贸试验区大兴机场片区作为我国首个跨省级行政区域设立的自贸试验区片区，在双方共同成立的自贸试验区推进工作领导小组指导下，积极强化协同顶层设计，推动联动机制创新，汇聚加快发展合力，打造京津冀协同发展的示范样板。

一是在载体协同方面，共同打造大兴机场片区、片区内含跨行政区域的综合保税区，以及片区外接跨省级行政区域的大兴机场临空经济区等多层次协同发展、联动创新平台。二是体制协同方面，共同成立河北自贸试验区推进工作领导小组，推动组建综合保税区、临空经济区联合管理委员会，大兴、廊坊区域的自贸片区管理委员会分别与该区域临空经济区管理委员会实行“一套人马，两块牌子”。三是在规划协同方面，共同构建临空经济区、自贸试验区和综合保税区等多层次的规划体系。四是在工作协同方面，共同建立工作一体安排、制度协同创新、招商统一开展、培训共同组织的全方位的协调推进机制。

二、河北自贸试验区进一步促进经贸合作的措施

（一）进一步改善营商环境，做好片区服务工作

1. 落实清单管理制度，推进贸易便利化水平

基本形成以负面清单为核心的投资管理制度，以贸易便利化为核心的贸易监管制度，着眼于服务实体经济发展的金融开放创新制度、与开放型市场经济相适应的政府管理制度和法制保障制度。在政府治理方面，从模糊管理到清单管理，从便利管理主体向便利市场主体，从串联式管理向并联式管理，实现政

府管理理念、服务理念、管理方式的根本转变。稳步推进“多证合一”“证照分离”改革。进一步推进“放管服”改革，大幅压缩企业开办审批实现，打造更加优质、高效的影响环境，借鉴川南临港片区的“企业开办小时清单制”，把企业开办分类别、分层级归并到“三张清单”，实现“倒计时”服务，提高办事效率。

2. 建立数字平台，实现资源共享

河北自贸试验区可以借鉴上海自贸试验区在数字平台建设的经验，由省自贸办牵头，各片区管委会会同石家庄海关、河北省金融办等部门，按照共建共享共用的原则，全面推进自贸试验片区一体化信息管理服务平台建设。该平台作为“企业业务办理+政府部门监管+第三方增值服务”的公共服务平台，以集聚、综合处理、整合优化企业ERP系统和仓储管理系统（WMS）数据、政府相关监管系统数据、港航（机场）作业系统相关信息等，为政府监管创新及功能突破、企业业务创新及享受本区特殊自由化和便利化政策提供基础支撑。系统主要包括四大功能：一是通过多元数据接入，助推企业特色业务自由办理；二是通过政府数据共享，助推跨部门协同监管；三是通过提供企业精准画像，助推全方位服务企业；四是通过提供第三方增值服务，助推精准服务企业。同时，在条件成熟的情况下通过京津冀三地协商，建立三地间数据共享网络，确保京津冀协同发展国家战略顺利实施。

3. 推进跨区基础设施的共建共管

在片区建设中，重点推进跨区基础设施的共建共管，以有利于消除区际要素流动、产业转移和商品贸易不畅等不利于协同发展的局面。力争在跨行政区域共同开发，协作规划、交通网络、信息网络、能源基础网络等方面产生一批可复制推广，有利于区域间协同发展的制度和措施。应充分认识各种共同开发模式的特点，进一步发挥其效益，推进跨区大兴片区综保区基础设施的共建共管以及合作，还应本着互惠互补的原则，充分发挥彼此的优势，通过积极推进综保区规划与建设，积极推进空港物流合作等项目，形成等级合理的空间结构与顺畅接驳的交通网络。在协同发展方面尤其要发挥大兴机场片区多的作用。该片区本身就是落实京津冀协同发展的产物，在片区管理上，北京和河北分别成立管委会，负责两地片区管理。应将其建成河北与北京共商、共建、共管、共享创新“试验田”，通过北京与河北对该片区的共商、共建、共管、共享机制，出台一批有利于促进跨行政区域协同发展的创新制度，并满足可复制可推广的基本要求。

4. 加强河北自贸试验区各片区之间，以及已有各种经济开发区间的协同发展

从顶层设计上，规划各片区在疏解北京非首都功能上应承担的任务，在招商引资和产业发展上，发挥各片区比较优势，错位发展，避免恶性竞争。加强与天津自贸试验区的协同发展，在金融、运输、会展等方面加强两个自贸试验区的合作。以自贸区试验区为桥梁促进京津冀协同发展国家战略顺利实现。共同建设信息化管理平台，利用大数据的理念、制度和方法建设，通过大数据来实现安全和便利的有机统一，使其成为各自贸试验区间协作的一个重要平台。建立自贸试验区片区联席会议制度，以促进各片区协作。

（二）进一步创新人才培养和引进机制，做好人才储备工作

1. 采用挂职、借调、遴选等多种方式相结合，解决工作人员人手不足问题

争取市委组织部门的支持，出台专门办法鼓励更多的年轻干部特别是英语好的干部到自贸试验区挂职，发挥业务专长；通过央企、市属国企、金融机构等各种渠道借调等方式，补充自贸片区人手不足的问题；向全国选调、遴选等方式，招聘优秀毕业生充实到自贸片区工作中来。

2. 做好现有人才的培养工作

通过实际观摩、外出学习、在线学习、聘请专家授课、讲座、轮岗等多种方式相结合，提高现有工作人员水平，快速实现变外行为内行的转变，转型为符合自贸试验区业务需要的人才。

3. 建立京津冀人才数据库，实现人才云共享

打破户籍壁垒，采用项目负责制，以项目招标和自主聘用、软引进等相结合的方式，吸引优秀的团队和人才加入河北自贸试验片区建设中来。在建立京津冀人才数据库的基础上，建立自贸试验区专家顾问库。聘请全国优秀的自贸试验区专家对河北自贸试验区的制度设计、创新清单等进行实时联合把脉，确保制度实施过程中既符合市场规律，又能够达到河北自贸试验区对国家制度先行先试的效果。

（三）进一步提升市场一体化水平

京津冀地区应不断提升其市场一体化水平，此举至关重要。我国可以率先将三地自由贸易试验区的开放政策扩大到整个京津冀地区，率先实现京津冀各地服务业全面开放互通；尽快改变部分服务领域的正面清单管理模式，在负面清单制定中赋予京津冀更大的自主权；扩大三地金融业互通开放，推动京津冀人民币信贷市场对接，逐步实现信贷业务三地通行；建立京津冀金融风险共同防范机制，推动京津冀市场标准、行业标准与管理规则的对接，加快推进区域市场一体化进程；提高三地通关便利化水平，促进人员和货物往来便利化，进一步提升资源要素配置效率，打造更具竞争力的国际一流营商环境。

（四）大力发展新型产能

将石家庄建设成为现代化省会，打造以生物医药和新一代信息产业为主导的先进制造业基地、国家重要的综合交通枢纽和现代物流中心、京津冀世界级城市群“第三极”。唐山、保定、邯郸等区域中心城市要进一步推动产业分工协作、市场统一开放、公共服务共建共享，增强与京津两大都市协同带动作用。

推动国家实验室、省部共建国家重点实验室等国家级重大科技研发平台布局河北，在5G、人工智能、工业互联网、物联网等领域实施重大应用示范工程，在生物医药、数字经济、空天导航等领域谋划实施一批标志性创新工程。

推动京冀共建大兴国际机场临空经济区，建立河北与北京合理的税费分享机制，完善石家庄机场特色口岸功能，加快河北自贸区正定片区发展，加大对临空产业及相关高端产业支持力度，发挥对京津冀产业转型升级引领作用。

第九章

自贸试验区建设与京津冀数字经济协同发展

第一节 京津冀数字经济发展现状

一、北京市数字经济发展现状

（一）北京市数字经济发展基础

1. 总体竞争力强，在全球以及国内均处于领先位置

数据显示，北京市在2019年至2020年的全球数字经济竞争力得分分别为63.86分和57.38分，保持30个典型城市第八、九位的成绩，处于分值相对较高的水平。总体得分有所下降，排名相对上升。由此可见，在全球数字经济的竞争中，北京总体保持相对稳定的发展步调。

从国内数据来看，北京市2017—2021年数字竞争力总体得分呈上升趋势，排名稳定位于全国城市第二、第三名。由中国信通院发布的《中国数字经济发展白皮书（2021）》显示，2020年北京市数字经济规模为2.0万亿元，位列第六。占GDP比重为55.9%，北京数字经济规模占GDP比重居全国第一位，数字经济增速高达9.2%，高于同期GDP名义增速7.1个百分点。

从结构来看，北京数字经济结构持续优化。2020年，北京数字产业化规模为6808亿元，占GDP的比重为18.9%，而产业数字化成为拉动北京数字经济增长的关键引擎，规模达到13371亿元，占GDP的比重为37%。

由此可见，北京市在全国数字经济发展中具有显著竞争力，其发展在全国处于前列。

2. 数字经济已成为引领经济高质量发展的重要引擎

以信息服务业为主要组成部分的数字产业，依托北京的创新资源优势和科技创新中心功能定位，呈现良好发展态势。北京高度集聚发展软件和信息技术服务业，在全国具有举足轻重的地位。

据《北京统计年鉴2020》，2013—2019年，北京信息传输、软件和信息技术服务业增加值平均增速达到12.8%，超过地区生产总值6.9%，平均增速近6个百分点，超过第三产业7.4%，平均增速5个百分点，成为拉动首都经济创新发展的引擎。信息传输、软件和信息技术服务业占地区生产总值的比重由2013年的9.5%上升到2019年的13.5%，占第三产业增加值的比重由2013年的12%上升到2019年的16.2%，分别提高了4个百分点，已成为首都现代产业体系的重要支柱产业。2019年，北京软件和信息技术服务业实现营业收入1.3万亿元，占全国的23%。软件和信息服务业应用深度和广度不断拓展，软件赋值、赋能、赋智功能不断增强。

3. 数字化产业发展势头迅猛

北京是新一代信息技术原始创新的策源地，人工智能产业生态体系不断完善，产业集群效应逐步显现。北京已基本形成完整的人工智能产业链，涵盖了基础层、技术层、应用层，由高端芯片、基础软件、通用平台、核心算法、硬件制造、终端产业应用、行业整体及解决方案等重点环节组成，算例、算量、算法三螺旋结构相互强化。

4. 相比国内其他地区，北京核心创新竞争力强

作为我国的首都，北京市拥有良好的经济与科技基础。同时作为文化中心，北京汇集了众多知名高校与科技研究所，为数字经济发展提供强大的智力支持。目前，北京涌现出以百度、字节跳动等为代表的领军企业，在重点细分领域均拥有头部企业，聚集了一批具备颠覆性原创核心结束的创业企业。

5. 区块链产业先发优势突出，发展潜力强劲

根据中国信通院《2020中国区块链发展白皮书》显示，截至2020年11月，北京拥有区块链信息服务备案企业250家，占全国的31%。随着区块链产业生态的迅速完善，进行全产业链布局的平台型龙头企业、成长潜力强的区块链创新企业、技术配套和行业应用类的信息服务企业协同布局，涵盖底层技术、平台服务、产业应用、周边服务的全方位区块链产业链逐步完善。

（二）北京市数字经济发展存在的问题

作为经济发展的前沿性城市，上海、深圳是北京市在全国数字经济竞争中的强劲对手，北京在当前发展中时刻紧跟前两者的脚步。而在国际竞争中，北京的数字经济发展同波士顿、纽约等高评分城市之间仍存在一定差距。

1.“数字创新竞争力”等指标存在发展短板

从指标细节来看，北京在数字经济的软实力，尤其是在“数字创新竞争力”“数字人才竞争力”等方面略显不足。根据《全球数字经济新图景（2020）》，数字技术正处于系统创新、深度融合与智能引领的重大变革期，各国高度重视数字技术创新发展，各种前沿技术已经快速成为各国科技创新的重点领域。

因此数字创新将会是国际社会进行数字经济竞争的重要关注点，而新兴技术产业竞争也愈发成为人才的竞争，北京在这两方面的不足成为影响其数字经济发展的一大短板。另外，北京在2018年的“城市治理”指标数值上经历骤降，反映出北京一时间在全国推进数字政府改革发展中的相对滞后，警示北京在日后的数字经济发展中需提高对于观察发展形势的敏锐度。

2. 区域辐射作用不足

尽管北京在全国乃至全球的数字经济发展总体表现较为优异，但其对京津冀地区的区域发展带动作用还显示不足。相较于江浙沪地区形成的以上海为引领城市，江苏、浙江、上海共同进步，各自发挥产业优势形成协同发展，北京对京津冀地区的辐射作用较为薄弱。

从两地区的数字经济各项指标得分对比可知，京津冀区域内发展水平存在很大差异，仅在“产业融合”一项略胜于江浙沪地区。从城市的层次来看，这一现象同样突出。其中，河北省大部分城市的发展较为落后，几乎与北京、天津的发展步调完全脱节。

3. 缺乏总体性统筹

尽管北京市数字经济发展的起步较早，但数字化转型的快速实现更多依靠企业的内生性驱动力量，缺乏总体性统筹、整体性规划或必要的顶层设计。作为数字经济发展同样强劲的省市，浙江、上海在这方面表现出比北京更大的优势，先后于 2017年、2021年出台指导性政策文件。相比之下，北京市作为全国数字经济发展的重要增长极，却没有落实明确的顶层设计，可能引发数字经济行业运行失序的现象，从长远看将不利于北京数字经济的特色性发展及全国数字经济的总体发展。

二、天津市数字经济发展现状

白皮书指出，2020年天津市数字经济规模超过5000亿元，占GDP的比重超过10%，高于全国平均水平，增速8%左右。

（一）天津市数字经济发展基础

1. 数字经济规模日益壮大

在2020年，天津市高新技术服务产业和战略性新兴服务产业营业首日分别增长5.4%和4.9%，占比分别超过1/3和1/4，互联网和相关服务业营业收入增长16.1%，软件和信息技术服务业增长9.5%。数字经济相关产品产量保持较快增长，其中电子计算机、电子元件、集成电路、光电子器件增长幅度较大。形成了涵盖芯片、操作系统、整机中断、应用软件的完整信创产业链条。

2. 数字产业集聚效应逐步显现

国家新一代人工智能创新发展试验区、国家数字服务出口基地和网络信息安全产品与服务产业集群等试点获批，建立数字经济产业集聚区，打造数字经济产业集群。

3. 数字赋能传统产业高质量发展

天津建成丹佛斯、海尔5G工厂等智能工厂和数字化车间，培育了一批行业工业互联网平台，实现了一批上云工业企业，打造了一批“5G+工业互联网”应用场景。新兴服务业快速发展，直播带货、远程在线教育、互联网医疗等新的商业模式快速发展。

4. 数字赋能政府治理能力持续提升

天津市加快了政务系统“云网数端安”建设，“津心办”一网通办平台实现政务事项网上办，上线天津“健康码”助力疫情防控。

5. 逐步完善数字经济政策体系

制定实施《天津市贯彻落实数字经济发展战略纲要的实施意见》《天津市促进数字经济发展行动方案（2019—2023年）》《天津市促进大数据发展应用条例》《天津市大数据发展规划（2019—2022年）》等政策文件，建立天津市促进大数据发展联席会议机制，逐步完善数字经济发展的顶层设计。

（二）天津数字经济发展存在的问题

1. 数字经济对传统制造业转型升级助力较小

天津市的传统制造业国企比重较大，企业大多采用保守的投资决策，对于利用数字技术助力转型的积极性较低。同时，数字技术投入较大，转型成本高，这也导致了数字技术与传统制造业融合度低。

2. 数字经济核心技术研发实力尚有不足

产业核心技术虽然实现了一定产业的转型升级，但产业核心与国外技术相比还有较大差距。企业信息技术研发人员的比例与北京、深圳、上海等地存在较大差距，人才匮乏，一流水平领军人才和研发团队都存在较大缺口。

3. 数据流通滞涩

数据是数字经济发展中重要的生产要素，虽然政务数据在一定程度上实现了开放共享，但是开放的程度依旧不大，水平不高，数据交易的制度也不健全。

4. 产业生态未形成良性循环

天津市在芯片、操作系统、数据库等方面建立了相对全面的数字经济产品体系，但产业链相对单调，且本地市场主体偏弱，暂未形成上下联动、左右协同的产业生态。

三、河北省数字经济发展现状

2020年，河北省数字经济规模达1.21万亿元，全国排名第十一位，占GDP比重33.4%，增速6%左右，数字经济成为河北发展的新名片。

（一）河北省数字经济发展的基础

1.建设支撑数字经济发展的基础设施

截至2020年，河北省通信及互联网光缆线路总长达223万公里，省际出口带宽为4.05万Gbps，互联网宽带接入端口达4598.2万个，一栋通信基站总数达42.8万个，基础设施水平为全国第七，为数字经济发展奠定了扎实的网络设施基础。

2. 搭建数字经济交流合作平台

以会引才、以会聚智、以会兴业。在2019年中国国际数字经济博览会上，全省签约项目约150个，签约总金额超过1500亿元。数字产业化和产业数字化“双轮驱动”，数字经济和实体经济深度融合，数字经济已成为该时期深化供给侧结构性改革、推动经济高质量发展的重要支撑。

3. 加快推动数字产业化，新动能推动新发展

河北省积极牵手国内外领军企业、科研机构，加快数字产业化，培育新的经济增长点。秦淮数据集团在河北累计投资超百亿元，其建设的环首都怀来总部基地算力园区主体结构已封顶；互联网巨头纷至沓来，孵育了众多河北数字化项目；张家口市吸引阿里巴巴、腾讯等数十家企业落地，一批具有示范带动

效应的项目开始建设，世界级的绿色数据中心产业集群快速推进。

4. 加快数据信息共享，建立了更便捷的服务体系

河北省人民政府与中国建设银行共建五位一体政务服务体系，利用大数据等新技术，打破部门信息壁垒，加快数据信息共享，建立“互联网+政务服务”新模式，为企业和群众提供更完善的智慧政务服务。上线医保电子凭证，搭建乐游冀平台，可实时监测城区积水水位、“冀时办”等便民应用等各项措施，提升了社会现代化治理水平。

5. 加强支持数字经济发展的顶层设计

河北省委、省政府制定出台了《关于加快数字经济的实施意见》《河北省数字经济发展规划（2020—2025年）》《河北省数字政府能力提升专项行动计划》等政策，推进政府决策科学化。

（二）河北省数字经济发展存在的问题

1. 数字经济核心产业规模小

同国内其他省份相比，河北省数字经济核心产业增加值较少，同时产业链条短，缺少关键核心技术的领军企业，尚未形成有活力有竞争力的产业生态。

2. 制造业数字化水平低

河北省制造业企业信息化建设主要集中在自动化生产线改造、财务、办公、采购、销售等单项应用，处于集成提升阶段以上的企业比例仅为12.6%。工业各行业信息化程度参差不齐，离散制造业信息化水平明显低于流程制造业；数字化成本高昂，多数中小企业数字化改造动力不足，生产环节的数字化、网络化、智能化程度较低。

3. 科技创新能力薄弱

创新能力不强是制约河北省产业升级和技术进步的重要短板，在信息技术领域，全省缺少影响力较强的研发机构和知名高等学校，高端人才聚集水平低，尤其缺乏精通信息化与生产制造的复合型人才。

第二节　利用自贸试验区促进京津冀数字经济一体化

2020年9月，继天津、河北之后，中国（北京）自由贸易试验区正式揭牌，自贸试验区在京津冀三地实现了全覆盖。此次京津冀三地自贸试验区作为创新发展的前沿阵地，共同建立京津冀自贸试验区联席会议制度，有助于形成创新发展合力，为三地自贸试验区建设和京津冀地区协同发展注入新动力。

北京非首都功能疏解，河北产业承接，京津冀协同发展战略实施七年来，成果显著。不过，长期形成的京津冀三地发展不平衡，要想一夕改观并非易事。

一、协作方面

京津冀内部的产业分工协作不足，关联性不高。京津冀产业之间还存在断链缺链问题，尚未形成区域间分工互补、上下游联动配套的产业协同发展格局。京津冀三地在产业发展方面，存在趋同现象，特别是北京和天津两地的产业结构趋同性日益明显。京津冀三地支柱产业并未形成产业链、供应链分工协同的基本架构，相反呈现出各自孤立增长的基本态势。

（一）以自贸试验区制度创新为抓手，打破协同障碍，促进京津冀数字经济一体化

河北自贸试验区大兴机场片区是我国首个跨省市设立的自贸区。它是落实京津冀协同发展的产物，也是区域协同发展的试验田。通过北京与河北对该片

区的共商、共建、共管、共享机制，出台一批有利于促进跨行政区域协同发展的创新制度，并满足可复制可推广的基本要求。

（二）共建信息化管理平台，利用大数据更好地实现协作

通过共建信息化管理平台，利用大数据的理念、制度和方法，实现人才、资源、信息共享，使其成为各自贸区间协作的重要平台，通过三地自贸试验区之间的协同治理和发展，不断推广到京津冀三地的协同发展。

2021年9月27日，首届京津冀自贸试验区联席会议召开，标志着京津冀三地在加强联系沟通、相互学习借鉴经验、共同探索发展路径和服务京津冀协同发展重大国家战略方面迈出关键一步。会上，三地共同签署《京津冀自贸试验区三方战略合作框架协议》，启动了京津冀自贸试验区智库联盟揭授牌仪式。

会议上，南开大学发起成立了“京津冀自贸区智库联盟”，希望通过该联盟的平台搭建，进一步凝聚融合区域内高校和科研单位的智慧力量，推动促进三省市自由贸易试验区的高水平深层次研究、实践调研、成果评估和操作方案的不断完善，提出自己的联合研究成果，高质量服务区域经济协调发展。

（三）建立三地自贸试验区合作机制，促进协同发展

以大兴自贸区组团为抓手，争取创建中国第一个跨省自贸区一体化的表率。近期重点推动北京自贸试验区政策率先向河北大兴机场片区中的北京部分覆盖，远期将同在大兴临空区内的两个自贸试验区合并。同时，加强滨海中关村科技园、京津科技城及雄安片区和北京产业转移的高度合作。

实行“一地生效，三地同效”。争取国家层面的支持，在京津冀区域任何一个自贸试验区产生的新制度，都自动在其他两个自贸试验区实行，同时向京津冀全域推广。比如，北京和曹妃甸已经实行的“转移公司不更名”制度等，最终成为类似海南全岛自贸港的京津冀整体自贸试验区。

二、分工方面

（一）北京

加强数字城市基础设施建设，围绕数据资产，推动数字技术创新，培育数据驱动的未来产业，建立数字经济规则和发展测度体系，形成开放领先的新型数字社会生态。推动新一代信息技术和城市基础设施深度融合，建设数据原生的城市基础设施体系。把数据作为北京减量发展条件下持续增长的新动能，集聚激活海量数据资源，孵化数据服务产业，积极探索数据资源资产化、市场化、产业化发展的有效模式和可行路径。

聚焦数字经济基础性、综合性、关键性环节领域，率先实施一批标杆工程，建成有力彰显数字经济时代的标志性设施、标志性系统、标志性机构、标志性场景、标志性产品和标志性服务。

围绕数字产业化和产业数字化，推动数字技术创新链和产业链对接融合，统筹支持传统企业数字化转型和数字技术企业发展，孕育形成技术创新型、数字赋能型、平台服务型和场景应用型等不同类型的标杆企业。

（二）天津

天津市要将自身产业基础、资源禀赋等特征与数字经济发展相结合，筑牢新基建的数字经济发展底座，补齐核心技术的发展短板，从数字产业化、产业数字化和治理数字化三大方面持续发力，走出具有天津特色的数字经济发展道路。

全面依托天津市既有高新企业技术优势和南开大学、天津大学、中国新一代人工智能发展战略研究院等教育科研优势，加大卡脖子技术攻坚攻关力度，在集成电路、超导芯片等领域突破一批技术瓶颈，实施重大科技攻关项目，强化数字经济核心技术研发能力。通过“海河英才”计划激励尖端领域领军人才来津创业，加强数字经济核心技术的创新与研发，推动数字经济企业与实体企业深入合作。

完备的信息网络基础设施是数字经济发展的坚实保障。要推进信息网络演进升级，实施千兆5G和千兆光网建设提升工程，实现5G网络全覆盖。前瞻布局创新基础设施，夯实智能经济发展基础，建设全国一体化大数据中心体系京津冀枢纽节点和国家工业互联网大数据区域分中心，持续推进绿色数据中心建设。

（三）河北

河北从建设雄安国家数字经济创新发展试验区、推动京津冀大数据综合试验区创新发展、打造一批特色鲜明重点园区3个方面，统筹规划全省数字经济空间布局、功能定位和产业发展。深化数字领域国内外合作，发挥国家试验区的引领带动作用，建设数字经济产业园区，推动一批传统优势产业集聚区数字化转型，共同建设京津冀数字经济发展新高地。

依托国家批复的京津冀大数据综合试验区，深化大数据在环保、交通、健康、旅游等领域的创新应用，大力实施“5G+”“人工智能+”“区块链+”等试点示范。

加快数字化，发展数字经济，是京津冀三地协同发展的重要机遇。数字化有利于破解协同发展中的地缘制约因素，三地自贸区的合作机制一旦建立，将会大大促进京津冀数字经济一体化的发展。

第十章

自贸试验区建设与京津冀制度协同创新

第一节　税收共享机制

一、京津冀税收现状

京津冀协同发展作为当前三大国家战略之一，目前已经成为推动我国科技发展，产业升级、自我创新的重要引擎，三地在产业结构布局、科技创新方面取得了令人瞩目的进展，但在税收共享机制上，还存在较大的发展空间。

（一）税收与税源不匹配

2020年，北京市GDP 总量为36102.6亿元，地方财政税收5481.46亿元；天津市GDP 总量为14083.73亿元，地方财政税收1923.1亿元；河北省GDP 总量为36206.9亿元，地方财政税收3778.38亿元。理论上，税收来源于各个生产部门所创造的国民收入，也就是说税收与国内生产总值之间需要保持合理正向关系，但根据2020年京津冀三地GDP总量与地方财政税收数据来看，河北省拥有最大的经济体量但却没有收到与之相匹配的税收收入，出现了税收与税源相分离的现象。

为疏解北京非首都功能，会有大量的企业从北京迁入天津、河北，在产业转移过程中，一些大企业会选择将分公司设在天津、河北，总部仍设在商业合作环境更加成熟的北京，按照税法规定不具备法人资格的分公司不直接缴纳企业所得税，需要在总部所在地进行汇总缴纳，然后再按适当比例向分公司进行返还，使总公司所在地的税收收入远高于分支机构所在地税收收入，北京因此获得了更加充沛的税源，地区创造的收入贡献与该地区收入分配之间的不匹配，将进一步加剧京津冀三地财力差距，不利于三地的协同发展。

（二）税收政策存在缺陷

1. 税收优惠政策不健全

一般来讲，企业是由不发达地区向发达地区搬迁转移，但京津冀协同发展中要求一部分企业从北京转移到河北、天津，要求企业进行逆向转移。因此，为了能够更好地布局京津冀地区的产业结构，需要政府给予一定的税收优惠来促使企业的转移。但部分税收政策审批程序复杂，政策执行与具体落实存在滞后性，不利于三地企业做出产业转移的战略决策。

我国税收优惠政策呈现因地制宜现象，各地区具有制定各地优惠政策的权利，财政收入富裕的地区，为了争取到更多的税源，会制定更多的税收优惠政策吸引企业驻扎，从而形成“马太效应”，即富裕地区制定更多的优惠政策，吸引资本流入，从而地方财政收入更加充裕；而相对贫穷地区税收优惠力度不足，导致资本外流，使地方财政收入更加匮乏。国家曾出台相关法律法规清理地方税收优惠政策，但实施效果并不明显。

2. 税收优惠政策不均衡

京津冀地区税收优惠力度呈现出依次递减的格局，不利于三地区空间合理布局、产业链优化整合。此外，北京、天津聚集了大量的高新技术产业，针对这一类企业的税收优惠政策较多且覆盖范围较广，但经济欠发达的河北地区聚集了部分中小型高新技术，因研发活动中限制条件较多，部分中小型企业的研发活动不能享受税收优惠政策，这样会降低中小型企业的研发积极性，并且税收优惠政策多为事后型激励，对初创企业激励不足。

3. 税收共享比例不明确

采用“一刀切”方式将企业税负平分到迁入迁出地，没有考虑到不同行业对公共产品的使用数量不同来进行细分，会给迁入地或迁出地带来不同程度的影响。比如，重工业相对于服务业需要更多的公共资源，还可能造成迁入地的环境污染。为鼓励迁入地对高耗能高污染企业的承接，税收分享比例应更倾向于迁入地，制定过渡性政策予以支持，但这在现有政策中并未有明确体现。

（三）税收共享机制不健全

京津冀三地的税收机关在税收协同监管、信息一体化方面的建设存在较大发展空间。当前各生产要素在京津冀地区内快速流动，而三地之间的税务机关缺乏对税源监控的统一协调机制，尚未建立完善的数字化经济体制，大数据平台建设不完善，增加了三地对纳税人实行统一征管、有效监督的难度。以政府为主导的大型企业的搬迁转移，目前缺少相应的税收共享机制，企业无法准确获知迁入地政策，增加了企业迁移成本。此外，企业转出地自身利益最大化考虑，会通过一系列手段减缓企业转移速度，从而保证自己短期财政收入。

二、利用税收共享机制促进京津冀协同创新

京津冀一体化本质上是希望各地在资源优势互补的前提下能够实现产业经济的转型发展，但现实的情况是三地协同发展就一定会涉及各层面的政策问题，而税收政策是一切改革发展的基础。只有突破原有的税收体制障碍，实现税收共享机制，才能为京津冀自贸试验区的建设以及京津冀协同发展提供支撑。目前，我国自贸区已经推广至全国的“涉税事项网上审批备案”“税务登记号码网上自动赋码”“网上自主办税”“纳税信用管理的网上信用评级”“税控发票领用网上申请”“一般纳税人登记网上办理”六项税收征管创新政策对促进京津冀税收一体化发展起到积极促进作用。

（一）完善税收共享机制，减少税源流失

地方税收收入是筹集地方财政资金、配合地方政府加强经济管理、促进经

济结构合理调整的重要支撑。但征纳双方的信息不对称问题给地方财政收入造成极大损失。由于征纳双方的立场不同，纳税人为追求自身利益最大化，会想方设法减少税基、减少税款的缴纳，而税务机关的职能是依法征税、维护税法权威、保障财政收入，从而双方处于“对立”位置。京津冀三地税务机关信息不流通，很容易使纳税人具有隐瞒涉税信息的倾向，从而使得税源流失。随着经济全球化的发展，税收部门很难通过自身的信息资源掌握纳税人的涉税信息。税收共享机制有利于充分挖掘第三方涉税信息，能够极大地促进纳税机关对税源的监管。2021年印发的《北京市关于进一步深化税收征管改革的实施方案》，进一步推进京津冀地区税务事项“同事同标”，极大地方便了大中小型企业在三地自贸试验区办事创业，同时也有利于加强三地税务机关的信息共享，通过创建信息共享平台，减少征纳双方信息不对称问题。截止到目前，京津冀三地政务服务部门已联合推出57项“同事同标”事项，其中税务领域主要涉及跨区域涉税事项的报告、发票领用、相关转让财产事项报告等13项事项。我国税收征管政策是属人属地相结合原则，在京津冀地区愈发复杂的经济和税收环境下，三地通过自贸试验区的协同发展建设，合理利用税收共享机制，能够有效减少信息不对称情况，有利于税务机关加强对税源的监管，有效挖掘更多的涉税信息，减少纳税人偷税漏税行为。

（二）建立三地税收利益协调机制，平衡三地税收收入

京津冀三地经济发展差距大的主要原因是三地税收政策不平等、公共资源分配不均等问题。在京津冀自贸试验区建设过程中，要求一部分在京企业迁移至河北、天津，这就涉及一系列的税收政策问题，而三地现行的税收政策存在较大差异，这就为京企外迁工程带来了巨大挑战。建立税收共享机制，加强三地税务机关交流合作，打破三地税收独立局面，根据三地实际情况，因地制宜制定适合当地的税收政策，使税收与税源相统一，平衡总部与分支机构的税收收入，根据自贸试验区产业布局加速企业迁移，加速高新技术企业的发

展。完善的税收政策的建立是京津冀自贸试验区建设的基础。在《京津冀协同发展税收合作框架协议》中提出，京津冀三地将在逐步统一税收政策执行标准、建立税收利益协调机制等方面开展合作。京津冀自贸试验区税收政策将为京津冀协同发展给予示范引领性作用，同时也能为京津冀税收共享机制的建立和完善提供制度保障。

第二节　生态补偿机制

一、京津冀生态补偿机制现状

随着我国城市现代化进程不断加快，经济高速增长引发的环境污染、生态破坏问题日益突出，这严重制约着京津冀自贸试验区的建设。京津冀协同发展的内涵，不仅指经济的持续发展，更是强调人与自然的和谐共生。然而，在发展过程中存在一些问题亟待解决。

（一）环境保护与经济发展之间的矛盾

京津冀地区在地理位置上相互连接，生态环境依存度比较高，改善生态环境也是京津冀协同发展的一个重要方面。河北省作为一个依靠传统重工业发展的大省，聚集了大量的高耗能、高污染、高排放产业，大气污染严重，极大地危害了人民生命健康安全，引起了党和政府的高度重视。为促进京津冀生态环境一体化发展，河北省的重工业集中地，比如唐山、石家庄、邯郸等地，大刀阔斧地进行了一系列环保改革，淘汰了一大批不符合环保标准的落后产业，相继关停了一批高污染企业，有效地改善了生态环境质量，对京津冀环境协同发展做出重要贡献。但是，这一系列举措对河北省的经济发展产生了极大的阻碍，一方面，直接削减了政府税收来源，这将进一步拉大河北省与京津两地发展差距；另一方面，政府直接关停污染企业，使当地大批居民面临失业的风险，很多居民失去收入来源，又不能找到新的合适岗位，自身的生活和发展受到极大的影响，一定程度上对进一步的生态改善工作以及落后产能的淘汰工作产生阻力。

（二）存在体制性障碍

体制性障碍是制约京津冀三地生态环境一体化建设的难点。京津冀地区面临的诸多生态环境问题，深受京津冀三地发展状况不均衡、利益分配不对等、区域补偿不完善等因素的影响。

京津冀三地行政差异较大，北京作为我国首都，是政治经济文化中心；天津是直辖市，拥有雄厚的工业基础和强大的发展潜力；而河北并不是经济强省，省会石家庄也并非副省级城市，发展水平不高。较大的城市等级差距使地方政府各方面实力相差较大，使津冀两地尤其是河北在协同发展中处于被动状态，更多的是为首都发展进行“服务”，而京津冀协同发展更多的是强调三个地区作为平等主体的互惠互利、协同发展。由于三地间缺乏整体性生态环境保护与建设的思路，各地区“各自为政”，具有“区域意识”，忽视了区域内部协同发展的内在需求，导致区域生态环境协同治理矛盾进一步深化。此外，各地政策落实不到位，缺乏政策宣传，公众难以掌握该区域生态环境保护的整体方案，顶层设计难以深入人心。

（三）环保税法在实施过程中存在的问题

环保税法是我国第一部为了环境保护而制定实施的法律，环保税的征收极大地制约了企业对环境的污染，具有降低污染、改善环境的作用，在京津冀协同发展中也起到一定的促进作用，但在实施过程中也存在一系列问题。首先，会增加企业运营成本。根据《环境保护法》和《环境保护税法实施条例》的规定，企业需要购买安装相应的检测设备，需要招聘或培训相关的专业技术人员，这无疑增加了企业的运行成本。在京津冀地区，三地企业规模以及产业结构存在较大差距，河北省聚集着大量的中小型企业，不论是购买设备还是通过第三方机构进行环保指标检测，都极大地增加了企业的经济压力。其次，环保税法的实施需要环保部门、财政部门、税务部门的合作，需要各个部门之间建立信息共享机制，明确划分各部门工作职责，但目前分工协作工作落实不到位，各部门在实际操作中各自为战，造成了部门之间的协作障碍。最后，民众的关注度不高。生态文明建设需要社会各阶层的共同参与，我们保护的是大家共同赖以生存的家园，仅靠政府制定政策，缺少公众参与，很难实现人与自然的和谐发展，对推进生态文明建设目标的实现十分不利。

二、利用生态补偿机制促进京津冀协同创新

2021年，生态环境部等八部门联合发布《关于加强自由贸易试验区生态环境保护推动高质量发展的指导意见》(以下简称《指导意见》)，提出了建设高质量发展引领区、打造低碳试点先行区、构建生态环境安全区、形成制度创新示范区、树立环境国际合作样板区五大举措22项任务，为京津冀自贸试验区生态环境保护工作做出了政策性引领，使三地自贸试验区能够根据自己当地特点，有的放矢地进行生态环境保护工作。《指导意见》中明确指出，支持北京、天津、河北自贸试验区参与碳排放权、排污权交易市场建设，开展生态环境治理合作，服务京津冀协同发展。充分发挥自贸试验区“试验田”作用，加强京津冀生态环境改革举措系统集成，促进京津冀生态一体化发展。

（一）完善生态补偿机制建设

生态补偿制度建立和实施的目的是保护生态环境，促进生态可持续发展理念和道路的有效实施。京津冀生态补偿机制的建设需要跨省市发展，如何有效激励三地政府促进京津冀生态补偿机制的建立和发展，是制度建设和实施首先要考虑的问题。在京津冀协同发展框架中，遵循谁受益、谁付费，谁享受权利、谁承担责任的原则，在提高使用效率的同时，实现资源的生态价值。建立

和完善跨区域生态补偿机制，使生态权益享受地向生态消耗地提供资金补偿，能够极大程度地保护生态消耗地的权益，也能充分调动生态消耗地的积极性，提高资源使用效率。此外，通过政府行为，为公众提供一个保护生态环境的信号，有利于提高公众的生态保护意识，对维护生态平衡、保护生态多样性、建设文明的生态环境有积极意义，同时也促进京津冀生态补偿机制的有效落实。京津冀自贸试验区创新区域经济合作模式优化现代服务业、先进制造业和战略性新兴产业的布局，形成有利于地区发展的环境友好型、资源节约型产业结构。

（二）以自贸试验区为龙头，促进产业发展和生态治理的良性互动

生态兴则文明兴，产业强则人民富。生态治理与产业发展一直以来都是一个有机整体，两者应是相辅相成的关系。但产业的快速发展势必会造成环境的破坏，先污染再治理的方法是行不通的，我们要在保证环境可持续发展的基础上最大限度地进行产业合理布局、优化产业结构，在京津冀自贸试验区加速绿色贸易的发展，是人心所向、大势所趋。《指导意见》中明确指出，加强绿色贸易是推动自贸试验区高质量发展的重要途径和抓手，也充分体现了自贸试验区对发展绿色贸易的引领作用。此外，2015年发布的《国务院关于印发中国（天津）自由贸易试验区总体方案的通知》将绿色贸易放在重要的战略位置。京津冀自贸试验区是我国产业密集区，是区域发展的“先头兵”，对京津冀地区产业发展以及生态一体化建设具有积极示范作用。同时，自贸试验区在促进产业发展方面具有很大潜力，生态补偿机制的建立能够更好地促进产业发展和生态环境治理的良性互动，促进京津冀协同发展战略有序推进，三地加强交流合作，加快产业转型升级，为区域内的生态环境优化提供技术支持。

（三）加速建立区域碳补偿机制

碳补偿一般指碳中和，是指企业、团体或个人测算在一定时间内，直接或者间接产生的温室气体排放总量，通过植树造林、节能减排等形式，实现二氧

化碳的“零排放”。2021年10月24日，中共中央、国务院印发《关于完整准确全面贯彻新发展理念做好碳达峰碳中和工作的意见》（以下简称《意见》）。《意见》就“实现碳达峰、碳中和，着力解决资源环境的突出问题，以做好碳达峰、碳中和工作，完成对化石能源消费强度和总量双控”工作作出部署。《意见》明确地提出了三大阶段目标：到2025年，绿色低碳循环发展的经济体系初步形成，重点行业能源利用效率大幅提升；到2030年，经济社会发展全面绿色转型取得了显著的成效，重点耗能行业能源利用效率达到国际先进水平；到2060年，绿色低碳循环发展的经济体系和清洁低碳安全高效的能源体系全面建立，能源利用效率达到国际先进水平。《指导意见》中将充分利用清洁能源，支持自贸区低碳发展放在重要的战略位置。鼓励自贸试验区建设项目实施煤炭减量替代，优先使用非化石能源和天然气满足新增用能需求。

碳补偿是生态补偿研究领域的一个新方向。习近平总书记在党的十九大报告中提出要“建立市场化、多元化生态补偿机制”，这是生态补偿机制的内在要求。由于碳排放的涉及范围广、成因复杂、控制难度大，对区域间协调能力要求高，仅依靠三地政府，难以为地区碳补偿提供持续的资金支持，因此需要配套的碳金融制度来保证其资金来源渠道。同时在三地间建立横向碳补偿转移支付制度，实现地区—中央—地区的转移，更好地发挥碳金融制度在区际碳减排中的作用。另外，通过市场手段，引导企业参与到碳减排行动中去，将碳排放的外部成本予以内部化，实现京津冀地区碳中和的目标。

京津冀自贸试验区积极发展绿色贸易，在实践过程中，通过强化规划统筹推进生态环保工作、落实环境“放管服”改革优化营商环境、创新管理模式提升生态环境保护水平、以考核促进生态环境保护要求落地等手段，有利于推进自贸试验区贸易绿色发展。河北省形成的关于支持河北自贸试验区（曹妃甸片区）钢铁产业链供应链绿色低碳开放发展的创新举措，对构建国内国际双循环相互促进的新发展格局和落实碳达峰、碳中和政策起到推动作用。

第三节　人才流动机制

一、京津冀人才流动现状

近年来，京津冀三地间的人才一体化取得了快速发展，在人才培养上展开了密切合作，但制约京津冀三地人才流动的客观因素没有得到良好的解决，京津地区集中了大量的优质资源，对人才具有极强的吸引力，而河北省缺乏高层次人才，加之社会经济发展相对滞后，使得自身的人才储备不断流失，造成三地人才资源不均衡的趋势进一步加剧。

（一）京津冀人才结构矛盾突出

京津冀三地人才结构性矛盾突出。从三地人才受教育情况来看，北京在研究生以上高学历层次人才方面具有绝对优势，这与北京拥有全国最多、最好的高校教育资源密切相关；在本专科层面，河北总量高于京津两地，这体现了河北省在人才培养层次较低。另外，北京拥有全国80%以上的“985”工程、“211”工程院校，天津拥有两所“985”工程院校、三所“211”工程院校，而河北省仅有一所“211”工程院校，还坐落于天津市，三地教育资源差距较大进一步拉大了三地之间的差距。研究发现，增加教育投入可以有效优化京津冀人才资源配置，学校教育是提高人才数量和人才质量最基本、最直接、最有效的途径，高校应着重培养学生的创新思维，为学生创新创业提供良好的平台，为社会输送优质人才。由于经济环境、公共服务水平、地区政策等原因，京津冀三地人才层次呈现断崖式落差，并且人才差距在进一步扩大，这对京津冀协同发展提出了新的挑战。2020年京津冀三地人均GDP分别为167638元、90175元和47419元，北京位居全国第一、天津第七、河北位于第二十六名，造成了河北省在承接京津产业转移过程中，很难引进和留住创新型科技人才。从区域产业布局方面看，北京天津两地对科技人才的需求聚焦于战略性新兴产业和高科技产业，而河北省除了注重新兴产业和高科技产业的发展外，还需要兼顾对传统优势产业的转型升级，这使得京津两地对人才需求方面注重“质”的方面，河北省不仅有“质”的需求，还需要“量”的补充。

（二）市场在配置人才资源的作用不足

在人才资源配置方面，政府与市场是相互联系、相辅相成、不可分割的，要积极发挥政府功能，借助政府有形的手为各地的发展提供方向，引导人才流动，还需要不断完善人才市场配置机制，人才数量和就业质量很大程度上取决于人才市场的建立。人才结构和布局不合理是困扰京津冀地区快速发展的主要难题，为进一步推进人才资源的开发和利用，有学者提出了人才柔性共享理论。人才柔性共享机制打破了传统户籍、档案等制度的束缚，在不改变人才与原单位隶属关系的前提下，充分发挥人才价值，提高人才使用效率。对京津冀地区人才资源柔性共享，市场应充分发挥调节作用，政府发挥辅助作用，而目前的情况恰恰相反，政府几乎包揽了从政策制定到实施的各项工作内容，市场的调节机制作用并没有很好地体现出来，缺少市场对人才资源的优化配置，无法满足市场化需求，使得企业的参与积极性不高。此外，人才柔性共享还受到京津冀三地地方政策的影响，使得共享流于表面化，并不能够取得很好的效果。在人才工作中，只有充分发挥好政府和市场的作用，协调、规范好“看得见的手”与“看不见的手”的关系，才能不断增强人才发展动力构建起京津冀地区人才创新发展的最大优势。

（三）京津冀地区人才政策衔接不畅通

统一协调的政策可以减少人才合作交流中的成本，消除人才在地区间流动的后顾之忧，从而促进人才资源的优化配置。京津冀地区人才储备量很大，但却没有把人才优势充分展现出来，三地人才合作不够深入，还处于初步合作阶段，没有形成长期有效的协调合作机制。近年来，京津冀自贸试验区不断发展，三地人才交流机制政策在逐步出台。2017年，京津冀三地人才工作领导小组联合发布了《京津冀人才一体化发展规划（2017—2030）》，为京津冀三地人才一体化发展提供政策性指引。由于三地文化背景、经济发展水平、产业结构、人才需求等方面的不同，使得在推进政策实施时很难做到步调一致，实施过程中出现一系列问题亟待解决，最终结果没有达到预期规划。

（四）河北省人才流失问题突出

当前，河北的人才流失问题极大地制约了京津冀协同发展的进程。人口受教育程度不高、科研人才流失、人才利用效率低等问题严重制约了河北省的发展。要真正实现京津冀三地人才资源的合理配置，必须要大力促进河北省人才资源聚集，让河北不在人才问题的短板上制约京津冀协同发展。此外，河北省高校建设政策措施不完善也是促使人才流失的一方面，河北省对高校的财政支持力度低，使高校很难制定出优越的人才吸纳政策，河北省大部分高校缺乏学科优势，科研基础设施不完善，很难满足高层次人才的科研需求。

二、利用人才流动机制促进京津冀协同创新

习近平总书记指出："创新的事业呼唤创新的人才，要注重培养一线创新人才和青年科技人才。"2017年，京津冀三地人才工作领导小组联合编制并出台了《京津冀人才一体化发展规划（2017—2030年）》。这是我国首个跨区域的人才规划，也是首个服务国家重大战略的人才专项规划，明确了以支撑京津

冀协同发展战略实施为出发点，以人才一体化发展体制机制改革及政策联合创新为主线，大力推进人才一体化发展，打造京津冀协同发展新引擎的总体思路，使三地能在更大范围、更深层次利用和共享国内国际两种人才资源，为京津冀自贸试验区发展提供人才支撑。

（一）促进人力资源的有机整合

人才是科技创新的基本要素之一，京津冀自贸试验区为吸引优质人才进行了一系列举措。2020年10月，北京市启动中国（北京）自由贸易试验区CBD国际人才港，是服务自贸试验区建设、提升区域国际化水平、营造国际一流创新创业生态的重要载体和创新举措，也是人才“引用育留”全链条服务的综合性平台；天津自贸试验区深入实施“海河英才”行动计划，开辟引才引智“绿色通道”，为促进外籍人才在自贸试验区创新创业制定一系列优惠政策；河北自贸试验区实行更加灵活的引才政策，自贸试验区根据改革发展任务需要，对特殊人才实行特岗特薪，对高校、科研院所、公立医疗机构等公益二类事业单位急需紧缺的专业技术人才、高技能人才，可采用特设岗位等灵活方式聘用。

京津冀地区人才交流机制为人才柔性共享机制的建立提供支撑，人才柔性共享机制将人才引进到本地区提供相应的技术支持和创新服务，减少工作场地、工作时间对人才的束缚，实现人力资源的高效流动，减少科技人才的短期流动障碍，以便充分发挥人才价值，与现行的刚性人才流动相比，柔性共享更强调个人工作与单位用人之间的自主性，能够充分实现人才与生产要素、工作岗位的最佳结合。柔性共享机制能够有效平衡京津冀自贸试验区对各类型人才的供给与需求，充分挖掘特定区域内的人才发展潜力，整合优势资源。河北省紧紧抓住这一战略性机遇，凭借紧邻京津的地理优势，不断地从北京、天津乃至其他地区，通过产业承接、项目合作、顾问指导、技术支持、院士联谊等方式柔性引进科技人才，切实解决京津冀协同发展中河北省人才“短板”问题。

（二）建立自贸试验区内人才流动机制

由于京津冀三地历史背景、经济发展水平、产业结构、教育水平、公共设施服务的差异，导致三地人才结构矛盾突出，河北省与京津两地的先天差距使得大量的科技创新人才优先选择京津地区，河北省吸引不到优质人才，并且还会面临现有人才流失的风险。人才交流机制为京津冀三地人才优势互补做出积极贡献，同时，河北自贸试验区建设为河北省招揽人才起到促进作用，截至2021年9月，曹妃甸片区新增市场主体3365家，其中外商投资企业96家，市场经济的不断扩大为人才提供了更大的发展空间，曹妃甸片区作为河北省唯一一个靠近海域的片区，具有极大的发展空间。雄安新区集中开工21个重点建设项目，其中包括16项政府投资项目、5项市场化项目。在21个建设项目中，市政基础设施建设项目11项、生态保护和环境治理项目3项、公共服务及配套保障项目7项，雄安新区重点项目的建设集中体现了河北省为吸引人才不断提升公共服务的质量和水平。大兴片区是目前全国唯一同时享有两省市自贸试验区政策的区域，实现了临空经济区、自贸试验区和综合保税区在空间和政策上的“三区叠加”，为人才发展提供良好空间。正定为招揽高质量科技创新人才制定了一系列优惠政策，片区范围内企业的高级管理人员和高级技术人员，自第一个纳税年度起五年内，根据其个人所得税市级以下留成部分，前三年按70%、后两年按50%的额度给予奖励。生物医药（含医疗器械）、数字产业、航空产业及金融业企业、总部经济高管，自第一个纳税年度起五年内，按照其个人所得税市级以下留成部分，前三年按100%、后两年按70%的额度给予奖励。鼓励外籍高层次人才、投资者在正定片区就业、创业和进行科技成果转移、转化，其个人所得税市级以下留成部分，全额奖励给个人。河北自贸试验区的建设为河北省招揽优质人才，缩小与京津两地的差距，促进京津冀一体化发展做出突出贡献。此外，京津冀人才流动机制的建立，有利于河北省发展新兴产业以及优化传统产业结构，充分利用现有专业人才，减少用人单位“人岗不符”现象的发生，提高人才使用效率，能够极大地帮助河北省留住现有的人才，吸引外来人才落户河北。

（三）加速引进科技创新型人才

党的十九大报告中明确指出“创新是引领发展的第一动力，是建设现代化经济体系的战略支撑”。2017年京津冀三地联合发布的《京津冀人才一体化发展规划（2017—2030年）》，从战略层面不断丰富京津冀地区高科技人才引进制度，人才创新的氛围不断改善。机制的建立与完善，能够更加明确京津冀地区人才市场的需求，充分发挥市场在人才引进中的导向性作用。三地自贸试验区通过各种途径，使各地方企业有的放矢地招揽所需人才：“北京CBD国际人才一站式服务中心”实行“线上+线下”的服务模式，能够为人才提供更加便利的服务；天津自贸试验区实施双创人才“就业即落户”政策，支持外国学生创新创业；河北省加大创新人才激励制度，赋予自贸试验区用人主体更大研发经费使用自主权，赋予自贸试验区企事业单位科技成果使用、收益和处置自主权，赋予科技人员职务科技成果所有权或长期使用权，建立健全职务科技成果转化收益分配机制。此外，三地政府对科研资金的投入持续增加，2020年京津冀三地R&D经费支出合计为3446亿元，年增长率5.6%，科研投入的持续增长，为京津冀地区科技创新型人才的发展奠定了良好基础。通过政府搭建的平台，充分利用市场导向作用，构建多元主体参与的创新型科技人才培育体系，切实提高京津冀地区对科技人才的吸引力。

第四节　科技创新机制

一、科技创新现状

我国经济进入新时代，创新成为引领社会发展的第一动力，是建设现代化经济体系的战略支撑。当前，新一轮科技革命和产业变革突飞猛进，科技创新深度和广度不断增加，随着国家创新驱动发展战略的稳步实施，我国创新能力正经历从量到质的飞跃。京津冀地区是我国创新资源最丰富、创新潜力最大的区域之一，但由于多方面的影响，三地的科技创新发展进程差距较大。

（一）政策落实不到位

当前京津冀创新驱动高质量发展的整体格局尚未形成，尤其是北京科技成果难以在天津、河北转化，成为制约京津冀发展的难点。国家围绕科技成果创造与转化出台了一系列改革政策，激励重点从创新成果高效转化到高质量创造方面转移，同时京津冀三地也出台了相关政策，促进三地产业链、创新链的融合以及创新成果的精准对接。比如，北京市出台《北京市促进科技成果转化条例》，旨在充分发挥中关村“试验田”作用，加快建设国家级金融科技与专业服务创新示范区；《天津市科技创新“十四五”规划》致力于建设更高水平创新城市；河北省先后公布《河北省重大科技成果转化行动实施方案》《河北雄安新区条例》，明确提出要形成“京津研发，河北转化”等协同发展新模式。政策法规虽有不少创新与突破，但可操作性不高。科技成果转化和知识产权的运用等方面问题仍没有得到根本解决。

促进科技成果转化是实施创新驱动发展战略的重要任务，是解决科技与经济紧密结合的关键环节，也是实现经济高质量发展的关键举措。当前，相关政策存在以下几个方面亟待解决。首先，政策落地实施细节不明确。不论是国家制定出台的相关法律法规还是各地方政府制定的相关政策，都存在内容过于原则化等问题，在具体实施过程中可操作性不强。京津冀应根据现实情况共同制定适合促进三地科技成果高质量产出与转化的细化方案。其次，各地区各部门之间缺乏政策制度的统筹协调，跨行政区域进行科技成果的转化情况非常复杂，涉及范围较广，各地区各部门之间有可能存在利益冲突，极大地减缓了三地科技创新成果转化进程。最后，对科技成果创造“关键贡献者”的激励力度不够。在现有政策中，没有专门针对“关键贡献者”的激励政策，不利于激发科技创新人员的积极性。

（二）京津冀科技投入产出差距大

京津冀地区作为国家科技创新核心区域，在协同发展中具有重要的战略地位。科技资源是区域创新的能量基础，各种资源合理有序流动是推动区域科技协同创新的基本保障。然而，目前京津冀三地科技投入产出差距过大，严重地制约了京津冀协同创新与发展。

一方面，京津冀科技投入差距大。三地科研经费来源、投入数额差距较大，北京市的科研经费支出是天津市两倍以上、河北省的三倍以上，河北和天津的科研经费大部分来源于规模以上工业企业，北京市仅有15%来自企业；2020年京津冀地区R&D经费投入呈现出持续增长态势，但受新冠肺炎疫情影响，增速较上年有所回落，北京R&D经费投入强度为6.44%，天津3.44%，河北1.75%，津冀两地的科技投入较北京还存在较大差距。另一方面，京津冀科研产出差距大。三地的研发大多集中于论文发表、专利申请等方面，研发领域大体相同，但由于三地产业结构、资源分布等差异，使得三地科研产出成果在质量和数量方面均存在较大差距。

二、利用科技创新机制推动京津冀一体化发展

京津冀自贸试验区作为创新发展的前沿阵地有助于京津冀三地形成创新发展合力，为京津冀地区科技创新协同发展注入新动力。同时，科技创新协同发展作为京津冀协同发展以及三地自贸试验区建设的重要工作内容，对各地区提高经济效益、优化产业结构具有极大的促进作用。2020年，国务院印发的《中国（北京）自由贸易试验区总体方案》中明确指出，北京自贸试验区以制度创新为核心，以可复制可推广为基本要求，全面落实中央关于深入实施创新驱动发展、推动京津冀协同发展战略的要求，对标国际先进准则，加快打造服务业扩大开放先行区、数字经济试验区，着力构建京津冀协同发展的高水平对外开放平台。

（一）开展技术创新，加快产业升级

2017年12月，《加强京津冀产业转移承接重点平台建设的意见》（以下简称《意见》）正式发布，《意见》对京津冀三地产业布局和产业转移进行了明确划分，提出了“2+4+46”平台战略，即发展北京城市副中心和河北雄安新区两个集中承载地、曹妃甸协同发展示范区、北京新机场临空经济区、天津滨海新区、张家口承德生态功能区四大战略合作功能区及46个专业化、特色化承接平台。统筹区域城市群空间资源，打通转移和承接通道，促进创新和产业要素在京津冀三地间合理重组、高效流动、有机衔接，推动区域间产业链梯次布局。突出创新驱动产业升级转移。坚持产业转移与创新能力提升同步推进，围绕加快中关村一区多园提质增效步伐，提升北京科技创新“三城一区”承载能力，发挥北京创新资源辐射带动作用和溢出效应，明确了一批协同创新平台。此外，京津冀自贸试验区成为京津冀地区科技创新、产业升级的重要引擎，将以

产业链为纽带，促进京津冀地区在研发设计、生产销售和物流配送等环节的协同配合，通过聚集高端产业，促进京津冀三地先进制造业、现代服务业和战略性新兴产业的优化布局，充分利用国内外两种资源、两个市场，提高聚集国际资源要素的能力。未来，京津冀各区域应明确各自的责权利关系，严格按照《意见》的要求，充分衔接各类规划政策，推动地区产业升级，优化区域产业布局。

（二）建立区域协同创新共同体

科技协同创新共同体的构建能够充分调动区域内的各类科技资源，同时也是促进区域科技创新体系更迭的重要因素。当前，京津冀自贸试验区还在不断建设发展中，三地产业发展及资源分配布局具有很大的差异：北京产业资源过剩使得其发展空间受限；天津的建设发展亟须各类科技协同创新要素；河北的城市化建设存在较多功能缺失，发展进程较为缓慢。单一区域的科技创新发展受到各种因素的影响，使得单一区域在科技创新发展方面无法应对复杂的竞争。构建区域科技协同创新共同体，能够最大限度地调动京津冀三地人才、资金、技术等要素的活力，充分发挥区域科技创新系统的功能，促进各地区间优势互补，提升整体科技创新能力。同时，三地具有各自的突出优势：北京市拥有高水平科学技术；天津市是经济技术领域的佼佼者；河北省则能够提供充足的劳动资源，具有很强的发展潜力。2021年9月京津冀自贸区签署了三方战略合作框架协议，充分发挥自贸试验区在京津冀地区新一轮改革开放中的示范带动作用，形成三地区间优势互补、共建共享的协同发展新格局。北京市创新“单一窗口+区块链”模式，促进京津冀三地海关通关、口岸物流数据上链共享，优化企业作业流程，提高运作效率；天津自贸试验区与中国银行、招商银行密切合作，不断开展政策创新，拓展自贸试验区金融创新政策适用面，推出了“分公司+FT账户模式”。该政策为京津冀企业享受FT账户政策红利创建了有效途径，满足两地企业跨区域使用FT账户的需求；大兴机场片区综合保税区是我国首个跨省市综保区，京冀两地实施“一个海关监管机构全权负责、一个管理委员会统筹管理、一个平台统筹运营、分建统管、协商分配”的一体化运营管理新机制。建立京津冀区域协同创新发展共同体，主要有以下四个途径：一是培育发展和吸引整合各类创新主体；二是建立协作基底和行动框架，能使各类主体和成果各就各位；三是有战略性创新服务力量；四是按一个创新链部署、构建或衔接不同的协同创新共同体。

第十一章

京津冀自贸试验区高质量发展的政策建议

第一节　加快京津冀自贸试验区高质量建设发展

2020年9月24日，北京服务贸易自贸试验区正式揭牌。自此，京津冀三地都有了自贸试验区，且三地自贸试验区均有促进京津冀高质量发展的战略任务。京津冀协同发展战略从提出以来，在获得很多成就的同时也面临着一些困境，应紧抓北京自贸试验区成立的契机，利用自贸试验区联动促进京津冀协同发展。

一、北京自贸试验区

（一）北京自贸试验区发展中的难点

1. 科学设置负面清单存在的困难

北京自贸试验区试行服务贸易负面清单制度，商务部也表示将在年内出台全国版和自贸港版跨境服务贸易负面清单，如何科学设置负面清单是现在面临的问题之一。

负面清单最大的难点，在于如何确定清单内容并区分哪些内容属于限制类，哪些内容属于禁止类。在传统的货物贸易领域，我们有已经成形的负面清单，但服务贸易领域还没有。服务贸易的负面清单需要考虑衡量的因素更为复杂，比如金融保险领域的准入门槛、跨境投资中的股比限制、行业准入与自然人移动等，需要权衡考量各种因素的影响。

2. 服务贸易水平有待提高

现行的服务贸易统计规则、管理机制体制存在很多问题。随着时代的发展也逐渐无法适应当前国际贸易的新形势变化，需要通过北京自贸试验区的先行先试提供经验，再进行更大范围的改革调整。此外，我们的服务贸易有待高质量发展，需要提升服务质量。

我国目前的服务贸易虽然规模大，但是不够强，甚至一些服务贸易产品的质量堪忧。北京自贸试验区需要建立健全监督管理体制，特别是要确定一套可以量化评估的服务质量标准体系，并根据这个标准体系对服务提供者进行培训，完成对产品检验和质量把控。

（二）加速北京自贸试验区发展的措施

1. 推动投资贸易自由化便利化

（1）深化投资领域改革

全面落实外商投资准入前国民待遇加负面清单管理制度。完善外商投资促进、项目跟踪服务和投诉工作机制。鼓励在法定权限内制定投资和产业促进政策。完善“走出去”综合服务和风险防控体系，提高境外投资便利化水平，优化企业境外投资外汇管理流程。

（2）提升贸易便利化水平

推动北京首都国际机场、北京大兴国际机场扩大包括第五航权在内的航权安排。持续拓展国际贸易“单一窗口”服务功能和应用领域。开展跨境电子商务零售进口药品试点工作，具体按程序报批。适度放宽医药研发用小剂量特殊化学制剂的管理，支持在区内建立备货仓库。对符合政策的区内研发机构科研设备进口免税。进一步拓展整车进口口岸功能。支持北京天竺综合保税区打造具有服务贸易特色的综合保税区。

（3）创新服务贸易管理

试行跨境服务贸易负面清单管理模式。在有条件的区域最大限度放宽服务贸易准入限制，为研发、执业、参展、交流、培训等高端人才提供签证便利。创新监管服务模式，对区内企业、交易单据、人员、资金、商品等进行追溯和监管。

2. 创新数字经济发展环境

（1）增强数字贸易国际竞争力

对标国际先进水平，探索符合国情的数字贸易发展规则，加强跨境数据保护规制合作，促进数字证书和电子签名的国际互认。探索制定信息技术安全、数据隐私保护、跨境数据流动等重点领域规则。探索创制数据确权、数据资产、数据服务等交易标准及数据交易流通的定价、结算、质量认证等服务体系，规范交易行为。探索开展数字贸易统计监测。

（2）鼓励发展数字经济新业态新模式

加快新一代信息基础设施建设，探索构建安全便利的国际互联网数据专用通道。应用区块链等数字技术系统规范跨境贸易、法律合规、技术标准的实施，保障跨境贸易多边合作的无纸化、动态化、标准化。依托区块链技术应用，整合高精尖制造业企业信息和信用数据，打造高效便捷的通关模式。探索建立允许相关机构在可控范围内对新产品、新业务进行测试的监管机制。

（3）探索建设国际信息产业和数字贸易港

在风险可控的前提下，在软件实名认证、数据产地标签识别、数据产品进出口等方面先行先试。建设数字版权交易平台，带动知识产权保护、知识产权融资业务发展。对软件和互联网服务贸易进行高效、便利的数字进出口检验。积极探索针对企业的数据保护能力的第三方认证机制。探索建立适应海外客户需求的网站备案制度。

二、天津自贸试验区

（一）天津自贸试验区发展中的难点

1. 制度创新落后于实际需求

近年来，天津自贸试验区在简政放权、缩减负面清单方面取得了重要进展。不仅激发了自贸试验区的活力，而且促进了压缩全国版负面清单的进程。不过，随着改革进入深水区，天津自贸试验区建设遇到了一些瓶颈，阻碍了改革的进一步推进。

（1）政策创新滞后于生产和需求

在负面清单大幅减少的背景下，体制机制成为制约这一举措落实的主要因素之一。理论上，不受负面清单限制的行业可以自由进入。不过，政府部门行政审批管理思维惯性制约了负面清单管理制度的实施（冯凯、李荣林，2019）。现实中，仍然存在有一些行业、机构虽在负面清单之外，但未享受市场进入的便利，需要进行审批才能进入的情况。此外，自贸试验区范围内深入推进贸易与投资的自由化便利化涉及现行法律法规的调整，而目前我国税收政策创新未实现大的突破。例如税收政策全国统一，现阶段我国自贸试验区并未成为税收优惠的洼地，爱尔兰增值税约为12.5%，而天津自贸试验区增值税达到了25%。所以，自贸试验区内销售商品价格与区外商品售价并无很大差别，这对吸引国际贸易和投资实体优势有限。目前，国家层面在大力推行减税降费，而减税降费有没有可能在自贸试验区先行先试，仍需进一步探讨。

（2）容错改革机制不完善

容错改革机制不完善，导致部分业务部门协调对接存在困难。随着改革的推进，部门之间协调的问题也越来越突出。部分自贸试验区管委会权限较低，导致体制约束与现实改革需求之间的矛盾越来越突出。深入推进贸易和投资自由化便利化涉及多部门协调及相关法律机制的完善。《关于支持自由贸易试验区深化改革创新若干措施的通知》于2018 年10月出台。如何抓紧落实这一文件相关精神，仍需要进一步研究解决。

2. 开放创新经验需要加强推广宣传

2019年7月，商务部发布的自由贸易试验区第三批31项“最佳实践案例”中，天津自贸试验区“平行进口汽车政府监管服务新模式”和“租赁资产证券化业务创新”两项入选，占6.45%。自天津自贸试验区设立以来，天津自贸试验区金融创新案例约占四大自贸区（上海、天津、广东及福建）创新案例的17%左右，改革创新的步伐仍有待加快。40多年的改革开放，我国经历了从打开国门到实行全方位对外开放。目前正逐步从以制造业为主的开放发展到以服务贸易为重点的开放，并向制度性、结构性开放推进。建设自贸试验区不能满足于作为经济全球化的参与者，更要发挥经济全球化推动者的作用。但是，目前来自天津自贸试验区的开放创新声音不够洪亮，导致民众对自贸试验区开放成效的感知较弱，附近以及当地居民对自贸区开放的获得感不强，参与程度也有待提高。

（二）高水平建设天津服务京津冀协同发展的建议

1. 制定容错纠错和激励机制，调动各部门的积极性

要统筹建立使用天津自由贸易试验区的容错纠错和激励机制，真正形成“大胆试、大胆闯、自主改”的新局面，加快建设法治化、国际化、便利化的营商环境和公平、开放、统一、高效的市场环境。

第一，对当前的自由贸易试验区发展绩效评估进行全方位改革，在注重实际经济成效的同时，站在国际化的视野上考核自由贸易试验区发展，尤其是要将具有创造性的制度创新方案融入绩效考评内。

第二，应加快出台天津自贸试验区法或有关条例，并把容错机制、国家部门支持地方改革创新，给予地方自主改革大胆试验等条款写入相关法规条例中，对建立改革创新容错机制进行明确，以更好地保障制度创新工作有序开展。这既有利于调动天津自贸试验区先行先试的积极性，也有利于为国家部门放权地方解除顾虑。

2. 以“双自联动”发展战略，谋划天津联动创新发展

一是天津港保税区临港海洋经济的联动创新发展区的建设事宜。即天津港保税区临港海洋经济功能区，是以海洋装备制造产业为主的功能区，其虽然与塘沽海洋高新区不是一个行政区，但在发展海洋经济产业方面属相近的行业，

如果借鉴上海临港经济区扩容为自贸区的经验，无疑可进一步扩大天津海洋经济发展的集聚规模。当然也可借鉴天津地方特色分步推进的经验，即先实施上述联动创新区发展方式，然后逐步成为天津自贸试验区的新片区。其未来的战略目标，是与塘沽海洋高新区实施一体化的发展，进而建成国内最大的具有自贸试验区性质的海洋产业集聚区。

二是着手滨海—中关科技园纳入未来天津联动创新区。即滨海—中关科技园集聚了北京和天津乃至国际上的高端科技资源，将滨海—中关科技园纳入天津联动创新区，有利于进一步加快滨海—中关科技园的建设和发展，更好地集聚北京和国际前沿的高科技资源，进而更好地服务京津冀和环渤海。

三是着手宝坻—中关科技城纳入未来天津联动创新区。即按照滨海—中关科技园纳入未来天津联动创新区的发展理念，把宝坻—中关科技城也一并纳入天津联动创新区，以促进宝坻—中关科技城的进一步加快发展，更好地服务京津冀和环渤海区域发展。

三、河北自贸试验区

（一）河北自贸试验区发展中的难点

1. 制度创新不足，特别是个性清单创新不足

对国务院推出的前六批自贸试验区制度推广的全国范围内复制推广的改革事项和在自贸试验区复制推广的两类改革事项清单落实还不足。对省下达的河北自贸试验区192项共性制度清单和各片区个性制度创新清单落实不足，特别是对个性清单创新制度落实不足。据了解，截止到2020年5月底，正定片区243项任务清单（共性清单192项、个性清单51项），已完成118项（共性104项、个性14项），个性制度清单仅完成四分之一，在其他几个自贸片区也不同程度存在以上问题。

2. 产业衔接不契合

作为京津冀制造主承接地的河北省本身在钢铁、建材、石化、医药等传统优势产业上链条完整、配套完备、自成体系，但以低端产品为主，比如在钢铁生产中高端钢材占比仅为10%，而医药产业超过50%的医药产品仍是原料药。同时，河北产业集聚能力弱，没有形成整体承接优势，对京津市场主体的吸引力、承载力不强。虽然，河北拥有经济开发区、高新区、综合保税区共190个，但由于这些平台间环境区位、资源禀赋相近，从而造成定位趋同，部分园区发展能级低、产业集聚能力弱，难以形成整体承接优势。

3. 营商环境虽有改善但尚需大力度推进

部分片区仍存在办证手续繁杂、时间过长、项目落地困难的现象。虽然各自贸试验片区在改善营商环境上都有一部分新尝试，但营商环境的总体改善与同期设立的自贸试验区尚有一定差距。从调查问卷来看，59.47%的人认为本自贸试验区在基础设施配套方面还存在较大提升空间，55.26%的人认为优惠政策落地上还存在一定问题，44.58%的人认为本实验片区存在融资门槛高和融资手续多等问题，42.63%的人认为融资周期较长。另外提高办事效率、改进办事态度也有相当的比重。山东济南片区实现对外支付“一次不用跑”打造自贸试验区10分钟自助办税卷、设置24小时自助办税服务区。广西南宁片区实施“一网通办”和单一综合窗口建设，实现项目“拿地即开工”和“竣工即使用”；同时对符合片区发展定位的企业实现“零费区”。云南瑞丽市通过了“五个一”举措，即“一个管理体制”“一颗印章管审批”“一窗通”“一站式”“一个培训”，强力助推片区建设。

（二）促进河北自贸区发展的措施

1. 进一步解放思想，做好制度创新工作

（1）提高站位，对标对表中央要求推进自贸试验区建设

对国务院推出的前六批自贸区制度推广的全国范围内复制推广的改革事项

和在自贸试验区复制推广的两类改革事项进行逐条对照检查、逐条落实。确保做到把国务院决策部署落实到自贸试验区建设全过程、各领域确保精神传达到位不漏项、工作落实到位不走样，不断提升自贸试验区谋划水平、创新水平和发展水平。

（2）克服畏难情绪，加快对照落实河北省共性制度创新清单

对河北省下达的河北自贸试验区192项共性制度清单列出落实时间表，争取尽快落实。对暂时不具备落实条件的，列出不能落实的理由，为进一步落实创造条件。

（3）积极创造条件，推进落实河北省各片区个性制度创新清单

针对各片区资源禀赋情况，积极解放思想，依照对河北省下达的各片区个性制度清单，积极推进落实。大兴片区可以建成河北与北京共商、共建、共管、共享创新“试验田”，通过北京与河北对该片区的共商、共建、共管、共享机制，出台一批有利于促进跨行政区域协同发展的创新制度，并满足可复制可推广的基本要求。曹妃甸片区可以加强与天津自贸试验区的协同发展。在港口运输等方面加强两个省级行政区域间自贸试验区的合作，以自贸试验区为桥梁促进京津冀协同发展国家战略顺利实现。正定自贸片区可以在电子商务监管与现行国际贸易规则对接方面实现创新。雄安片区可以在承接北京非首都功能等方面形成跨区域协同管理实现创新。

2. 建立以航运物流业为基础的产业群

河北自贸试验区都选择海港、空港和交通枢纽建设，在此基础上，再实行自由贸易政策，自贸试验区就有了发展航运物流以及国际贸易的软件优势，形成由先导产业、优势产业和配套产业构成的产业群。在某种意义上说，只有航运物流业发展得好，河北自贸试验区才有发展的基础，才能促进国际贸易、金融、会计、法律等服务业的相应发展，才能建立以航运物流为基础的产业群。此外，跨境电子商务也能够促进航运物流、国际贸易和金融业的发展。高端制造业的发展也应成为航运物流业为基础的产业群的一部分。在时机成熟时，允许发展教育、

医疗等科教产业，免税零售与购物旅游、演艺及博彩等特殊服务业等。

3.“二城二区”的自由贸易试验区发展模式

对标世界上典型自由贸易区和自由港，河北自由贸易试验区是在各自特殊经济功能区基础上具备了自由贸易区部分属性。依据四个原有特殊经济功能区特征，我们可以把这四个自由贸易试验区片区概括为“二城二区模式”，即雄安科技生态城+自贸试验区模式、曹妃甸海港城+自贸试验区模式、大兴空港经济区+自贸试验区模式、正定临空产业经济区+自贸试验区模式。

雄安新区具备了科技城和生态城的属性，即具备了宜居、生态、科研、教育与生产的功能与特征，具备了一个中型城市的规模与功能。同时，雄安新区还是京津冀协同发展示范区。在成为自贸试验区片区之后，在生态城与科技城基础上，应用科技创新，聚焦服务业开放与相应管理体制改革，探索金融创新、数字商务与服务贸易、现代教育与医疗、康养、专业人才引进等领域扩大开放。

曹妃甸开发区具有海港城的属性，即具备了航运物流仓储、临港重化工业、装备制造以及部分居住功能。同时，也是京津冀合作示范区。作为河北唯一一个依托世界级海港的自贸试验区片区，应充分利用自由贸易区关税和服务业开放政策，在航运物流、临港工业、装备制造产业基础上，发展国际大宗商品贸易与交割、金融创新和装备制造，建设北方大宗商品自由贸易港。

大兴自贸片区依托世界级机场，具备了空港经济区的属性，即航空物流、航空服务等功能与特征，同时也是京冀协同发展示范区和国际交往中心功能示范区。在此基础上，应利用自贸试验区投资与税收特殊政策，经济发展以航空物流为基础，发展航空制造与维修、航空商贸与服务以及融资租赁等服务业，未来建设空港自由城。

正定自贸片区具备了临空产业经济区属性，即在原有医药产业基础上，利用自由贸易区政策在投资与关税减免政策，重点发展基于航空运输的临空产业，构建临空产业群，带动周边地区的经济发展。

第二节　更好发挥自贸试验区作用　助推京津冀高质量协同发展

京津冀地区具有独特的地域优势，在产业基础、要素禀赋等方面具有较好的互补性，在我国经济社会发展中发挥着重要作用。伴随着京津冀协同发展上升为国家战略，三地在资源优化配置、空间格局合理利用、产业转移与承接等方面的协同进程逐步深化，京津冀一体化向纵深推进，京津冀区域协同迎来新的发展契机。京津冀三地整合各方资源和力量，实现协同发展日益成为时代所需。

一、利用自贸试验区提升京津冀产业链协同发展

目前，北京市搬迁转移到河北的项目仍以原材料型工业、传统一般性制造业为主，而且大部分企业总部留在北京，疏解到河北的大多是分公司或生产基地，大项目、好项目、高端项目不多。

作为产业集聚的重要平台，自贸试验区的首要任务便是在试验区内补齐科技和产业协作配套服务短板，以提升科技成果转化，增强产业疏解过程中的创新驱动效果。在京津冀产业链发展中，三地自贸试验区应充分发挥各自优势，通过顶层设计使侧重点各不相同，错位发展。

北京自贸试验区在顶层设计上要统筹规划好北京与大兴机场片区（北京区域），引导京冀之间的政策协同。天津自贸试验区继续加强口岸服务辐射功能，完善京津冀通关一体化推动区域金融市场一体化，构筑服务区域发展的科

技创新和人才高地。而河北自贸试验区则需要在顶层设计上规划好各片区改革，在疏解北京非首都功能上应承担的任务，在招商引资和产业发展上，发挥各片区比较优势，通过错位发展避免恶性竞争。实现产业承接集聚化，共同打造制造业产业链。打造以钢铁为基础的材料、金属制品等高端机械装备产业链；以北京中关村数据电子等为代表的新一代信息技术产业链；以及生物制药、食品、健康等创新性产业链。

二、大力发展综合保税区促进新业态合作

自由贸易试验区的一系列促进贸易便利化的措施，包括“先入区后报关”，“批次进出集中申报”等监管便利措施，大部分是在海关特殊监管区域内实施。海关特殊监管区域一直以来都被认为是“境内关外”“一线（国境）放开、二线（自贸区与非自贸区连接线）管住”，但对标国际通行做法，我国目前的自贸区实际上仍然是“境内关内”，“一线”没有真正放开。由此可见，中国自由贸易试验区自由化程度较低，只在自贸区内局部地区实施“准境内关外”海关监管。

依托自贸试验区集保税区、出口加工区、保税物流区、口岸的功能于一身的优势，打造京津冀经济增长极。以综合保税区建设为契机，通过创新监管培育综合竞争新优势。利用综保区“境内关外”的特殊性，与海关积极探索“保税研发”政策改革与监管试点。帮助企业设立“研发专项账册”对企业用作研发目的的进口原材料免予征税，降低外贸企业的研发成本，京津冀地区的企业尤其是津冀具有比较优势的企业将从中获得更大的国际发展空间，大力引进科技研发机构，加强与三地间的科技研发、金融服务等的对接，那些“走出去”的企业也将会把境外创新要素集聚到自贸试验区内，最终将成果辐射京津冀，从而推动区域走向高水平协同发展，进一步推动京津冀体系的融合，促进新业态合作。

充分利用综保区连接国内、国际两个市场的桥梁作用，有利于企业提高附加值，同时也符合建设资源节约型、开展绿色制造的要求，具有重要的经济价值和社会意义。天津东疆保税区对盾构机维修、再制造方面取得了成功的经验，国外的盾构机通过保税方式进区，可以在保税区内进行维修、再制造，随后再出口海外。河北自贸试验区相关片区，也应结合自身优势，大力发展装备再制造业。正定片区可以在保税区内开展航空维修，支持有条件的海关特殊监管区外企业开展高附加值、高技术含量、无污染产品的航空保税维修业务，实行以企业为单元的保税维修监管新模式。曹妃甸片区可以结合唐山钢铁产业基础雄厚的优势，发展钢铁装备智能控制设备的再制造；结合与中国北车同处唐山的区位优势，在高附加值、高技术含量的高铁智能化检测设备等再制造领域开展积极合作。

在综保区内推进跨境电商物流体系建设，建立完善政策体系，补足基础设施短板，吸引有利于“自贸试验区＋跨境电商综试区＋综合保税区”联动发展的产业链、供应链、价值链入区，推进京津冀自贸试验区、特色园区协同发展，打造国内国际双循环相互促进的发展格局，为京津冀协同高质量发展聚势赋能。深化“互联网+”。把握5G商用契机，加快探索“互联网+生产”“互联网+服务”“互联网+创业创新”等网络电商新型业态。

三、推动三地自贸试验区之间的协同信息化管理平台建设

京津冀在协同发展中最大的障碍是区域间缺乏协作联动。自贸试验区设立的初衷是通过在一定区域内探索体制机制创新，寻求可复制可推广的政策制度，逐步在全国范围进行全面深化改革和扩大开放。

京津冀三地自贸试验区之间的协同可以通过共同建设一个信息管理服务平台，利用大数据相关技术，既能保障信息安全，还能推进区域信息管理便利化，从而助力实现区域联动发展。信息管理服务平台囊括制度安排、协同发展

平台和第三方协同平台等内容。在制度安排方面，从政务管理流程、负面清单和实施细则展开进行。在协同发展方面，主要在于自贸试验区与经济功能区相协同和京津冀协同发展。其中在京津冀协同发展方面，尤其要注重产业政策协同、产业链协同和产业资金流协同。第三方协同平台方面，把港口物流、海关管理平台和政务平台协同纳入其中。借助信息化平台，既能实现信息的安全和便利，还能在更高层次实现区域的联动发展。（见图11–1）

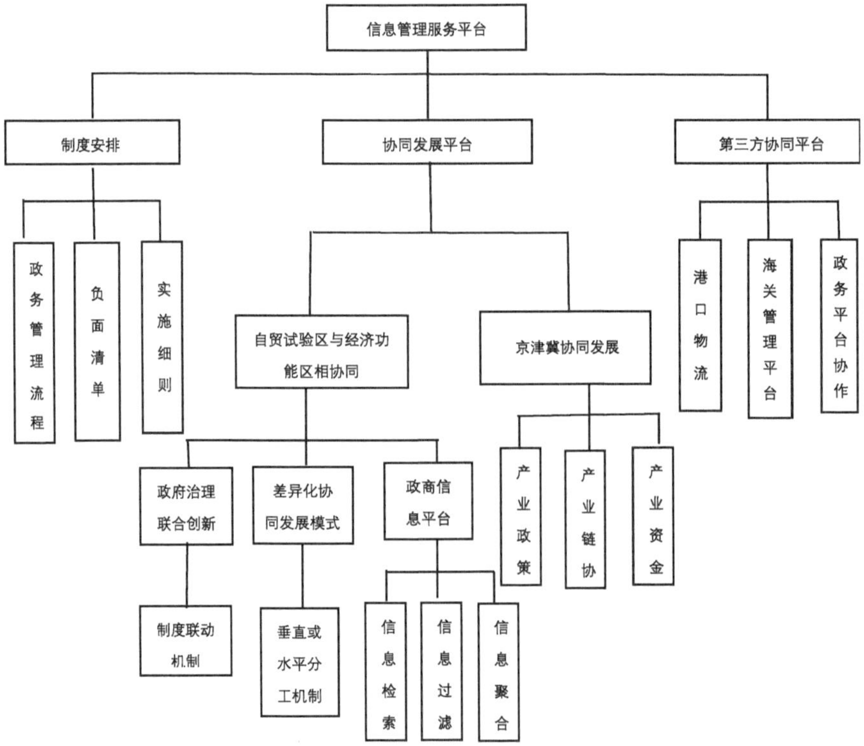

图11-1 信息管理平台示意图

通过大数据来实现安全和便利的有机统一，建立京津冀自贸试验区发展协调机制。充分利用三地间自贸试验区内政务服务“同事同标”，推动实现政务服务区域通办、标准互认和采信、检验检测结果互认和采信。探索建立京津冀三地自贸试验区联合授信机制，健全完善京津冀一体化征信体系。在自贸试验区内构建包括国际贸易和对外投资，港口物流、海关、政务平台等多项服务体系一体化管理基础性服务平台，从而在跨区域产业转移、贸易和通关便利化、事中事后监管等方面，探索建立京津冀三地自贸试验区的协同机制。

四、集聚和利用高端创新资源，积极开展重大科技项目研发合作

（一）加大基础研究力度，重点突破，推动科技基础创新

基础研究周期长、投入大，需要花费大量的人力、物力、财力；同时基础研究的研发具有不确定性和高风险性，风投资金对基础研究缺乏热情。但是，基础研究是科技自立自强的根本前提，是建设科技强国的基石，是推动国家发展的本源。基础研究不扎实，科技自立自强很难成功。应强化基础研究、前沿研究、共性研究，重视原始技术创新的自我积累，提高技术的核心竞争力，面向全球竞争，向基础研究和原始创新倾斜，结出更多源头创新、世界领先的成果。适当提高基础研究财政投入比例，拓宽基础研究的投入渠道，推动高校院所与企业开展产学研合作，将基础研究与应用研究紧密结合，使财政科技投入发挥更大的放大效应。

（二）拓宽融资渠道，加大科技投入力度，提高科技创新能力

深化京津冀三地合作，持续加大财政资金投入力度，立足三地资源向重点区域和领域倾斜；优化财政资金投向与方式，通过财政资金支持重大项目的形式，以财政专项资金为牵引，带动企业投入科技创新发展；设立由地方有关部门、科创企业、创投机构等参与的三地间科技创新基金，推动科技与金融的合作，探索建立多元化、可持续投入机制，专注于科技创新领域投资；推动北京开展前瞻性基础研究，在原始创新方面实现重大突破，围绕北京创新链在津冀布局产业链，实现北京研发、津冀转化的联动格局，实现资本与科技创新的精准结合，提高创新效率。

（三）进一步优化科技成果转化的途径

进一步优化和完善技术市场政策体系。规范技术合同登记工作，修订技术合同认定规则，加强对技术合同的规范管理，加大对技术合同认定登记工作的宣传力度，加强业务管理，把技术合同认定登记工作作为科技成果转化的重要抓手。发展技术转移机构，壮大技术转移人才队伍，设置专职岗位，为科技成果转化提供有力支撑。以应用场景建设为牵引，推动科技成果转化的对接深度和精准度。通过应用场景的搭建与开放，为企业拓展市场提供新的实验空间，为推动创新成果应用提供新的孵化平台，推动技术成果持续转化为新产品新产业。重视国际科技合作渠道建设，整合目前现有国际科技合作资源，瞄准世界前沿，开展科技合作，打造一批产学研紧密结合的具有国际竞争力的创新型产业集群，引领科技发展方向。

五、充分发挥各自贸试验区区位优势，引导产业合理转移

一是充分利用北京服务贸易自贸试验区成立这一契机，将河北自贸试验区和天津自贸试验区有机整合，积极实现传统企业数字化转型，打造一条进出口贸易数字通道。充分利用京津冀区位优势，夯实数字经济基础。河北自贸试验区要坚持数字经济产业化发展方向，利用北京数字经济优势，大力实施数字产业化和产业数字化“双轮驱动”，重点发展大数据、移动互联网、云计算、人工智能、区块链、5G等核心数字化产业；重点推动“互联网+”“人工智能+”等，加快传统产业的转型升级。

二是充分发挥跨境电商综合试验区优势，打造京津冀经济增长极。数据显示，2018年度中国跨境电商交易规模达 9万亿元 ，同比增长 11.6%，其中出口占比达到78.9%，出口占据绝对优势。这充分显示了跨境电商能够快速响应市场，整合区域资源，并促进科技创新在产业聚集内的溢出与传播，有效地提高产业聚集企业协作水平与竞争能力。目前河北自贸试验区中曹妃甸、正定以及

雄安均已成为跨境电子商务综合试验区，集保税区、出口加工区、保税物流区、口岸的功能于一身，应积极在区内推进跨境电商物流体系建设，构建现代化物流网络，实现跨境电商批量运输，提高运输效率。

三是要加强津冀之间的港口协同，在明确津冀港口功能定位的基础上，从顶层设计入手，使津冀港口既能优势互补还能错位发展，引导资源要素在符合市场配置的基础上在京津冀间合理流动。

六、以平台思维推进京津冀协同创新，构建融合发展的新格局

（一）搭建联合研发平台，联合开展技术攻关

结合京津冀三地各地区实际功能定位、要素禀赋、产业基础、协同方向等，探索三地共建一批产业研究院、工程技术研究中心等新型研发机构，着眼于三地科技和产业发展需求、卡脖子关键技术，联合开展技术攻关；支持有科技创新实力和广阔市场前景的民营企业参与科技创新进程。支持创新主体建成研发在京、制造在津冀的产业链条，整合三地相对分隔的创新资源，实现创新产业链条的有机重组，从整体上提升三地科技创新体系的效能，使京津冀地区发展不均衡的情况得以改善，确保协同发展有序推进。

（二）建设科技创新创业人才交流平台，聚优人才

针对区域发展不平衡，京津冀三地应在人才创新平台建设上加力。通过人才创新平台建设加强京津冀三地重点高校、科研院所、科技企业、产业园区对接，开展广泛的科技人员交流活动，吸引国内外优秀的科技人才，降低人才流动成本，充分调动政、产、学、研、金、服务行业高端人才资源，有效整合高端科技创新人才，助力打造京津冀人才高地；同时围绕北京创新链在津冀布局产业链，开展跨学科、跨领域、跨区域产业协同创新，实现人才产业联动发展格局。

（三）构建高水平数字化科技服务平台，激发数字要素价值

立足于把握数字经济机遇，发挥数字平台优势，建立结构合理化、功能综合化、服务专业化跨区域科技资源服务平台。汇聚政策、成果、资金、服务、供需等各类创新资源，利用互联网技术和信息化手段，建立大数据辅助分析、服务系统，提升科技人才、科研条件、金融资本、科技成果、科技服务人员等数字化和智能化水平，释放数据要素潜能，充分发挥数据要素对其他要素效率的倍增作用，推动三地产业重构与升级，为构建“双循环”发展格局和经济社会高质量运行新赋能。

参考文献

[1] 人民网．习近平：疏解北京非首都功能 [EB/OL].（2015-02-11）[2019-04-14].

[2] 新华网 .2015《政府工作报告》缩略词注释 [EB/OL].（2015-03-12）[2015-03-13].

[3] 中华人民共和国中央人民政府．中共中央 国务院关于建立更加有效的区域协调发展新机制的意见 [EB/OL]. [2018-12-08].

[4] 新华网．打破“一亩三分地” 习近平就京津冀协同发展提七点要求 [EB/OL].（2014-02-27）[2014-10-14].

[5] 新华网．河北发行京津冀协同发展专项债券 [EB/OL]. [2020-05-28].

[6] 晏澜菲．京津冀三地自贸试验区搭建合作新平台 [N]. 国际商报 ,2021-09-30（003）.

[7] 王敏，成静．京津冀自贸试验区建立合作机制 为协同发展叠加新动力 [N]. 中国经济导报 ,2021-09-30（007）.

[8] 王桂虎，白明，朱刚．中国自贸试验区促进金融制度创新的演变特征及政策建议 [J]. 价格理论与实践 ,2021（06）:71-75.

[9] 王力．写在自贸试验区建设八周年之际 [J]. 银行家 ,2021（06）:4-5.

[10] 武义青，刘海云，李清．以自贸试验区建设推动京津冀产业高质量发展 [N]. 河北经济日报 ,2021-05-22（003）.

[11] 陈林，肖倩冰，邹经韬．中国自由贸易试验区建设的政策红利 [J]. 经济学家 ,2019（12）:46-57.

[12] 胡剑波，任香．自由贸易港：我国自由贸易试验区深化发展的方向 [J]. 国际经济合作 ,2019（03）:62-69.

[13] 谢谦，刘洪愧．“一带一路”与自贸试验区融合发展的理论辨析和实践探索 [J]. 学习与探索 ,2019（01）:84-91.

[14] 蒙英华，黄建忠．中国自由贸易试验区（港）服务贸易开放风险研究 [J]. 上海对外经贸大学学报 ,2019,26（01）:49-59.

[15] 任春杨，张佳睿，毛艳华．推动自贸试验区升级为自由贸易港的对策研究 [J]. 经济纵横 ,2019（03）:114-121.

[16] 张军旗．我国自由贸易试验区中产业补贴政策的调整 [J]. 上海财经大学学报 ,2019,21（01）:125-138.

[17]《国家综合立体交通网规划纲要》。

[18]《河北省综合立体交通网规划纲要》。

[19]《河北省人民政府办公厅关于〈河北省综合立体交通网规划纲要〉的实施意见》。

[20] 陈艳艳，路尧，孙浩冬．国家综合立体交通网下的城市群交通一体化——以京津冀城市群为例 [J]. 中国公路，2021（09）:38-41.

[21] 唐建新．河北省港口功能拓展策略研究 [D]. 天津：河北工业大学，2015.

[22] 邬晓霞，高博．北京高端制造业的空间布局优化研究 [J]. 城市，2021（02）：3-11.

[23] 李健，关瑜，任继勤．发达国家环境治理及钢铁产业升级转型对我国京津冀地区的借鉴 [J]. 北京化工大学学报（社会科学版），2017（02）:6-11.

[24] 李静宇．钢铁业在机遇与风险博弈下的变革 [J]. 中国储运，2021（05）:31-33.

[25] 邓哲浦．京津冀地区钢铁产业梯度状况与产业转移研究 [J]. 农村经济与科技，2021,32（16）:206-208.

[26] 鲁达非，江曼琦．京津冀汽车制造业转型升级的思路与策略 [J]. 河北学刊，2021,41（04）:164-172.

[27] 张杰斐，席强敏，孙铁山，李国平．京津冀区域制造业分工与转移 [J]. 人文地理，2016,31（04）:95-101+160.

[28] 武玉英，龙海云，蒋国瑞．京津冀新能源汽车产业协同发展对策研究 [J]. 科技管理研究，2015,35（12）:71-75.

[29] 张小川．北京市新能源乘用车产业发展分析 [J]. 新材料产业，2020（03）：56-60.

[30] 孙铁山，席强敏．京津冀制造业区域协同发展特征与策略 [J]. 河北学刊，2021,41（01）:165-172.

[31] 北京市加快科技创新发展新一代信息技术产业的指导意见 [N]. 北京日报，2017-12-26（005）.

[32] 徐科华．河北：深化新一代信息技术与制造业融合 加快产业数字化转型 [N]. 中国电子报，2021-03-30（003）.

[33] 甄晓倩，张海燕．天津高新区：打造新一代信息技术产业创新高地 [J]. 中国战略新兴产业，2018（01）:88-89.

[34] 张琳，李享，刘欣．京津冀生物医药产业的协同发展——以高新技术企业为视角 [J]. 统计与管理，2018（12）:34-38.

[35] 梁兆南，李玲，黄琳，郭鲁钢，刘胜飞，任蓉．基于产业链视角的京津冀医药产业协同发展研究 [J]. 河北省科学院学报，2021,38（03）:77-85.

[36] 北京市统计局．北京统计年鉴 [M]. 北京：中国统计出版社，2020.

[37] 北京市统计局．北京统计年鉴 [M]. 北京：中国统计出版社，2019.

[38] 北京市统计局．北京统计年鉴 [M]. 北京：中国统计出版社，2018.

[39] 北京市统计局．北京统计年鉴 [M]. 北京：中国统计出版社，2017.

[40] 北京市统计局．北京统计年鉴 [M]. 北京：中国统计出版社，2016.

[41] 天津市统计局．天津统计年鉴 [M]. 北京：中国统计出版社，2020.

[42] 天津市统计局 . 北京统计年鉴 [M]. 北京：中国统计出版社 ,2019.
[43] 天津市统计局 . 北京统计年鉴 [M]. 北京：中国统计出版社 ,2018.
[44] 天津市统计局 . 北京统计年鉴 [M]. 北京：中国统计出版社 ,2017.
[45] 天津市统计局 . 北京统计年鉴 [M]. 北京：中国统计出版社 ,2016.
[46] 河北省统计局 . 河北统计年鉴 [M]. 北京：中国统计出版社 ,2020.
[47] 河北省统计局 . 河北经济年鉴 [M]. 北京：中国统计出版社 ,2019.
[48] 河北省统计局 . 河北经济年鉴 [M]. 北京：中国统计出版社 ,2018.
[49] 河北省统计局 . 河北经济年鉴 [M]. 北京：中国统计出版社 ,2017.
[50] 河北省统计局 . 河北经济年鉴 [M]. 北京：中国统计出版社 ,2016.
[51] 北京市教委、天津市教委、河北省教育厅 . 京津冀教育协同发展行动计划（2018—2020 年）[EB/OL]. [2019-1-7]. http://www.hebei.gov.cn/hebei/11937442/10761139/14518577/index.html.
[52] 北京市政府 . 北京市“十三五”时期教育改革和发展规划（2016—2020 年）[EB/OL]. [2017.1.22].https://www.csdp.edu.cn/article/2074.html.
[53] 天津市教委 . 发展天津市基础教育事业发展第十三个五年规划 [EB/OL]. [2017-1-25]http://fzgg.tj.gov.cn/zwgk_47325/zcfg_47338/zcwjx/fgwj/202012/W020201219529488869128.pdf.
[54] 河北省教育厅 . 河北省教育事业第十三个五年规划 [EB/OL]. [2018-9-11]. http://www.hee.gov.cn/col/1536656671291/2018/09/11/1536657318664.html.
[55] 中共河北省委，河北省政府 . 河北雄安新区规划纲要 [EB/OL]. [2018-4-14].http://www.xiongan.gov.cn/2018-04/21/c_129855813.htm.
[56] 教育部 . 教育部关于在自由贸易试验区优化营利性民办学校审批服务的通知 [EB/OL]. [2019-11-29]. http://www.moe.gov.cn/srcsite/A03/s3014/201911/t20191129_410215.html.
[57] 北京市教委，雄安新区管委会 . 关于雄安教育发展合作协议（2021-2025 年）[EB/OL]. [2021-10-19].http://www.xiongan.gov.cn/2021-10/21/c_1211414550.htm.
[58] 交易商协会，北京市人民银行分支机构，天津市人民银行分支机构，河北省人民银行分支机构，金融局（办）. 借助银行间市场助推京津冀协同发展战略合作协议 [EB/OL]. [2017-4-7]. https://news.cnstock.com/news,yw-201704-4061410.htm.
[59] 北京市金融工作局，天津市金融工作局，河北省金融工作办公室 . 京津冀三地金融局（办）合作框架协议 .[2018-5-17][EB/OL]. http://www.xiongan.gov.cn/2018-05/22/c_129877971.htm.
[60] 京津冀文化和旅游部门 . 京津冀文化和旅游协同发展战略合作框架协议 [EB/OL]. [2019-7-2]. https://www.mct.gov.cn/whzx/qgwhxxlb/bj/201907/t20190702_844763.htm.
[61] 河北省人民政府办公厅 . 河北省文化和旅游发展“十四五”规划 [EB/OL]. [2021-10-14]. http://www.xiongan.gov.cn/2021-11/04/c_1211433109.htm.

[62] 董方冉 . 北京自贸区：当好服务贸易的“领头羊”[J]. 中国金融家，2020（10）：71-72.
[63] 陈耀东，刘子睿 . 天津自贸试验区绩效梳理与法制化建设 [J]. 法治现代化研究，2020，4（05）：115-126.
[64] 王立国 . 天津自贸试验区助推京津冀协同发展 [N]. 天津日报，2019-06-17（009）.
[65] 李月丽，杨心灵，等 . 京津冀自由贸易试验区协同发展路径研究 [J]. 天津科技，2021，48（02）：1-3+6.
[66] 刘宁 . 天津自贸试验区对区域发展辐射效应研究 [J]. 合作经济与科技，2020（21）：102-103.
[67] 康佩月 . 天津自贸试验区对京津冀经济增长影响研究 [J]. 环渤海经济瞭望，2020（04）：76-77.
[68] 王敏，成静 . 京津冀自贸试验区建立合作机制 为协同发展叠加新动力 [N]. 中国经济导报，2021-09-30（007）.
[69] 刘海云 . 以自贸试验区建设为契机，推动京津冀高质量协同发展——2020 京津冀协同发展参事研讨会综述 [J]. 经济与管理，2020（6）：4-5.
[70] 武义青，刘海云，李清 . 以自贸试验区建设为契机带动河北更高水平改革开放 [J]. 河北省社会主义学院学报，2021（01）:14-21.
[71] 武义青，刘海云，李清 . 自贸试验区改革的制度红利 [J]. 前线，2021（04）：67-69.
[72] 李清，温可仪，刘海云 . 利用自贸试验区联动促进京津冀协同发展 [J]. 商业经济，2021（01）:13-15+28.
[73] 姜润彬，王鹏 . 比较分析视角下 北京市数字经济发展特点与建议 [J]. 数字经济，2021（05）:12-19.
[74] 刘天慧 . 数字经济发展路径比较研究与政策分析——以天津市为例 [J]. 北方经济，2021（07）:49-52.
[75] 邓丽姝 . 夯实北京数字经济新动能的战略思考 [J]. 商业经济研究，2021（12）:150-154.
[76] 赵亚洲 . 促进京津冀自贸区协同发展 [J]. 北京观察，2021（08）:16-17.
[77] 王敏，成静 . 京津冀自贸试验区建立合作机制为协同发展叠加新动力 [N]. 中国经济导报，2021-09-30（007）.
[78] 米彦泽 . 践行嘱托 加快建设数字河北 [N]. 河北日报，2021-09-06（001）.
[79] 北京市关于加快建设全球数字经济标杆城市的实施方案 [N]. 北京日报，2021-08-03（005）.
[80] 郑金武 . 京津冀协同发展：仍需加强产业分工协作 [EB/OL]. 2021/6/22.http://paper.sciencenet.cn/htmlnews/2021/6/460001.shtm.
[81] 梧题，刘志伟 . 京津冀税收与税源背离问题探究与经验启示 [J]. 经济论坛，2018（10）:68-74.

[82] 朱鹏程 . 京津冀协同发展产业转移税收政策研究 [J]. 审计观察，2021（07）：38-43.
[83] 李静怡 , 吴晓宇 . 完善环境保护税涉税信息共享机制研究 [J]. 纳税 ,2020,14(27):13-14.
[84] 张红兵，张淑莲 . 论京津冀生态环境协同发展的问题与对策 [J]. 河北青年管理干部学院学报 ,2018,30（06）:84-89.
[85] 于文轩 . 京津冀生态环境协同法制的实现路径 [J]. 内蒙古社会科学 ,2021,42（03）:100-105+213.
[86] 陈胜开 , 张云凤 . 基于京津冀生态协同视角的环保税现存问题与完善 [J]. 现代商贸工业 ,2020,41（01）:115-116.
[87] 张红兵 , 张淑莲 , 刘晓欣 . 国外生态补偿市场化模式对完善京津冀生态补偿机制的启示 [J]. 河北企业 ,2021（09）:55-57.
[88] 陈华 . 京津冀区际横向碳补偿机制研究 [J]. 会计师 ,2021（09）:125-126.
[89] 周德胜 , 陆相林 . 京津冀人才一体化发展政策协同路径研究 [J]. 中共石家庄市委党校学报 ,2021,23（09）:27-31.
[90] 张艳丽 , 王建华 , 许龙 . 京津冀协同下河北省创新型科技人才引进环境与培育能力对策研究 [J]. 中小企业管理与科技（下旬刊）,2021（09）:173-175.
[91] 李会英 , 冯莎 . 京津冀人才柔性共享问题与对策研究 [J]. 校园英语 ,2018（20）:58.
[92] 王珊珊 , 张立军 , 谷桂恕 . 京津冀协同发展背景下河北省高校人才流失现象及对策研究 [J]. 劳动保障世界 ,2020（17）:53.
[93] 刘亚娜 , 谭晓婷 , 杨艳丽 . 协同视角下京津冀人才政策网络研究——基于政策文本内容分析 [J]. 中共宁波市委党校学报 ,2021,43（03）:65-74.
[94] 朱承亮 , 穆荣平 . 完善科技成果转化政策法规体系 , 更好服务经济高质量发展 [J]. 中国发展观察 ,2019（09）:36-40.
[95] 杨雨寒 , 闫亚飞 , 张立佳 , 姚作芳 , 贾苹 . 协同发展背景下京津冀科技资源分布与共享现状分析 [J]. 科技管理研究 ,2020,40（22）:94-103.
[96] 吴志萍 , 王旖琪 . 京津冀协同发展研究 [J]. 合作经济与科技 ,2021（24）:4-8.
[97] 李文增 . 打造天津自贸试验区和自创区联动发展战略的升级版——对天津自贸试验区两个联动创新区总体方案文件的解读和研究 [J]. 产业创新研究，2021（14）：1-3.
[98] 赵文霞 . 中国（天津）自贸试验区开放创新的成效与进路 [J]. 对外经贸实务 ,2020（03）:9-11+96.
[99] 赵文霞 , 杨经国 . 自贸试验区创新成效及进一步开放创新的对策建议——以中国（天津）自贸试验区为例 [J]. 现代管理科学 ,2019（11）:12-14.

附　录

附录1 《国务院关于印发北京、湖南、安徽自由贸易试验区总体方案及浙江自由贸易试验区扩展区域方案的通知》（国发〔2020〕10号）

国务院关于印发北京、湖南、安徽自由贸易试验区总体方案及浙江自由贸易试验区扩展区域方案的通知

国发〔2020〕10号

各省、自治区、直辖市人民政府，国务院各部委、各直属机构：

现将《中国（北京）自由贸易试验区总体方案》、《中国（湖南）自由贸易试验区总体方案》、《中国（安徽）自由贸易试验区总体方案》、《中国（浙江）自由贸易试验区扩展区域方案》印发给你们，请认真贯彻执行。

国务院

2020年8月30日

中国（北京）自由贸易试验区总体方案

建立中国（北京）自由贸易试验区（以下简称自贸试验区）是党中央、国务院作出的重大决策，是新时代推进改革开放的重要战略举措。为高标准高质量建设自贸试验区，制定本方案。

一、总体要求

（一）指导思想。

以习近平新时代中国特色社会主义思想为指导，全面贯彻党的十九大和十九届二中、三中、四中全会精神，统筹推进“五位一体”总体布局和协调推进“四个全面”战略布局，坚持稳中求进工作总基调，坚持新发展理念，坚持高质量发展，以供给侧结构性改革为主线，主动服务和融入国家重大战略，建设更高水平开放型经济新体制，以开放促改革、促发展、促创新，把自贸试验区建设成为新时代改革开放新高地。

（二）战略定位及发展目标。

以制度创新为核心，以可复制可推广为基本要求，全面落实中央关于深入实施创新驱动发展、推动京津冀协同发展战略等要求，助力建设具有全球影响力的科技创新中心，加快打造服务业扩大开放先行区、数字经济试验区，着力构建京津冀协同发展的高水平对外开放平台。

赋予自贸试验区更大改革自主权，深入开展差别化探索。对标国际先进规则，加大开放力度，开展规则、规制、管理、标准等制度型开放。经过三至五年改革探索，强化原始创新、技术创新、开放创新、协同创新优势能力，形成更多有国际竞争力的制度创新成果，为进一步扩大对外开放积累实践经验，努力建成贸易投资便利、营商环境优异、创新生态一流、高端产业集聚、金融服务完善、国际经济交往活跃、监管安全高效、辐射带动作用突出的高标准高质量自由贸易园区。强化自贸试验区改革同北京市改革的联动，各项改革试点任务具备条件的在中关村国家自主创新示范区全面实施，并逐步在北京市推广试验。

二、区位布局

（一）实施范围。

自贸试验区的实施范围119.68平方公里，涵盖三个片区：科技创新片区31.85平方公里，国际商务服务片区48.34平方公里（含北京天竺综合保税区5.466平方公里），高端产业片区39.49平方公里。

自贸试验区的开发利用须遵守土地利用、生态环境保护、规划相关法律法规，符合国土空间规划，并符合节约集约用地的有关要求。

（二）功能划分。

科技创新片区重点发展新一代信息技术、生物与健康、科技服务等产业，打造数字经济试验区、全球创业投资中心、科技体制改革先行示范区；国际商务服务片区重点发展数字贸易、文化贸易、商务会展、医疗健康、国际寄递物流、跨境金融等产业，打造临空经济创新引领示范区；高端产业片区重点发展商务服务、国际金融、文化创意、生物技术和大健康等产业，建设科技成果转换承载地、战略性新兴产业集聚区和国际高端功能机构集聚区。

三、主要任务和措施

（一）推动投资贸易自由化便利化。

1. 深化投资领域改革。全面落实外商投资准入前国民待遇加负面清单管理制度。探索引进考试机构及理工类国际教材。完善外商投资促进、项目跟踪服务和投诉工作机制。鼓励在法定权限内制定投资和产业促进政策。完善“走出去”综合服务和风险防控体系，提高境外投资便利化水平，优化企业境外投资外汇管理流程。

2. 提升贸易便利化水平。推动北京首都国际机场、北京大兴国际机场扩大包括第五航权在内的航权安排。持续拓展国际贸易“单一窗口”服务功能和应用领域。开展跨境电子商务零售进口药品试点工作，具体按程序报批。适度放宽医药研发用小剂量特殊化学制剂的管理，支持在区内建立备货仓库。对符合政策的区内研发机构科研设备进口免税。进一步拓展整车进口口岸功能。支持北京天竺综合保税区打造具有服务贸易特色的综合保税区。

3. 创新服务贸易管理。试行跨境服务贸易负面清单管理模式。在有条件的区域最大限度放宽服务贸易准入限制。为研发、执业、参展、交流、培训等高端人才提供签证便利。创新监管服务模式，对区内企业、交易单据、人员、资金、商品等进行追溯和监管。

（二）深化金融领域开放创新。

4. 扩大金融领域开放。开展本外币一体化试点。允许区内银行为境外机构人民币银行结算账户（NRA账户）发放境外人民币贷款，研究推进境外机构投资者境内证券投资渠道整合，研究推动境外投资者用一个NRA账户处理境内证券投资事宜。允许更多外资银行获得证券投资基金托管资格。支持设立重点支持文创产业发展的民营银行。鼓励符合条件的中资银行开展跨境金融服务，支持有真实贸易背景的跨境金融服务需求。推动重点行业跨境人民币业务和外汇业务便利化。探索赋予中关村科创企业更多跨境金融选择权，在宏观审慎框架下自主决定跨境融资方式、金额和时机等，创新企业外债管理方式，逐步实现中关村国家自主创新示范区非金融企业外债项下完全可兑换。支持依法合规地通过市场化方式设立境内外私募平行基金。便利符合条件的私募和资产管理机构开展境外投资。支持跨国公司通过在境内设立符合条件的投资性公司，依法合规设立财务公司。开展区内企业外债一次性登记试点，不再逐笔登记。

5. 促进金融科技创新。围绕支付清算、登记托管、征信评级、资产交易、数据管理等环节，支持金融科技重大项目落地，支持借助科技手段提升金融基础设施服务水平。充分发挥金融科技创新监管试点机制作用，在有利于服务实体经济、风险可控、充分保护消费者合法权益的前提下稳妥开展金融科技创新。支持人民银行数字货币研究所设立金融科技中心，建设法定数字货币试验区和数字金融体系，依托人民银行贸易金融区块链平台，形成贸易金融区块链标准体系，加强监管创新。建设金融科技应用场景试验区，建立应用场景发布机制。

6. 强化金融服务实体经济。允许通过北京产权交易所等依法合规开展实物资产、股权转让、增资扩股的跨境交易。在依法依规、风险可控的前提下，支持区内汽车金融公司开展跨境融资，按照有关规定申请保险兼业代理资格；研究简化汽车金融公司发行金融债券、信贷资产证券化或外资股东发行熊猫债券等相关手续。允许区内注册的融资租赁母公司和子公司共享企业外债额度。将区内注册的内资融资租赁企业试点确认工作委托给北京市主管部门。

（三）推动创新驱动发展。

7. 优化人才全流程服务体系。探索制定分层分类人才吸引政策。试点开展外籍人才配额管理制度，探索推荐制人才引进模式。优化外国人来华工作许可、居留许可审批流程。采取“线上+线下”模式，建立全链条一站式服务窗口和服务站点。探索建立过往资历认可机制，允许具有境外职业资格的金融、建筑设计、规划等领域符合条件的专业人才经备案后，依规办理工作居留证件，并在区内提供服务，其境外从业经历可视同境内从业经历。对境外人才发生的医疗费用，开展区内医院与国际保险实时结算试点。探索优化非标准就业形式下劳动保障服务。

8. 强化知识产权运用保护。探索研究鼓励技术转移的税收政策。探索建立公允的知识产权评估机制，完善知识产权质押登记制度、知识产权质押融资风险分担机制以及质物处置机制。设立知识产权交易中心，审慎规范探索开展知识产权证券化。开展外国专利代理机构设立常驻代表机构试点工作。探索国际数字产品专利、版权、商业秘密等知识产权保护制度建设。充分发挥中国（中关村）知识产权保护中心的作用，建立专利快速审查、快速确权和快速维权的协同保护体系。

9. 营造国际一流创新创业生态。赋予科研人员职务科技成果所有权或长期使用权，探索形成市场化赋权、成果评价、收益分配等制度。鼓励跨国公司设立研发中心，开展“反向创新”。推动中国检测标准转化为国际通用标准。探索优化对科研机构访问国际学术前沿网站的安全保障服务。推进标准化厂房建设，健全工业用地市场供应体系。探索实施综合用地模式，在用途、功能不冲突前提下，实现一宗地块具有多种土地用途、建筑复合使用（住宅用途除外），按照不同用途建筑面积计算土地出让金，不得分割转让。探索实行产业链供地。

（四）创新数字经济发展环境。

10. 增强数字贸易国际竞争力。对标国际先进水平，探索符合国情的数字贸易发展规则，加强跨境数据保护规制合作，促进数字证书和电子签名的国际互认。探索制定信息技术安全、数据隐私保护、跨境数据流动等重点领域规则。探索创制数据确权、数据资产、数据服务等交易标准及数据交易流通的定价、结算、质量认证等服务体系，规范交易行为。探索开展数字贸易统计监测。

11. 鼓励发展数字经济新业态新模式。加快新一代信息基础设施建设，探索构建安全便利的国际互联网数据专用通道。应用区块链等数字技术系统规范跨境贸易、法律合规、技术标准的实施，保障跨境贸易多边合作的无纸化、动态化、标准化。依托区块链技术应用，整合高精尖制造业企业信息和信用数据，打造高效便捷的通关模式。探索建立允许相关机构在可控范围内对新产品、新业务进行测试的监管机制。

12. 探索建设国际信息产业和数字贸易港。在风险可控的前提下，在软件实名认证、数据产地标签识别、数据产品进出口等方面先行先试。建设数字版权交易平台，带动知识产权保护、知识产权融资业务发展。对软件和互联网服务贸易进行高效、便利的数字进出口检验。积极探索针对企业的数据保护能力的第三方认证机制。探索建立适应海外客户需求的网站备案制度。

（五）高质量发展优势产业。

13. 助力国际交往中心建设。着眼于服务国家总体外交，持续提升重大国事活动服务保障能力。鼓励国际组织集聚。探索开展本外币合一跨境资金池试点，支持符合条件的跨国企业集团在境内外成员之间集中开展本外币资金余缺调剂和归集业务，对跨境资金流动实行双向宏观审慎管理。探索消费、预办登机一体化试点。鼓励适度竞争，完善免税店相关政策。在北京首都国际机场周边打造功能完善的组团式会展综合体。提升中国国际服务贸易交易会规格和能级，将其打造成为国际服务贸易主平台。

14. 满足高品质文化消费需求。打造国际影视动漫版权贸易平台，探索开展文化知识产权保险业务，开展宝玉石交易业务，做强“一带一路”文化展示交易馆。允许符合条件的外资企业开展面向全球的文化艺术品（非文物）展示、拍卖、交易业务。鼓励海外文物回流，积极研究调整现行进口税收政策，进一步给予支持。探索创新综合保税区内国际高端艺术展品担保监管模式。

15. 创新发展全球领先的医疗健康产业。简化国内生物医药研发主体开展国际合作研发的审批流程。加速急需医疗器械和研发用材料试剂、设备通关。对临床急需且我国尚无同品种产品获准注册的医疗器械加快审批，保障临床需求。开展跨境远程医疗等临床医学研究，区内医疗机构可根据自身技术能力，按照有关规定开展干细胞临床前沿医疗技术研究项目。探索开展去中心化临床试验（DCT）试点。支持设立医疗器械创新北京服务站和人类遗传资源服务站，加快医药产业转化速度。

16. 优化发展航空服务。推动北京首都国际机场和北京大兴国际机场联动发展，建设世界级航空枢纽。优化航材保税监管措施，降低航材运营成本。试点开展公务机按照包修协议报关业务，将公务机所有人、运营人及委托代理公司纳入试点申请主体范围。对符合列目规则的航空专用零部件，研究单独设立本国子目。

（六）探索京津冀协同发展新路径。

17. 助力高标准建设城市副中心。探索实施相对集中行政许可权试点。鼓励金融机构开展全球资产配置，建设全球财富管理中心。支持设立全国自愿减排等碳交易中心。规范探索开展跨境绿色信贷资产证券化、绿色债券、绿色股权投融资业务，支持相关企业融资发展。支持符合条件的金融机构设立专营机构。在国家金融监管机构等的指导下，支持设立北京城市副中心金融风险监测预警与监管创新联合实验室，构建京津冀金融风险监测预警平台。简化特殊人才引进流程。

18. 深化产业链协同发展。将自贸试验区打造为京津冀产业合作新平台，创新跨区域产业合作，探索建立总部—生产基地、园区共建、整体搬迁等多元化产业对接合作模式。鼓励北京、天津、河北自贸试验区抱团参与“一带一路”建设，坚持稳妥有序原则，共建、共享境内外合作园区。

19. 推动形成统一开放市场。加强京津冀三地技术市场融通合作，对有效期内整体迁移的高新技术企业保留其高新技术企业资格。逐步实现北京、天津、河北自贸试验区内政务服务“同事同标”，推动实现政务服务区域通办、标准互认和采信、检验检测结果互认和采信。探索建立北京、天津、河北自贸试验区联合授信机制，健全完善京津冀一体化征信体系。

（七）加快转变政府职能。

20. 持续打造国际一流营商环境。推进“证照分离”改革。对新经济模式实施审慎包容监管，探索对新技术新产品加强事中事后监管。下放国际快递业务（代理）经营许可审批权。开展企业投资项目“区域评估+标准地+告知承诺制+政府配套服务”改革。探索取消施工图审查（或缩小审查范围）、实行告知承诺制和设计人员终身负责制等工程建设领域审批制度改革。

21. 强化多元化法治保障。允许境外知名仲裁及争议解决机构经北京市人民政府司法行政部门登记并报国务院司法行政部门备案，在区内设立业务机构，就国际商事、投资等领域民商事争议开展仲裁业务，依法支持和保障中外当事人在仲裁前和仲裁中的财产保全、证据保全、行为保全等临时措施的申请和执行。积极完善公证、调解、仲裁、行政裁决、行政复议、诉讼等有机衔接、相互协调的多元化纠纷解决机制。支持国际商事争端预防与解决组织落地运营。充分利用现有审判资源，为金融诉讼提供绿色通道。

22. 健全开放型经济风险防范体系。推行以信用为基础的分级分类监管制度。聚焦投资、贸易、网络、生物安全、生态环境、文化安全、人员进出、反恐反分裂、公共道德等重点领域，进一步落实好外商投资安全审查制度，完善反垄断审查、行业管理、用户认证、行为审计等管理措施。健全金融风险监测和预警机制，强化反洗钱、反恐怖融资和反逃税工作，不断提升金融风险防控能力。坚持底线思维，依托信息技术创新风险研判和风险防控手段，建立联防联控机制。

四、保障机制

坚持和加强党对改革开放的领导，把党的领导贯穿于自贸试验区建设的全过程。牢固树立总体国家安全观，强化底线思维和风险意识，切实加强自贸试验区风险防控体系建设，完善风险防控和处置机制，维护国家安全和社会安全，牢牢守住不发生区域性系统性风险底线。在国务院自由贸易试验区工作部际联席会议统筹协调下，充分发挥地方和部门积极性，抓好各项改革试点任务落实，高标准高质量建设自贸试验区。北京市要完善工作机制，构建精简高效、权责明晰的自贸试验区管理体制，加强人才培养，打造高素质专业化管理队伍；要加强地方立法，建立公正透明、体系完备的法治环境；要强化主体责任，加强监测预警，深入开展风险评估，制定相关工作方案，切实防范化解重大风险；要建立完善自贸试验区制度创新容错机制，坚持“三个区分开来”，鼓励大胆试、大胆闯；要统筹推进新冠肺炎疫情防控和自贸试验区高质量发展工作，全面落实“外防输入、内防反弹”要求，努力把疫情造成的损失降到最低限度。北京市和有关部门要依法及时下放相关管理权限，完善配套政策，确保各项改革举措落地实施。自贸试验区各片区要把工作做细，制度做实，严格监督，严格执纪执法。本方案提出的各项改革政策措施，凡涉及调整现行法律或行政法规的，按规定程序办理。重大事项及时向党中央、国务院请示报告。

附录2 《国务院关于印发中国（天津）自由贸易试验区总体方案的通知》（国发〔2015〕19号）

国务院关于印发中国（天津）自由贸易试验区总体方案的通知

国发〔2015〕19号

各省、自治区、直辖市人民政府，国务院各部委、各直属机构：

国务院批准《中国（天津）自由贸易试验区总体方案》（以下简称《方案》），现予印发。

一、建立中国（天津）自由贸易试验区（以下简称自贸试验区），是党中央、国务院作出的重大决策，是在新形势下推进改革开放和加快实施京津冀协同发展战略的重要举措，对加快政府职能转变、积极探索管理模式创新、促进贸易和投资便利化，为全面深化改革和扩大开放探索新途径、积累新经验，具有重要意义。

二、自贸试验区要当好改革开放排头兵、创新发展先行者，以制度创新为核心，贯彻京津冀协同发展等国家战略，在构建开放型经济新体制、探索区域经济合作新模式、建设法治化营商环境等方面，率先挖掘改革潜力，破解改革难题。要积极探索外商投资准入前国民待遇加负面清单管理模式，深化行政管理体制改革，提升事中事后监管能力和水平。

三、天津市人民政府和有关部门要解放思想、改革创新，大胆实践、积极探索，统筹谋划、加强协调，支持自贸试验区先行先试。要加强组织领导，明确责任主体，精心组织好《方案》实施工作，有效防控各类风险。要及时总结评估试点实施效果，形成可复制可推广的改革经验，发挥示范带动、服务全国的积极作用。

四、根据《全国人民代表大会常务委员会关于授权国务院在中国（广东）

自由贸易试验区、中国（天津）自由贸易试验区、中国（福建）自由贸易试验区以及中国（上海）自由贸易试验区扩展区域暂时调整有关法律规定的行政审批的决定》，相应暂时调整有关行政法规和国务院文件的部分规定。具体由国务院另行印发。

五、《方案》实施中的重大问题，天津市人民政府要及时向国务院请示报告。

国务院

2015年4月8日

附录3 《中国（天津）自由贸易试验区总体方案》（国发〔2015〕19号）

中国（天津）自由贸易试验区总体方案

国发〔2015〕19号

建立中国（天津）自由贸易试验区（以下简称自贸试验区）是党中央、国务院作出的重大决策，是新形势下全面深化改革、扩大开放和加快推进京津冀协同发展战略的重大举措。为全面有效推进自贸试验区建设，制定本方案。

一、总体要求

（一）指导思想。

全面贯彻落实党的十八大和十八届二中、三中、四中全会精神，按照党中央、国务院决策部署，紧紧围绕国家战略，以开放促改革、促发展、促转型，以制度创新为核心，发挥市场在资源配置中的决定性作用，探索转变政府职能新途径，探索扩大开放新模式，努力打造京津冀协同发展对外开放新引擎，着力营造国际化、市场化、法治化营商环境，为我国全面深化改革和扩大开放探索新途径、积累新经验，发挥示范带动、服务全国的积极作用。

（二）战略定位。

以制度创新为核心任务，以可复制可推广为基本要求，努力成为京津冀协同发展高水平对外开放平台、全国改革开放先行区和制度创新试验田、面向世界的高水平自由贸易园区。

（三）总体目标。

经过三至五年改革探索，将自贸试验区建设成为贸易自由、投资便利、高端产业集聚、金融服务完善、法制环境规范、监管高效便捷、辐射带动效应明显的国际一流自由贸易园区，在京津冀协同发展和我国经济转型发展中发挥示范引领作用。

二、区位布局

（一）实施范围。

自贸试验区的实施范围119.9平方公里，涵盖三个片区：天津港片区30平方公里（含东疆保税港区10平方公里），天津机场片区43.1平方公里（含天津港保税区空港部分1平方公里和滨海新区综合保税区1.96平方公里），滨海新区中心商务片区46.8平方公里（含天津港保税区海港部分和保税物流园区4平方公里）。

自贸试验区土地开发利用须遵守土地利用法律法规。

（二）功能划分。

按区域布局划分，天津港片区重点发展航运物流、国际贸易、融资租赁等现代服务业；天津机场片区重点发展航空航天、装备制造、新一代信息技术等高端制造业和研发设计、航空物流等生产性服务业；滨海新区中心商务片区重点发展以金融创新为主的现代服务业。

按海关监管方式划分，自贸试验区内的海关特殊监管区域重点探索以贸易便利化为主要内容的制度创新，开展货物贸易、融资租赁、保税加工和保税物流等业务；非海关特殊监管区域重点探索投资制度改革，完善事中事后监管，推动金融制度创新，积极发展现代服务业和高端制造业。

三、主要任务和措施

（一）加快政府职能转变。

创新行政管理方式，提升行政管理水平，建设适应国际化、市场化、法治化要求和贸易投资便利化需求的服务体系。

1. 深化行政体制改革。加快行政审批制度改革，实行审管职能分离，建立综合统一的行政审批机构，实施“一颗印章管审批”。推进政府管理由注重事前审批向注重事中事后监管转变，完善信息网络平台，提高行政透明度，实现部门协同管理。健全社会信用体系；建立行业信息跟踪、监管和归集的综合性评估机制，加强对企业的管理、监督和服务，健全企业及从业人员信用信息记录和披露制度，完善企业信用约束机制；完善企业信用信息公示系统，实施企业年度报告公示、经营异常名录和严重违法企业名单制度；探索建立市场主体信用评级标准，实施分类管理。提高执法效能，建立集中统一的综合执法机构，整合执法力量，实行“一支队伍管执法”，鼓励社会力量参与市场监督，加大对违法行为打击力度。构建反垄断审查机制。加强知识产权保护和服务，完善知识产权管理和执法体制以及纠纷调解、援助、仲裁等服务机制。发挥专业化社会机构力量，提高知识产权保护成效。将原由政府部门承担的资产评估、鉴定、咨询、认证、检验检测等职能逐步交由法律、会计、信用、检验检测认证等专业服务机构承担。

2. 提高行政管理效能。天津市依法向自贸试验区下放经济管理权限。自贸试验区内工作部门依法公开管理权限和流程，建立各部门权责清单制度。建立健全行政审批管理目录制度，完善“一口受理”服务模式，改革审批事项，优化审批流程，缩短审批时间，推进审批后监管标准规范制度建设。加强发展规划、政策、标准的制定和实施工作。

（二）扩大投资领域开放。

稳步扩大开放领域，改革“引进来”和“走出去”投资管理方式，突出重点，创新机制，有效监管，完善服务，探索建立与国际通行做法接轨的基本制度框架。

3. 降低投资准入门槛。实施自贸试验区外商投资负面清单制度，减少和取消对外商投资准入限制，提高开放度和透明度。重点选择航运服务、商贸服务、专业服务、文化服务、社会服务等现代服务业和装备制造、新一代信息技术等先进制造业领域扩大对外开放，积极有效吸引外资；金融领域，在完善相关配套措施前提下，研究适当减少对境外投资者资质要求、股权比例、业务范围等准入限制。鼓励跨国公司设立地区性总部、研发中心、销售中心、物流中心和结算中心，鼓励先进制造业延伸价值链，与现代服务业融合发展。支持外资股权投资基金规范创新发展，完善资本金结汇、投资基金管理等新模式，鼓励外资股权投资、创业投资管理机构发起管理人民币股权投资和创业投资基金。允许取得国际资质的外籍和港澳台地区专业服务人员和机构，在自贸试验区内依照有关规定开展相关业务。允许取得中国注册会计师资格的港澳专业人士，在自贸试验区试点担任合伙制事务所的合伙人。

4. 改革外商投资管理模式。探索对外商投资实行准入前国民待遇加负面清单管理模式。对外商投资准入特别管理措施（负面清单）之外领域，按照内外资一致原则，外商投资项目实行备案制（国务院规定对国内投资项目保留核准的除外），由天津市负责办理；根据全国人民代表大会常务委员会授权，将外商投资企业设立、变更及合同章程审批改为备案管理，备案由天津市负责办理，备案后按国家有关规定办理相关手续。配合国家有关部门实施外商投资国家安全审查制度。完善市场主体信用信息公示系统，实施外商投资全周期监管，建立健全境外追偿保障机制。完善投资者权益保障机制，允许符合条件的境外投资者自由转移其投资收益。

5. 构建对外投资合作服务平台。确立企业及个人对外投资主体地位，支持企业及个人开展多种形式的境外投资合作，在法律法规规定范围内，允许自担风险到各国各地区自由承揽项目。逐步减少个人对外投资的外汇管制。对不涉及敏感国家和地区、敏感行业的境外投资项目全部实行备案制，属市级管理权限的由自贸试验区负责备案。建立对外投资合作“一站式”服务平台。加强对外投资合作事后管理和服务，建设多部门信息共享平台，完善境外资产和人员安全风险预警和应急保障体系。鼓励设立从事境外投资的股权投资企业和项目公司，支持设立从事境外投资的股权投资母基金。

（三）推动贸易转型升级。

积极培育新型贸易方式，打造以技术、品牌、质量、服务为核心的外贸竞争新优势，探索形成具有国际竞争力的航运业发展环境。

6. 完善国际贸易服务功能。积极探索服务贸易发展的新途径和新模式，搭建服务贸易公共服务平台、服务贸易促进平台，推动现有融资平台依法合规为中小服务贸易企业提供融资服务。按照公平竞争原则，积极发展跨境电子商务，并完善与之相适应的海关监管、检验检疫、退税、跨境支付、物流等支撑系统。发展服务外包业务，建设文化服务贸易基地。建设亚太经济合作组织绿色供应链合作网络天津示范中心，探索建立绿色供应链管理体系，鼓励开展绿色贸易。探索开展财政资金支持形成的知识产权处置和收益管理改革试点，建立华北地区知识产权运营中心，发展知识产权服务业。开展知识产权跨境交易，创新知识产权投融资及保险、风险投资、信托等金融服务，推动建立知识产权质物处置机制。

加快建设国家进口贸易促进创新示范区，促进对外贸易平衡发展。鼓励企业统筹开展国际国内贸易，实现内外贸一体化发展。支持进口先进技术、关键设备及零部件和资源类商品。支持开展汽车平行进口试点，平行进口汽车应符合国家质量安全标准，进口商应承担售后服务、召回、“三包”等责任，并向消费者警示消费风险。建立国际贸易“单一窗口”管理服务模式。在执行现行税收政策前提下，提升超大超限货物的通关、运输、口岸服务等综合能力。扶持和培育外贸综合服务企业，为从事国际采购的中小企业提供通关、融资、退税、国际结算等服务。

在总结期货保税交割试点经验基础上，鼓励国内期货交易所在自贸试验区的海关特殊监管区域内开展业务，扩大期货保税交割试点品种，拓展仓单质押融资等功能，推动完善仓单质押融资所涉及的仓单确权等工作。依法合规开展大宗商品现货交易，探索建立与国际大宗商品交易相适应的外汇管理和海关监管制度。在严格执行货物进出口税收政策前提下，允许在海关特殊监管区域内设立保税展示交易平台。开展境内外高技术、高附加值产品的维修业务试点。探索开展境外高技术、高附加值产品的再制造业务试点。允许外商开展机电产品及零部件维修与再制造业务。推动建立检验检疫证书国际联网核查机制，推进标准和结果互认。改革和加强原产地证签证管理，便利证书申领，强化事中事后监管。鼓励设立第三方检验检测鉴定机构，逐步推动实施第三方结果采信。

7. 增强国际航运服务功能。促进航运要素集聚，探索形成具有国际竞争力的航运发展机制和运作模式。积极发挥天津港和滨海国际机场的海空联动作用。允许设立外商独资国际船舶管理企业。放宽在自贸试验区设立的中外合资、中外合作国际船舶企业的外资股比限制。允许外商以合资、合作形式从事公共国际船舶代理业务，外方持股比例放宽至51%，将外资经营国际船舶管理业务的许可权限下放给天津市。大力发展航运金融、航运保险业，建设中国北方国际航运融资中心，鼓励境内外航运保险公司和保险经纪公司等航运服务中介机构设立营业机构并开展业务。在落实国际船舶登记制度相关配套政策基础上，中方投资人持有船公司的股权比例可低于50%。充分利用现有中资“方便旗”船税收优惠政策，促进符合条件的船舶在自贸试验区落户登记。

完善集疏运体系，加密航线航班。推动海运集装箱和航空快件国际中转集拼业务发展。允许中资公司拥有或控股拥有的非五星旗船，试点开展外贸集装箱在国内沿海港口和天津港之间的沿海捎带业务。支持天津滨海国际机场增加国际客货运航班，建设航空物流中心。完善国际邮轮旅游支持政策，提升邮轮旅游供应服务和配套设施水平，建立邮轮旅游岸上配送中心和邮轮旅游营销中心。允许在自贸试验区内注册的符合条件的中外合资旅行社，从事除台湾地区以外的出境旅游业务。符合条件的地区可按政策规定申请实施境外旅客购物离境退税政策。

8. 创新通关监管服务模式。自贸试验区内的海关特殊监管区域比照中国（上海）自由贸易试验区内的海关特殊监管区域有关监管模式，实施“一线放开”、“二线安全高效管住”的通关监管服务模式，积极推动实施海关特殊监管区域整合优化改革措施。可根据自贸试验区发展需求，按现行管理规定向国家申请扩大海关特殊监管区域面积。自贸试验区内的非海关特殊监管区域，仍按照现行模式实施监管。不断探索口岸监管制度创新。

强化监管协作。加强电子口岸建设，推动实现海关、检验检疫等口岸监管部门信息共享。推进企业运营信息与监管系统对接。逐步实现基于企业诚信评价的货物抽验制度。除废物原料、危险化学品及其包装、散装货物外，检验检疫在一线实行“进境检疫，适当放宽进出口检验”模式，创新监管技术和方法；在二线简化检验检疫流程，推行“方便进出，严密防范质量安全风险”的检验检疫监管模式。提高知识产权行政执法与海关保护的协调性和便捷性，建立知识产权执法协作调度中心。

（四）深化金融领域开放创新。

深化金融体制改革，实施业务模式创新，培育新型金融市场，加强风险控制，推进投融资便利化、利率市场化和人民币跨境使用，做大做强融资租赁业，服务实体经济发展。

9. 推进金融制度创新。开展利率市场化和人民币资本项目可兑换试点。将自贸试验区内符合条件的金融机构纳入优先发行大额可转让存单的机构范围，在自贸试验区内开展大额可转让存单发行试点。区内试行资本项目限额内可兑换，符合条件的区内机构在限额内自主开展直接投资、并购、债务工具、金融类投资等交易。深化外汇管理改革，将直接投资外汇登记下放银行办理，外商直接投资项下外汇资本金可意愿结汇，进一步提高对外放款比例。提高投融资便利化水平，解决自贸试验区内企业特别是中小企业融资难、融资贵问题，统一内外资企业外债政策，建立健全外债宏观审慎管理制度。放宽区内企业在境外发行本外币债券的审批和规模限制，所筹资金根据需要可调回区内使用。

推动跨境人民币业务创新发展，鼓励在人民币跨境使用方面先行先试，鼓励企业充分利用境内外两种资源、两个市场，实现跨境融资自由化。支持跨国公司本外币资金集中运营管理。支持自贸试验区内符合条件的单位和个人按照规定双向投资于境内外证券期货市场。支持通过自由贸易账户或其他风险可控的方式，促进跨境投融资便利化和资本项目可兑换的先行先试。

探索在自贸试验区内建立金融消费者权益保护协作机制以及和解、专业调解、仲裁等金融纠纷司法替代性解决机制，鼓励金融行业协会、自律组织独立或者联合依法开展专业调解，建立调解与仲裁、诉讼的对接机制，加大金融消费者维权支持力度，依法维护金融消费者合法权益。支持建立健全证券投资消费者教育服务体系，积极创新自贸试验区特色的多元化证券投资消费者教育产品和方式。

10. 增强金融服务功能。推动金融服务业对符合条件的民营资本全面开放，在加强监管前提下，允许具备条件的民间资本依法发起设立中小型银行等金融机构。支持在自贸试验区内设立外资银行和中外合资银行。条件具备时适时在自贸试验区内试点设立有限牌照银行。对中小型金融机构实行差别化管理。在完善相关管理办法，加强有效监管前提下，允许自贸试验区内符合条件的中资银行试点开办外币离岸业务。鼓励金融机构积极开展动产融资业务，利用动产融资统一登记平台，服务中小企业发展。支持商业保理业务发展，探索适合商业保理发展的外汇管理模式。开展人民币跨境再保险业务，培育发展再保险市场。支持在自贸试验区内设立专业机构，开展巨灾保险试点工作。逐步允许境外企业参与商品期货交易。

11. 提升租赁业发展水平。率先推进租赁业政策制度创新，形成与国际接轨的租赁业发展环境。加快建设国家租赁创新示范区。在自贸试验区的海关特殊监管区域内，支持设立中国天津租赁平台，推进租赁资产公示等试点。支持设立中国金融租赁登记流转平台，推进租赁资产登记、公示、流转等试点。统一内外资融资租赁企业准入标准、审批流程和事中事后监管，允许注册在自贸试验区内由天津市商务主管部门准入的内资融资租赁企业享受与现行内资融资租赁试点企业同等待遇。支持符合条件的金融租赁公司和融资租赁公司设立专业子公司。支持金融租赁公司和融资租赁公司在符合相关规定前提下，设立项目公司经营大型设备、成套设备等融资租赁业务，并开展境内外租赁业务。经相关部门认可，允许融资租赁企业开展主营业务相关的保理业务和福费廷业务。支持租赁业境外融资，鼓励各类租赁公司扩大跨境人民币资金使用范围。对注册在自贸试验区海关特殊监管区域内的融资租赁企业进出口飞机、船舶和海洋工程结构物等大型设备涉及跨关区的，在确保有效监管和执行现行相关税收政策前提下，按物流实际需要，实行海关异地委托监管。

12. 建立健全金融风险防控体系。建立金融监管协调机制，完善跨行业、跨市场的金融风险监测评估机制，加强对重大风险的识别和系统性金融风险的防范。完善对持有各类牌照金融机构的分类监管机制，加强金融监管协调与合作。探索建立跨境资金流动风险监管机制，对企业跨境收支进行全面监测评价，实施分类管理。强化外汇风险防控，实施主体监管，建立合规评价体系，以大数据为依托开展事中事后管理。做好反洗钱、反恐怖融资工作，防范非法资金跨境、跨区流动。

（五）推动实施京津冀协同发展战略。

发挥自贸试验区对外开放高地的综合优势，推动京津冀地区外向型经济发展，构建全方位、多层次、宽领域的区域开放型经济新格局。

13. 增强口岸服务辐射功能。完善京津冀海关区域通关一体化和检验检疫通关业务一体化改革。优化内陆无水港布局，支持内陆地区在条件具备时申请设立海关特殊监管区域和保税监管场所。完善天津口岸与无水港之间在途运输监管模式，推动与内陆口岸通关协作，实现相关部门信息互换、监管互认、执法互助。结合上海试点实施情况，在统筹评估政策成效基础上，研究实施启运港退税试点政策。进一步推动津冀两地港口一体化，在优化港口产业结构的同时，实现两地港口间错位发展和优势互补。支持京冀两地在自贸试验区建设专属物流园区，开展现代物流业务。完善以天津港为出海口的保税物流网络，将意愿结汇等创新政策辐射延伸至京冀两地及港口腹地。依托亚欧大陆桥连接功能，完善多式联运体系，增强对沿线国家及地区转口贸易服务功能，发挥中蒙俄经济走廊重要节点作用和海上合作战略支点作用，推动“一带一路”建设。

14. 促进区域产业转型升级。抓住全球产业重新布局机遇，充分利用国内国外两种资源、两个市场，提高聚集国际资源要素的能力。通过自贸试验区高端产业集聚，促进京津冀地区优化现代服务业、先进制造业和战略性新兴产业布局，创新区域经济合作模式。以产业链为纽带，在自贸试验区建立市场化运作的产业转移引导基金，促进京津冀地区在研发设计、生产销售和物流配送等环节的协同配合。增强自贸试验区大宗商品交易市场的集散功能。加强交易市场互联互通，推动各类资源合理高效流转。鼓励三地企业通过跨区域兼并重组实现产业转型升级，在基础设施、公共设施建设运营领域，推广运用政府和社会资本合作（PPP）等新型投融资模式。鼓励航运物流、航空航天、装备制造、电子信息、生物医药等产业向自贸试验区集聚，形成有利于推动产业集群发展的体制机制，促使自贸试验区成为京津冀地区产业转型升级的新引擎。

15. 推动区域金融市场一体化。探索京津冀金融改革创新试验，开展金融监管、金融产品和服务方面的创新。加强区域金融监管协作，破除地域限制。在遵守国家规定前提下，京津冀三地产权交易市场、技术交易市场、排污权交易市场和碳排放权交易市场可在自贸试验区内开展合作,促进区域排污权指标有偿分配使用。支持金融服务外包企业发展。鼓励和引导互联网金融业健康发展。鼓励自贸试验区金融机构探索与京津冀协同发展相适应的产品创新和管理模式创新，优化京津冀地区金融资源配置。

16. 构筑服务区域发展的科技创新和人才高地。充分发挥自贸试验区和国家自主创新示范区政策叠加优势，将自贸试验区打造成具有创新示范和带动作用的区域性创新平台，增强科技进步对经济增长的贡献度。坚持需求导向和产业化方向，推动科研机构、高校、企业协同创新。积极发展科技金融。依法合规开展知识产权转让，建立专利导航产业发展协同工作机制。根据区域特点和发展需求，针对区域创新发展中面临的突出问题，在自贸试验区内开展有针对性的政策试点。支持京津冀三地政府按规定共同出资,与国家新兴产业创业投资引导基金、国家科技成果转化引导基金形成合作机制。联合国内外知名股权投资机构共同成立创投基金，在自贸试验区先行先试。建立健全科技成果转化交易市场。推动教育部、天津市共建教育国际化综合改革试验区，支持引进境外优质教育资源，开展合作办学。按照国际通行做法探索人才评价方法，实施更加积极的创新人才引进政策，强化激励，吸引领军科学家、企业家、归国创业人员等高端人才，建设国际化人才特区。为符合条件的外国籍高层次人才提供入境及居留便利，进一步简化签证等相关审批程序。

四、保障机制

（一）健全法制保障体系。

全国人民代表大会常务委员会已经授权国务院，暂时调整《中华人民共和国外资企业法》《中华人民共和国中外合资经营企业法》《中华人民共和国中外合作经营企业法》和《中华人民共和国台湾同胞投资保护法》规定的有关行政审批，自2015年3月1日至2018年2月28日试行。自贸试验区需要暂时调整实施有关行政法规、国务院文件和经国务院批准的部门规章的部分规定的，按规定程序办理。各有关部门要支持自贸试验区在扩大投资领域开放、实施负面清单管理模式、创新投资管理体制等方面深化改革试点，及时解决试点过程中的制度保障问题。天津市要通过地方立法，建立与试点要求相适应的自贸试验区管理制度。

（二）优化行政管理服务环境。

转变政府职能，推进落实各项改革创新措施，加强自贸试验区经济运行管理和风险防控，规范市场经济秩序，提高行政管理水平和综合服务能力。加强海关、质检、工商、税务、金融监管及外汇等部门协作，依托地方政府主导的电子口岸等公共电子信息平台，整合监管信息，实现相关监管部门信息共享，共同提高维护经济社会安全的服务保障能力。

（三）完善配套税收政策。

中国（上海）自由贸易试验区已经试点的税收政策原则上可在自贸试验区进行试点，其中促进贸易的选择性征收关税、其他相关进出口税收等政策在自贸试验区内的海关特殊监管区域进行试点。自贸试验区内的海关特殊监管区域实施范围和税收政策适用范围维持不变。此外，在符合税制改革方向和国际惯例，以及不导致利润转移和税基侵蚀前提下，积极研究完善适应境外股权投资和离岸业务发展的税收政策。

（四）抓好组织实施工作。

在国务院的领导和统筹协调下，由天津市根据试点内容，按照总体筹划、分步实施、率先突破、逐步完善的原则组织实施。对出现的新情况、新问题，要认真研究，及时调整试点内容和政策措施，重大事项要及时向国务院请示报告。各有关部门要大力支持，加强指导和服务，共同推进相关体制机制创新，把自贸试验区建设好、管理好。

（五）建立评估推广机制。

自贸试验区要及时总结改革创新经验和成果。商务部、天津市人民政府要会同相关部门，对自贸试验区试点政策执行情况进行综合和专项评估，必要时委托第三方机构进行独立评估，并将评估结果报告国务院。对试点效果好且可复制可推广的成果，经国务院同意后率先在京津冀地区复制推广，具备条件的，进一步推广到全国其他地区。

附录4 《国务院关于同意新设6个自由贸易试验区的批复》(国函〔2019〕72号)

国务院关于同意新设6个自由贸易试验区的批复

国函〔2019〕72号

山东省、江苏省、广西壮族自治区、河北省、云南省、黑龙江省人民政府，商务部：

你们关于新设有关自由贸易试验区的请示收悉。现批复如下：

一、同意设立中国（山东）自由贸易试验区、中国（江苏）自由贸易试验区、中国（广西）自由贸易试验区、中国（河北）自由贸易试验区、中国（云南）自由贸易试验区、中国（黑龙江）自由贸易试验区。

二、中国（山东）自由贸易试验区涵盖济南片区、青岛片区、烟台片区，总面积119.98平方公里（具体四至范围见附件，下同）；中国（江苏）自由贸易试验区涵盖南京片区、苏州片区、连云港片区，总面积119.97平方公里；中国（广西）自由贸易试验区涵盖南宁片区、钦州港片区、崇左片区，总面积119.99平方公里；中国（河北）自由贸易试验区涵盖雄安片区、正定片区、曹妃甸片区、大兴机场片区，总面积119.97平方公里；中国（云南）自由贸易试验区涵盖昆明片区、红河片区、德宏片区，总面积119.86平方公里；中国（黑龙江）自由贸易试验区涵盖哈尔滨片区、黑河片区、绥芬河片区，总面积119.85平方公里。上述6个新设自由贸易试验区地块的落桩定界工作，经商务部、自然资源部审核验收后报国务院备案，由商务部、自然资源部负责发布。

三、上述6个新设自由贸易试验区内的海关特殊监管区域的实施范围和税收政策适用范围维持不变。

四、山东省、江苏省、广西壮族自治区、河北省、云南省、黑龙江省人民政府和商务部要会同有关部门做好新设自由贸易试验区总体方案的组织实施工作。

国务院

2019年8月2日

附录5 《中国（河北）自由贸易试验区总体方案》（国发〔2019〕16号）

中国（河北）自由贸易试验区总体方案

国发〔2019〕16号

建立中国（河北）自由贸易试验区（以下简称自贸试验区）是党中央、国务院作出的重大决策，是新时代推进改革开放的战略举措。为高标准高质量建设自贸试验区，制定本方案。

一、总体要求

（一）指导思想。以习近平新时代中国特色社会主义思想为指导，全面贯彻党的十九大和十九届二中、三中全会精神，统筹推进“五位一体”总体布局和协调推进“四个全面”战略布局，坚持稳中求进工作总基调，坚持新发展理念，坚持高质量发展，以供给侧结构性改革为主线，主动服务和融入国家重大战略，更好服务对外开放总体战略布局，解放思想、大胆创新，把自贸试验区建设成为新时代改革开放的新高地。

（二）战略定位及发展目标。以制度创新为核心，以可复制可推广为基本要求，全面落实中央关于京津冀协同发展战略和高标准高质量建设雄安新区要求，积极承接北京非首都功能疏解和京津科技成果转化，着力建设国际商贸物流重要枢纽、新型工业化基地、全球创新高地和开放发展先行区。经过三至五年改革探索，对标国际先进规则，形成更多有国际竞争力的制度创新成果，推动经济发展质量变革、效率变革、动力变革，努力建成贸易投资自由便利、高端高新产业集聚、金融服务开放创新、政府治理包容审慎、区域发展高度协同的高标准高质量自由贸易园区。

二、区位布局

（一）实施范围。自贸试验区的实施范围119.97平方公里，涵盖四个片区：雄安片区33.23平方公里，正定片区33.29平方公里（含石家庄综合保税区2.86

平方公里），曹妃甸片区33.48平方公里（含曹妃甸综合保税区4.59平方公里），大兴机场片区19.97平方公里。

自贸试验区土地开发利用须遵守土地利用、生态环境保护、城乡规划法律法规，符合土地利用总体规划和城乡规划，并符合节约集约用地的有关要求；涉及海洋的，须符合《中华人民共和国海域使用管理法》《中华人民共和国海洋环境保护法》等法律法规有关规定。

（二）功能划分。雄安片区重点发展新一代信息技术、现代生命科学和生物技术、高端现代服务业等产业，建设高端高新产业开放发展引领区、数字商务发展示范区、金融创新先行区。正定片区重点发展临空产业、生物医药、国际物流、高端装备制造等产业，建设航空产业开放发展集聚区、生物医药产业开放创新引领区、综合物流枢纽。曹妃甸片区重点发展国际大宗商品贸易、港航服务、能源储配、高端装备制造等产业，建设东北亚经济合作引领区、临港经济创新示范区。大兴机场片区重点发展航空物流、航空科技、融资租赁等产业，建设国际交往中心功能承载区、国家航空科技创新引领区、京津冀协同发展示范区。

三、主要任务和措施

（一）加快转变政府职能。

1. 打造国际一流营商环境。推进“证照分离”改革全覆盖。调整完善省级管理权限下放内容和方式。全面开展工程建设项目审批制度改革，实现“一口受理”“两验终验”，推行“函证结合”“容缺后补”等改革。探索实施投资项目先建后验管理新模式。对环境影响小、环境风险不高的建设项目探索推行环境影响评价承诺备案制，对建设项目环境许可、现场勘察实施同类豁免或简化模式。搭建知识产权服务工作站。建立完善知识产权评估机制、质押登记制度、质押融资风险分担机制以及方便快捷的质物处置机制。强化竞争政策的基础性地位。配合做好外商投资安全审查工作。

（二）深化投资领域改革。

2. 深入推进投资自由化便利化。全面落实外商投资准入前国民待遇加负面清单管理制度。探索建立外商投资信息报告制度。允许取得我国一级注册建筑师或一级注册结构工程师资格的境外专业人士作为合伙人，按相应资质标准要求设立建筑工程设计事务所。支持外商独资设立经营性教育培训和职业技能培训机构。支持外商投资设立航空运输销售代理企业。统一内外资人才中介机构投资者资质要求，由自贸试验区管理机构负责审批，报省级人力资源社会保障部门备案。

3. 完善投资促进和保护机制。建立健全外商投资服务体系，完善外商投资促进、项目跟踪服务和投诉工作机制。鼓励自贸试验区在法定权限内制定外商投资促进政策。完善“走出去”综合服务和风险防控体系。支持“走出去”企业以境外资产和股权、采矿权等权益为抵押获得贷款。

（三）推动贸易转型升级。

4. 提升贸易便利化水平。在海关特殊监管区域深入实施货物状态分类监管。探索以企业为单元的税收担保制度。允许展会展品提前备案，以担保方式放行展品，展品展后结转进入海关特殊监管区域予以核销。支持在雄安片区设立综合保税区。支持曹妃甸开展平行进口汽车试点。支持曹妃甸片区建设国际海运快件监管中心。研究开展贸易调整援助试点。

5. 支持开展国际大宗商品贸易。依托现有交易场所，依法依规开展矿石、钢铁、煤炭、木材、天然气、粮食、食糖等大宗商品现货交易。支持建立大宗商品期货保税交割仓库、跨境交易平台。支持开展矿石混配业务，完善仓储、分销、加工及配送体系。发展国际能源储配贸易，允许商储租赁国有企业商业油罐，支持开展成品油和保税燃料油交割、仓储，允许自贸试验区内企业开展不同税号下保税油品混兑调和。支持建设液化天然气（LNG）储运设施，完善配送体系。

6. 建设国际商贸物流重要枢纽。支持设立多式联运中心。培育发展航运企业。支持设立航运保险机构。支持曹妃甸片区设立国际船舶备件供船公共平台、设备翻新中心和船舶配件市场。在对外航权谈判中，在平等互利基础上，积极争取石家庄正定国际机场航空枢纽建设所需的包括第五航权在内的国际航权。在符合省内统一规划前提下，研究推进在正定片区按相关规定申请设立A类低空飞行服务站。支持北京大兴国际机场申请设立水果、种子种苗、食用水生动物、肉类、冰鲜水产品等其他特殊商品进出口指定监管作业场地。加强北京大兴国际机场临空经济区与自贸试验区的改革联动、发展联动。支持正定片区设立进口钻石指定口岸。

（四）深化金融领域开放创新。

7. 增强金融服务功能。支持符合条件的商业银行注册设立金融资产投资子公司。支持设立直销银行、征信机构等。支持试点设立健康保险等外资专业保险机构。研究开展合格境外有限合伙人（QFLP）和合格境内投资企业（QDIE）业务试点，放宽项目投资限制，提高基金持股比例。加强对重大风险的识别和系统性金融风险的防范。强化反洗钱、反恐怖融资、反逃税工作。

8. 深化外汇管理体制改革。放宽跨国公司外汇资金集中运营管理准入条件。探索研究符合条件的融资租赁公司和商业保理公司进入银行间外汇市场。允许货物贸易外汇管理分类等级为A类的企业货物贸易收入无须开立待核查账户。

9. 推动跨境人民币业务创新。支持自贸试验区内银行按规定发放境外人民币贷款，探索开展境内人民币贸易融资资产跨境转让业务，并纳入全口径跨境融资宏观审慎管理。支持企业境外母公司按照有关规定在境内发行人民币债券。

（五）推动高端高新产业开放发展。

10. 支持生物医药和生命健康产业开放发展。优化生物医药全球协同研发的试验用特殊物品的检疫查验流程。建立新药研发用材料、试剂和设备进口绿色通道，免除企业一次性进口药品通关单，实行一次审批、分次核销。适度放宽医药研发用小剂量特殊化学制剂的管理，支持在自贸试验区内建立备货仓库。简化一公斤以内的药物样品、中间体出境空运手续。支持石家庄依法依规建设进口药品口岸，条件成熟时设立首次进口药品和生物制品口岸。建立基因检测技术应用示范中心和公共技术平台，支持开展基因测序技术临床应用，支持开展感染微生物、罕见病等基因质谱试点。支持自贸试验区内符合条件的医疗卫生机构，按照有关规定开展干细胞临床前沿医疗技术研究项目，建立项目备案绿色通道。开展医疗器械注册人制度试点。优化二类医疗器械审批流程。支持开展医疗器械跨区域生产试点。设立医药知识产权维权援助分中心。

11. 支持装备制造产业开放创新。支持建设国家进口高端装备再制造产业示范园区。试点数控机床、石油钻采产品等高附加值大型成套设备及关键零部件进口再制造。放宽高端装备制造产品售后维修进出口管理，适当延长售后维修设备和备件返厂期限。对符合条件的入境维修复出口免于实施装运前检验。完善装备制造出口产品退换货制度，允许出口企业按照“先出口后回收”方式办理境外用户退换货业务。允许进口入境期限不超过一年的二手研发专用关键设备。简化对非民用进口机电设备免3C认证手续。

（六）引领雄安新区高质量发展。

12. 建设金融创新先行区。在依法依规前提下，探索监管“沙盒机制”。推进绿色金融第三方认证计划，探索开展环境信息强制披露试点，建立绿色金融国际标准。加快培育排污权、节能量、水权等环境权益交易市场，依托现有交易场所开展碳排放权、水权、新能源现货交易。支持股权众筹试点在雄安股权交易所先行先试。

13. 建设数字商务发展示范区。发展大数据交易、数据中心和数字内容等高端数字化贸易业态。支持建立数字化贸易综合服务平台。探索符合国情的数字化贸易发展规则，参与数据资产国际贸易规则和协议制定。探索兼顾安全和效率的数字化贸易监管模式。推进公共数据利用改革试点。建立大数据资产评估定价、交易规则、标准合约等政策体系。依托现有交易场所开展数据资产交易。推进基于区块链、电子身份（EID）确权认证等技术的大数据可信交易。

支持开展数据资产管理、安全保障、数据交易、结算、交付和融资等业务。

建设从雄安片区到国际通信业务出入口局的直达数据链路。支持发展数据服务外包业务。在数字商务发展示范区内探索建立影视、游戏和音乐等数字内容加工与运营中心，依法依规开展数字内容加工与运营服务。针对数字商务发展示范区内数字内容相关行业企业，建立健全事中事后监管机制，通过内容审查、行业自律、守信激励、黑白名单等方式实现监管全覆盖。引导企业加强个人隐私信息保护，及时公布和更新企业收集使用个人信息的策略等。建立数据泄露事件报告制度。

14. 推进生命科学与生物技术创新发展。鼓励企业进行免疫细胞治疗、单抗药物、基因治疗、组织工程等新技术研究，允许企业依法依规开展新型生物治疗业务。建立人类遗传资源临床试验备案制度。支持雄安片区建设基因数据中心。

（七）推动京津冀协同发展。

15. 推动区域产业协同创新。支持北京中关村、天津滨海新区等与自贸试验区深度合作创新发展。支持建立总部设在雄安片区的国际科学共同体或科技组织。

16. 促进要素跨区域流动。支持北京非首都功能优先向自贸试验区疏解转移。已在北京、天津取得生产经营资质、认证的企业搬迁到自贸试验区后，经审核继续享有原有资质、认证。允许符合条件的北京、天津企业将注册地变更到自贸试验区后，继续使用原企业名称。建立人才跨区域资质互认、双向聘任等制度，在待遇、职称评定等方面根据个人意愿予以保留或调整。

四、保障机制

坚持和加强党对改革开放的领导，把党的领导贯穿于自贸试验区建设的全过程。强化底线思维和风险意识，完善风险防控和处置机制，实现区域稳定安全高效运行，切实维护国家安全和社会安全。在国务院自由贸易试验区工作部际联席会议统筹协调下，充分发挥地方和部门积极性，抓好各项改革试点任务落实，高标准高质量建设自贸试验区。河北省要完善工作机制，构建精简高效、权责明晰的自贸试验区管理体制，加强人才培养，打造高素质管理队伍；要加强地方立法，建立公正透明、体系完备的法治环境。自贸试验区各片区要把工作做细，制度做实，严格监督，严格执纪执法。各有关部门要及时下放相关管理权限，给予充分的改革自主权。本方案提出的各项改革政策措施，凡涉及调整现行法律或行政法规的，按规定程序办理。重大事项及时向党中央、国务院请示报告。